**Couvertures supérieure et inférieure en couleur**

PAUL BOURGET

La

# Terre promise

SEPTIÈME MILLE

PARIS
ALPHONSE LEMERRE, ÉDITEUR
23-31, PASSAGE CHOISEUL, 23-31

M DCCC XCII

A LA MÊME LIBRAIRIE

# ŒUVRES
DE
# Paul Bourget

## Edition elzévirienne

| | |
|---|---|
| POÉSIES (1872-1876). *Au bord de la Mer.* — *La Vie inquiète.* *Petits Poèmes.* 1 vol. | 6 fr. |
| POÉSIES (1876-1882). *Edel.* — *Les Aveux.* 1 vol. | 6 » |
| L'IRRÉPARABLE. — *L'Irréparable.* — *Deuxième Amour.* — *Profils perdus.* 1 vol. | 6 » |
| CRUELLE ÉNIGME. 1 vol. | 6 » |

## Edition in-18
### ROMAN

| | |
|---|---|
| L'IRRÉPARABLE. — *L'Irréparable.* — *Deuxième Amour.* — *Profils perdus.* 1 vol. | 3 50 |
| PASTELS (*Dix portraits de femmes*). 1 vol. | 3 50 |
| NOUVEAUX PASTELS (*Dix portraits d'hommes*). 1 vol. | 3 50 |
| CRUELLE ÉNIGME. 1 vol. | 3 50 |
| UN CRIME D'AMOUR. 1 vol. | 3 50 |
| ANDRÉ CORNÉLIS. 1 vol. | 3 50 |
| MENSONGES. 1 vol. | 3 50 |
| LE DISCIPLE. 1 vol. | 3 50 |
| UN CŒUR DE FEMME. 1 vol. | 3 50 |
| PHYSIOLOGIE DE L'AMOUR MODERNE. 1 vol. | 3 50 |
| LA TERRE PROMISE. 1 vol. | 3 50 |
| ESSAIS DE PSYCHOLOGIE CONTEMPORAINE. (*Baudelaire.* — *M. Renan.* — *Flaubert.* — *M. Taine.* — *Stendhal.*) 1 vol. | 3 50 |
| NOUVEAUX ESSAIS DE PSYCHOLOGIE CONTEMPORAINE. — (*M. Dumas fils.* — *M. Leconte de Lisle.* — *MM. de Goncourt.* — *Tourguéniev.* — *Amiel.*) 1 vol. | 3 50 |
| ETUDES ET PORTRAITS. (*I. Portraits d'écrivains.* — *II. Notes d'esthétique.* — *III. Études Anglaises.* — *IV. Fantaisies.*) 2 vol. | 7 » |
| SENSATIONS D'ITALIE. 1 vol. | 3 50 |

### SOUS PRESSE

COSMOPOLIS, roman. 1 vol. in-8° illustré par *Duez, Jeanniot et Myrbach.* Broché 10 fr., relié 15 fr.

### EN PRÉPARATION

| | |
|---|---|
| LES NOSTALGIQUES, poésies. | 1 vol. |
| TROIS AMES D'ARTISTES, roman. | 1 vol. |

Paris. — Imprimerie A. LEMERRE, 25, rue des Grands-Augustins. — 4 - 1739 ns # La Terre promise

# ŒUVRES
## DE
# Paul Bourget

### Édition elzévirienne

| | |
|---|---|
| Poésies (1872-1876). *Au bord de la Mer.* — *La Vie inquiète.* — *Petits Poèmes.* 1 vol. | 6 » |
| Poésies (1876-1882). *Edel.* — *Les Aveux.* 1 vol. | 6 » |
| L'Irréparable. — *L'Irréparable.* — *Deuxième Amour.* — *Profils perdus.* 1 vol. | 6 » |
| Cruelle Énigme. 1 vol. | 6 » |

### Édition in-18
#### ROMAN

| | |
|---|---|
| L'Irréparable. — *L'Irréparable.* — *Deuxième Amour.* — *Profils perdus.* 1 vol. | 3 50 |
| Pastels (*Dix portraits de femmes*). 1 vol. | 3 50 |
| Nouveaux Pastels (*Dix portraits d'hommes*). 1 vol. | 3 50 |
| Cruelle Énigme. 1 vol. | 3 50 |
| Un Crime d'Amour. 1 vol. | 3 50 |
| André Cornélis. 1 vol. | 3 50 |
| Mensonges. 1 vol. | 3 50 |
| Le Disciple. 1 vol. | 3 50 |
| Un Cœur de femme. 1 vol. | 3 50 |
| Physiologie de l'Amour moderne. 1 vol. | 3 50 |
| La Terre promise. 1 vol. | 3 50 |
| Essais de Psychologie contemporaine. (*Baudelaire.* — *M. Renan.* — *Flaubert.* — *M. Taine.* — *Stendhal.*) 1 vol. | 3 50 |
| Nouveaux Essais de Psychologie contemporaine. — (*M. Dumas fils.* — *M. Leconte de Lisle.* — *MM. de Goncourt.* — *Tourguéniev.* — *Amiel.*) 1 vol. | 3 50 |
| Études et Portraits. (I. *Portraits d'écrivains.* — II. *Notes d'esthétique.* — III. *Études Anglaises.* — IV. *Fantaisies.*) 2 vol. | 7 » |
| Sensations d'Italie. 1 vol. | 3 50 |

### SOUS PRESSE

Cosmopolis, roman. 1 vol. in-8°, illustré par *Duez, Jeanniot et Myrbach.* Broché 10 fr., relié 15 fr.

### EN PRÉPARATION

| | |
|---|---|
| Les Nostalgiques, poésies. | 1 vol. |
| Trois Ames d'artistes, roman. | 1 vol. |

*Tous droits réservés.*

PAUL BOURGET

La
# Terre promise

PARIS

ALPHONSE LEMERRE, ÉDITEUR

23-31, PASSAGE CHOISEUL, 23-31

M DCCC XCII

# PRÉFACE

Si un pareil titre n'eût point paru trop ambitieux, ce livre se serait appelé : le Droit de l'Enfant. Le problème particulier qui s'y trouve posé se rattache en effet à cet autre plus général : Jusqu'à quel point le fait d'avoir donné volontairement la vie à un autre être nous engage-t-il envers cet être ? Dans quelle mesure notre personnalité est-elle obligée d'abdiquer l'indépendance de son développement devant cette existence nouvelle ? Ne vous y trompez pas. Cette question si vague devient terriblement précise dans la pratique, et la portée en est infinie. Suivant la réponse que vous y ferez, vous *serez pour ou contre le divorce, pour ou contre les seconds mariages des veufs et des veuves, pour ou contre l'éducation par l'internat, pour ou contre la recherche de la paternité, pour ou contre l'absolution des féroces vengeances conjugales qualifiées si complaisamment de crimes passionnels. Ces quelques exemples peuvent être multipliés à son gré par le lecteur qu'intéressent ces sortes d'études. Ils suffisent à montrer la complexité singulière de ce problème de l'enfant qui ne résume rien moins que toute la moralité de l'amour. C'est dire que les cas de conscience qui en découlent sont innombrables. Celui qui fait la matière de* Terre promise *est probablement un des plus communs, un de ceux aussi que l'honnêteté courante résout avec le moins d'hésitation. Un homme a été l'amant d'une femme mariée à un autre. Il a eu de cette femme un enfant inscrit sous le nom de cet autre. Mais il ne saurait douter, il ne doute pas qu'il ne soit le véritable père. Garde-t-il des devoirs envers cet enfant, et quels devoirs? Garde-t-il des droits, et quels droits? Est-il coupable de continuer sa vie propre sans en tenir aucun compte? Le lien mystérieux du sang implique-t-il nécessairement une obligation, latente, si l'on peut dire, et que telle ou telle circonstance découvrira? Je ne crois pas exagérer en affirmant que neuf hommes sur dix feront à cette* série de nouvelles questions une réponse négative. C'est pour le dixième qu'est écrit ce roman, pour celui dans le cœur duquel les passions et l'expérience n'ont pas entièrement aboli le noble sens du scrupule, et à qui ce n'est point assez, pour s'estimer tout à fait, d'avoir concilié son intérêt avec les convenances et son plaisir avec la correction mondaine ou bourgeoise. Peut-être celui-là jugera-t-il que ce drame de la paternité dans l'adultère demeure un des plus tragiques et des plus humains parmi ceux que présente quotidiennement la vie réelle, et qu'il vaut toujours la peine d'en étudier de plus près les données et les péripéties.

J'ai adopté, une fois de plus, pour traiter ce problème, cette forme de roman très ancienne dans la tradition française que nos pères appelaient le roman d'analyse, d'un terme très simple, très clair et très exact, auquel les contemporains ont substitué le nom beaucoup plus pédantesque et assez équivoque de psychologique. Je dis équivoque, — car cette appellation semble revendiquer l'étude de l'âme humaine au nom d'une école spéciale, tandis que cette étude est commune à la littérature tout entière que M. Taine a si profondément définie : une psychologie vivante. Même la description du paysage la plus résolument plastique n'est-elle pas une transcription d'un état de l'âme, et, pareillement, le drame le plus emmêlé d'aventures ne comporte-t-il pas à un degré quelconque des sentiments et des sensations, par conséquent de l'âme encore? Balzac, dans des pages de critique trop peu connues, — car elles sont d'une portée supérieure, comme tous les fragments de théorie ébauchés par ce grand esprit d'un don philosophique égal à son don évocateur, — avait plus finement dénommé les romans d'analyse des romans d'idées, signifiant par là que leurs auteurs sont surtout préoccupés des phénomènes de la vie intérieure. Là encore pourtant l'équivoque apparaît, car ce terme de romans d'idées convient également au livre à thèse, et c'est toujours la vieille formule, celle dont se contentait Sainte-Beuve, qui me paraît la plus juste, d'autant mieux qu'elle rattache cette sorte de livres à la série des œuvres correspondantes parmi les autres espèces littéraires. Il y a en effet un théâtre d'analyse, dont Racine dans la tragédie et Marivaux dans la comédie, pour ne citer que des classiques, sont les maîtres. Il y a une poésie d'analyse qu'ont exécutée ce même Sainte-Beuve dans son admirable Joseph Delorme, Baudelaire, Sully Prudhomme. Il y a des mémoires d'analyse dont les Confessions de saint Augustin demeurent le type vénérable, et les Souvenirs de M. Renan le type ironique. Toutes ces œuvres offrent ce trait commun de s'appliquer surtout à la notation des petits faits de conscience, dont l'ensemble se manifeste au dehors sous l'aspect de passions complètes, de volontés déterminées, d'actions définies. Les intelligences très inégales et très diverses de ces écrivains apparaissent comme douées également d'une faculté de réflexion qui leur permet d'apercevoir, dans un détail extrêmement ténu, tout l'obscur travail caché des plus minuscules ressorts intimes. C'est la mise à nu de ces ressorts qui les intéresse plus peut-être que le résultat du mouvement de ces ressorts. La sonnerie de la pendule les préoccupe moins que l'agencement des pièces dont le jeu délicat aboutit à cette sonnerie. C'est à la décomposition des phénomènes de la vie morale ou sentimentale qu'ils s'ingénient — sans même le vouloir, comme le grand évêque Africain dont l'unique ambition était de s'humilier dans un coupable passé et non pas d'étonner des lecteurs profanes par la subtilité de sa vision intérieure.

Il était naturel que cet esprit d'analyse, inné à certains tempéraments comme la disposition dramatique l'est à d'autres, trouvât de quoi s'exercer dans le roman plus encore que dans la tragédie, la comédie ou le poème lyrique. Quelques-uns des chefs-d'œuvre de ce genre sont en effet de purs travaux d'analyse :

la Princesse de Clèves, Robinson Crusoe, les Liaisons dangereuses, Adolphe, les Affinités électives, le Rouge et le Noir, Volupté, le Lys dans la vallée, Louis Lambert, La Muse du département, Mademoiselle de Maupin, Dominique. *Cette liste, dressée au hasard du souvenir et qui comprend des œuvres si diverses qu'elle semble incohérente, suffit à prouver la souplesse et la vitalité de cette forme d'art. La besogne d'observation qu'elle représente complète la besogne d'observation qu'accomplit le roman de mœurs. L'enquête sur la vie intérieure et morale doit fonctionner parallèlement à l'enquête sur la vie extérieure et sociale, — l'une éclairant, approfondissant, corrigeant l'autre. — Aussi était-il à prévoir qu'à côté de la grande et féconde poussée du roman de mœurs issue de Balzac à travers Flaubert, qui s'est appelée le naturalisme, une autre poussée se produirait dans le sens de ce roman d'analyse, d'autant plus que la science moderne de l'esprit fournit aux curieux de l'anatomie mentale des documents et des méthodes d'une incomparable supériorité. C'est aussi l phénomène littéraire qui s'est accompli, mais au milieu d'une malveillance de la critique et de l'opinion, si constante depuis quelques années qu'il est impossible qu'elle ne repose pas sur des motifs très sérieux. Quand un grand nombre de personnes distinguées se rencontrent dans une antipa-*

thie manifestée hautement pour une certaine tentative d'art, elles peuvent certes se méprendre, — et il me semble que c'est ici le cas, — mais leur opinion, même erronée, n'est pas négligeable, et c'est pourquoi, sans relever des épigrammes par trop évidemment partiales, ou des reproches par trop certainement iniques, je voudrais essayer de répondre aux deux ou trois des objections les plus habituellement soulevées contre le genre lui-même par-dessus et à travers ses adeptes.

Du point de vue purement esthétique, ses adversaires paraissent surtout persuadés que les diverses qualités qui donnent à un récit imaginaire la couleur de la vie sont inconciliables avec l'analyse poussée un peu loin. Ils raisonnent à peu près ainsi : « Vous prétendez copier les passions. Or le premier caractère des passions est précisément d'abolir dans celui qu'elles dominent le reploiement sur soi. Un homme qui aime vraiment pense à ce qu'il aime et non pas à son amour. Un homme qui désire pense à l'objet de son désir et non pas à son désir. On l'a dit souvent aux psychologues de l'école de Jouffroy, et le mot est encore plus juste appliqué aux psychologues du roman : on ne se met pas à la fenêtre pour se voir passer dans la rue. Quand vous dénombrez minutieusement les états d'âme qui préparent les actes

*de vos personnages, vous vous substituez à eux sans vous en apercevoir, puisque vous peignez d'eux ce qu'ils ne peuvent eux-mêmes ni constater ni discerner. La vie comporte une demi-obscurité des cœurs, un sourd et continuel travail de l'instinct aveugle, un jaillissement et un mouvement de spontanéité incompatibles avec cette anatomie continue qui est votre but et votre méthode. Tout ce que l'on dissèque est mort.* »
Je ne crois pas avoir diminué l'objection en la formulant. Elle est très spécieuse. Son grand défaut est qu'elle s'applique à toute espèce de procédé littéraire aussi bien qu'au procédé analytique. Un romancier de l'école impersonnelle, Flaubert, par exemple, — je choisis le plus indiscuté de tous, — peint un paysage autour de Madame Bovary ou de Frédéric Moreau. Ne montre-t-il pas ce paysage tel qu'il le voit, lui, avec ses yeux d'artiste? Lui serait-il possible de reconstituer autrement que par la plus invérifiable hypothèse, ce que les yeux de la jeune femme ou du jeune homme ont pu réellement saisir, et, par conséquent, le contre-coup que leur sensibilité a pu en recevoir? Toute narration d'un fait extérieur n'est jamais que la copie de l'impression que nous produit ce fait, et toujours une part d'interprétation individuelle s'insinue dans le tableau le plus systématiquement objectif. C'est le dosage de

cette part qui constitue le principal effort de l'artiste soucieux de ne pas trop déformer la réalité. Admettons donc que tous les thèmes ne sont pas également propres à être traités, ni tous les caractères à être étudiés par la méthode du roman d'analyse. Mais de ce qu'il y a une évidente limite à cet outil très incomplet, s'ensuit-il que son emploi ne soit pas légitime et nécessaire dans telle ou telle occasion ? Si la vie se présente chez certains êtres et dans certaines crises comme un instinct et comme une spontanéité, elle se présente aussi chez certains autres avec des phénomènes contraires, et elle n'en est pas moins la vie. Quand Phèdre est rongée d'un criminel désir qu'elle n'ose avouer, quand Adolphe se débat entre l'élan féroce de sa jeune indépendance et sa pitié pour Ellénore, quand Amaury, à vingt-deux ans, hésite devant les mondes soudain révélés de l'action, de la croyance et de l'amour, quand M<sup>me</sup> de Mortsauf console les soupirs de sa chimère étouffée par les trompeuses douceurs d'une amitié toujours troublée, toujours jalouse, ce sont bien pourtant des états humains, ce sont des crises de la vie vivante, et dont le roman d'analyse peut seul noter les nuances et décrire les détours. Si la critique était entièrement équitable, c'est la première question qu'elle se poserait à propos des livres de ce genre : l'instrument a-t-il été employé à son vrai service? Et elle se réjouirait qu'il y ait une forme d'art restreinte, — mais efficace, quand elle est dirigée par des mains ingénieuses, — pour reproduire les mille tragédies taciturnes et secrètes du cœur, pour étudier la genèse, l'éclosion et la décadence de certains sentiments inexprimés, pour reconnaître et pour raconter les situations d'exception, les caractères singuliers, enfin tout un détail, inatteignable par le roman de mœurs lequel doit, pour rester fidèle à son rôle, éviter précisément ce domaine de la nuance et poursuivre le type à travers les individualités, les vastes lois d'ensemble à travers les faits particuliers. Ce dernier roman est à l'autre ce que la fresque est au portrait. Les analystes ne demandent pas que l'on préfère la toile où il ne se trouve qu'un ou deux visages copiés à la loupe aux puissantes et hardies évocations de foules nombreuses parmi des scènes chaudement et largement vivantes. Ils ont le droit, modestes ouvriers dans un genre illustré par des chefs-d'œuvre et pratiqué par des maîtres, de demander qu'on n'étende pas à ce genre lui-même les réserves que leurs défauts à eux peuvent mériter.

J'arrive à un autre reproche, plus sévère, celui-là, qui est souvent adressé au roman psychologique.

*Partant de ce principe que l'esprit d'analyse est funeste à la volonté, certains critiques ont considéré l'influence de ce roman comme énervante et dissolvante, particulièrement sur les jeunes gens. L'égoïsme et le scepticisme leur ont paru être le résultat nécessaire de ce travail de reploiement intérieur.* « Trop penser à ses propres joies et à ses propres douleurs, » vont-ils répétant, « c'est trop penser à soi-même, c'est donc hypertrophier peu à peu ce sentiment du moi, que le premier principe de la morale est au contraire de subordonner. C'est aussi paralyser sa propre énergie, car l'abus de la pensée, qui aboutit à la multiplication extrême des points de vue, a pour conséquence l'incertitude dans la décision. Tel est le double et inévitable effet de la littérature d'analyse chez ceux qui s'attardent à cette dangereuse discipline... » *Et de là à flétrir éloquemment ces soi-disant professeurs de défaillances, il n'y a que la distance de quelques métaphores. Le malheur est que cette objection-ci repose sur une de ces formules que l'on oublie de contrôler, tant elles sont courantes. Cette antithèse entre l'esprit d'analyse et l'action est en effet un de ces lieux communs, si chers aux essayistes contemporains que nous l'avons tous plus ou moins admise sans la vérifier. Quelques exemples célèbres sont encore venus la confirmer, entre autres* celui d'Amiel, cet Hamlet intellectuel qui ne put jamais prendre parti même vis-à-vis de ses propres facultés. Mais d'autres exemples, moins souvent cités, ne serviraient-ils pas à prouver la thèse exactement contraire, à savoir que l'analyse a été chez des personnages beaucoup plus significatifs encore que l'auteur du Journal Intime une multiplicatrice d'énergie? Ouvrez le premier volume des Mémoires de M*me* de Rémusat et lisez ces lignes : « Les habitudes géométriques de son esprit l'ont toujours porté à analyser jusqu'à ses émotions. Il est l'homme qui a le plus médité sur les pourquoi qui régissent les actions humaines... Pour tirer parti de son caractère, il semblait quelquefois qu'il n'eût pas craint de le soumettre à la plus exacte analyse... Quand on veut essayer de le peindre, il faudrait employer les formes analytiques pour lesquelles il a tant de goût... » A propos de qui cette femme si clairvoyante est-elle amenée à prononcer trois fois en six pages le mot d'analyse, sinon de Bonaparte, c'est-à-dire du plus volontaire des hommes du siècle et peut-être de tous les siècles? Voilà qui donne un démenti bien inattendu à la théorie du grand hésitant de Genève sur les conséquences paralysantes de cette faculté souveraine. Un autre, et non moins frappant, a été donné par Stendhal. C'est, je crois, M. Jules Lemaître qui a remarqué, très jusrement, que l'auteur du Rouge fut avant tout un homme d'action et d'une énergie égale à celle des plus braves.—Il l'a bien prouvé en Allemagne et à la retraite de Russie.—Homme d'action également, et de quelle action, à la fois politique et militaire, l'analyste des Liaisons. Homme d'action et d'une inflexible rigueur dans sa volonté, l'analyste des Affinités. Homme d'action et d'une puissance qui n'a pas encore épuisé son énergie, cet analyste d'un tout autre ordre, mais un analyste tout de même, ce saint Ignace de Loyola dont les Exercices spirituels attestent quelle minutieuse étude il avait faite du mécanisme intérieur de sa propre volonté. L'extrême disparate de ces différents noms n'est-elle pas plus concluante que tous les raisonnements ?

L'expérience démontre donc que l'esprit d'analyse n'est par lui-même ni un poison ni un tonique de la volonté. C'est une faculté neutre, comme toutes les autres, capable d'être dirigée ici ou là, dans le sens de notre amélioration ou de notre corruption. Quand on cherche à se rendre compte de son essence, on trouve qu'elle réside surtout dans un grossissement assez analogue à celui qui s'accomplit sous le microscope. L'esprit d'analyse amplifie, en les immobilisant sous notre réflexion, tous les faits de conscience, importants ou minimes, qui foisonnent en nous comme une végétation changeante, frémissante et toujours renouvelée de la flore intérieure. S'il arrive que de regarder ainsi et de constater des états coupables de notre âme ne nous procure aucun repentir et aucun désir d'amendement, la faute n'en est pas à ce regard. Si Amiel s'est complu à détailler indéfiniment les nuances de sa paresse intellectuelle au lieu d'en poursuivre et d'en éliminer les moindres traces, ce n'est point cette analyse seule qui en fut la cause, ce fut surtout la vanité timide et ombrageuse du demi-écrivain qui, se sentant inférieur à son idéal, s'abstient de tenter une œuvre qu'il n'est pas assuré de réussir. L'esprit d'analyse a, d'ailleurs, un autre nom hors de la langue littéraire : il s'appelle l'examen de conscience, et, bien loin d'être l'opposé de la moralité, c'en est le principe même, à la condition qu'une fois cet examen fini, d'autres facultés entrent en jeu. Concluons-en que ce péché de psychologie dont les romanciers d'analyse ont été si souvent incriminés, ne mérite pas certaines colères. La critique, préoccupée de questions morales, eût été plus juste en rappelant seulement aux romanciers de cette école que leur responsabilité est peut-être plus grande que celle des romanciers de mœurs, car ils parlent plus directement à ces consciences qu'ils prétendent anatomiser, et c'est à propos des œuvres de ce type que l'on a le droit de dire, quand elles sont réussies, le mot de Bossuet sur le théâtre, si éloquent et si sévère dans son raccourci : « que le spectateur du dehors est au dedans un acteur muet. » Peut-être en examinant avec plus de soin beaucoup de livres, jugés et suspectés un peu légèrement, aurait-on reconnu que la plupart des romanciers de ce groupe n'ont jamais cessé d'avoir un sentiment très vif de cette responsabilité.

Paris, 5 octobre 1892.

# La Terre promise

## I

### EN PLEIN RÊVE.

La comtesse Louise Scilly avait dit à sa fille Henriette et à Francis Nayrac, le fiancé de cette jolie enfant : — « Marchez un peu et ne vous inquiétez pas de moi, je vous attendrai ici. Je ne veux pas que ma vieille figure vous gâte ce beau matin... » Et elle s'était assise sur un banc de marbre sculpté, auprès d'un buisson de roses, de ces roses frêles, à peine parfumées, qui fleurissent tout l'hiver les haies de cette douce Sicile. On était vers la fin de novembre, et une lumière d'une divine transparence, si légèrement, si puissamment réchauffante, enveloppait, baignait, caressait ce jardin, cette oasis plutôt de la villa Tasca, — fantaisie de grand seigneur hospitalier bien connue de ceux que le caprice du voyage ou le souci d'une santé compromise ont exilés quelques mois à Palerme. C'était, ce dernier cas, celui de la comtesse. Venue de Paris dès les premiers brouillards d'automne pour achever de guérir les suites d'une fluxion de poitrine quasi mortelle, une demi-rechute l'avait aussitôt emprisonnée trois semaines durant dans sa chambre. Elle ne recommençait guère de sortir que depuis cinq ou six jours. Aussi laissait-elle avec délices ce soleil de onze heures vibrer autour de sa faiblesse. Son visage creusé se ranimait de sa pâleur. La vague griserie de la convalescence rajeunissait ses joues maigrissantes, ses paupières fatiguées, son front jauni. Les reflets blonds mêlés dans ses cheveux aux reflets d'argent semblaient plus dorés, comme si, dans la femme de cinquante ans, prématurément épuisée par les chagrins et par la maladie, un peu de la grâce d'autrefois allait reparaître. Sa bouche desséchée de fièvre s'ouvrait à cet air attiédi, où flottait, avec l'arome des roses, la senteur des arbres d'essence rare dont les bosquets étaient plantés. Ses yeux bleus, d'un bleu trop brillant, comme de quelqu'un dont la vie a été atteinte dans ses sources profondes, erraient sur ces beaux arbres, pins d'Italie ou cèdres gigantesques, autour desquels un fouillis de végétation tropicale révélait l'approche de l'Afrique. Dans les massifs, des aloès pâlissants tordaient leurs poignards barbelés. Des dattiers remuaient lentement leurs palmes d'un vert sombre. Des cactus tendaient leurs raquettes épineuses où pointaient des fruits violets. De blanches statues brillaient dans l'interstice des verdures, et la villa elle-même, toutes fenêtres closes, semblait, parmi cette paix et cette clarté de la matinée, retenir, derrière sa façade peinte de couleurs tendres, un rêve de félicité.

Dans ce décor de solitude, animé uniquement par le frisson des feuillages ou par le vol d'un cygne dont les ailes mutilées rasaient l'eau dormante d'un invisible étang, les yeux de la mère revenaient sans cesse vers la portion du vaste et lumineux jardin où se promenaient les deux fiancés. Leur pas lent, incertain, distrait, — ce pas d'un couple heureux et dont les moindres mouvements s'harmonisent, s'épousent pour ainsi dire d'un inconscient accord, — les éloignait tour à tour et les rapprochait. Ils disparaissaient, puis reparaissaient au tournant des allées. Ils marchaient, s'arrêtaient, marchaient de nouveau. Ils se regardaient, parlaient, se taisaient, si délicieusement exaltés et ravis par ce ciel bleu, cette clarté du jour, ces arbres, ces eaux, ces fleurs, par eux-mêmes surtout, par cette magie de la présence aimée, qui mettrait le printemps là où règne l'hiver; et, ajoutée à l'enchantement d'une heure enchantée, peu s'en faut qu'elle ne dépasse les forces de l'âme! Henriette et Francis avaient autour de leurs personnes ce mystérieux rayonnement que projette l'extrême bonheur. Ils étaient comme soutenus, comme soulevés par cet intime esprit de félicité que révèle chaque geste de deux êtres qui se chérissent entièrement, absolument. Jamais la taille souple de la jeune fille n'avait été plus souple, son fin sourire plus fin, jamais son visage plus délicat, ses yeux plus bleus, sa joue plus rosée, sa bouche plus spirituelle, l'or de ses cheveux plus soyeux et plus brillant. Jamais non plus la physionomie, volontiers concentrée et réfléchie, de Francis, ne s'était éclairée d'une pensée plus radieuse. La flamme noire de ses prunelles s'adoucissait pour contempler celle qui serait bientôt sa femme, dans des regards follement caressants. A la manière dont il lui donnait le bras pour la soutenir, tout le génie protecteur d'un dévouement d'homme se devinait. Elle était si jeune, si mince, si fragile, malgré ses vingt-trois ans, qui en paraissaient à peine dix-huit, au lieu que ses trente-quatre ans à lui étaient bien marqués sur son masque bistré et creusé, si mélancolique parfois au repos, et transfiguré à cette minute par un magnétisme de félicité. C'était comme une vision d'un rêve réalisé que cette promenade, pour le tendre témoin qui contemplait les deux fiancés, pour cette mère qu'ils n'oubliaient pas même dans leur extase, car, à chaque passage près du banc de marbre, Henriette la saluait d'un sourire et d'un regard. Elle n'eût pas détourné sa blonde tête que M<sup>me</sup> Scilly ne lui en eût certes pas voulu. Mais que sa fille lui gardât une place dans son bonheur, cette évidence lui était aussi réchauffante que ce soleil méridional aux rayons duquel son pauvre corps se caressait, pour y reprendre un peu de force, quelques années de vie encore, et elle songeait :

— « Comme il l'aime, et comme il a raison de l'aimer! Comme elle est devenue celle que promettait son enfance! Si son père vivait, qu'il serait fier d'elle et fier de lui!... Il me dirait qu'il est content de moi, j'en suis sûre. Il me le dira un jour, bientôt... Que ce ne soit pas trop tôt, cependant! »

En prononçant mentalement cette parole, la pauvre femme reculait de quinze ans en arrière, jusqu'à l'automne, si terrible pour elle, de 1871. Au lieu du vert et silencieux jardin où passaient et repassaient ses deux enfants, — comme elle les appelait en les bénissant ensemble dans son cœur, — elle revoyait une chambre de malade, par un matin de novembre aussi, mais d'un novembre parisien, froid, sinistre et noir. Elles étaient là toutes deux, Henriette et elle-même, agenouillées au pied d'un lit sur l'oreiller duquel se détachait une face douloureuse et pâle, celle du commandant Scilly, qui venait de mourir. Après des mois et des mois de souffrance, il avait succombé aux suites des blessures reçues dans un des combats sous Metz. Il s'était conduit là en digne petit-neveu du fameux comte Scilly, le héros de Leipsick, celui qui avait mérité d'être lieutenant dans un de ces régiments d'officiers sans régiments, que Napoléon forma en Russie avec le titre d'escadrons sacrés. Quoique tous les Scilly aient été dans l'armée depuis ce héros du premier Empire jusqu'à l'actuel divisionnaire de ce nom, et qu'une femme de soldat doive être préparée à ces cruels sacrifices, la comtesse avait cru devenir folle d'inquiétudes dès les premiers jours qui avaient suivi la déclaration de guerre. Puis, ayant rejoint son mari en Allemagne, elle l'avait ramené à Paris pour le disputer à la mort avec une passion qui l'avait, en quelques semaines, vieillie de dix ans. A ce chevet du lit de mort du seul homme qu'elle eût aimé, elle n'avait repris le courage de vivre qu'en embrassant sa fille, l'unique enfant qui lui restât des cinq qu'elle avait eus, pauvre petite créature si fragile, si sensible, si consciente déjà de son sort de demiorpheline! Ses larmes le disaient assez, et ses soupirs, et l'étreinte désespérée dont elle saisissait sa mère en lui criant : « Ah! garde-moi, garde-moi!... » La veuve avait rendu ses baisers à Henriette, en se jurant, en jurant au souvenir du père, de la garder en effet, de lui remplacer l'absent, et une vie avait commencé tout de suite, — pour durer des années, — de retraite, de mélancolie et pourtant de douceur. Une vie de retraite, car la comtesse se trouvait brouillée avec toute la famille de son mari, y compris le général Scilly, pour des raisons personnelles au père du mort, mais elle les acceptait par scrupule de fidélité morale comme le commandant les avait acceptées lui-même, et, d'autre part, ses relations de monde se trouvaient réduites, par le grand deuil qu'elle ne cessa de porter que bien tard, à la plus stricte intimité. Une vie de mélancolie, car elle voulut que rien ne fût changé autour d'elle, et le petit hôtel du boulevard des Invalides, choisi jadis par l'officier comme plus voisin de la rue Saint-Dominique et de l'École Militaire, commença de revêtir cette physionomie un peu passée et fanée des choses que les mains touchent pieusement, tristement, pour les caresser et ne pas s'en servir. Une vie de douceur, car la petite fille qui allait et venait, toujours en noir, elle aussi, de son pas à peine appuyé d'enfant sage, à travers ces meubles dont chacun était une relique, ne faisait pas un geste, ne disait pas un mot qui ne trahît la plus jolie délicatesse de nature. M<sup>me</sup> Scilly en jouissait avec ce mélange de délices et de souci dont est faite la félicité douloureuse des mères. Elles les savent si comptés, les jours où elles ont leur enfant auprès d'elles, tout à elles. Tandis qu'Henriette s'occupait paisiblement au travail de ses leçons, celle-ci avait pris l'habitude de mesurer la fuite de ces douces années au verdoiement ou au jaunissement des arbres du jardin de l'archevêché, aperçus par les hautes fenêtres des chambres du premier étage. Tantôt ces arbres frémissaient au renouveau, secouant au vent d'avril des grappes de fleurs, et la mère calculait combien de printemps reviendraient encore avant que sa fille eût ses dix-neuf ans. D'autres fois, le vent chassait le long des allées les débris épars de l'automne, et elle comptait les saisons écoulées depuis que le père était mort. Elle se perdait devant la petite dans des contemplations infinies, charmée tout ensemble et troublée par l'accroissement de sa taille, par la métamorphose de l'enfant en jeune fille, de la jeune fille presque en jeune femme, admirant sa grâce, son esprit, sa bonté, respirant tous les parfums de cette adorable et virginale fleur qu'elle seule connaissait, et elle prévoyait, avec une anxiété si généreusement préparée cependant au sacrifice, le moment où il lui faudrait se séparer d'elle.

— « Penser, » se disait-elle, « qu'il existe, celui qui doit me la prendre, qu'il respire, qu'il marche, que nous l'avons peut-être rencontré hier, aujourd'hui, dans notre promenade ! C'est pour lui que j'aurai orné ce gracieux esprit d'idées fines, pour lui ce tendre cœur de sentiments nobles... Si je pouvais l'élever, lui, pour elle, comme je l'élève, elle, pour lui ?... Son père répétait toujours : Elle épousera quelqu'un qu'elle aime. Il était un homme, il savait la vie, il aurait jugé celui qui se présentera, au lieu que moi ?... »

C'est par milliers que la veuve inconsolée avait prononcé tout bas de ces monologues de sollicitude maternelle plus fréquents et plus pressés à mesure que le temps avance. Ils aboutissent alors à des projets caressés complaisamment, puis déjoués par une de ces rencontres non prévues à la suite desquelles un hôte nouveau entre en scène, l'inattendu, l'irrésistible amour. La comtesse Scilly avait, durant ces années trop courtes à son gré, déployé son soin le plus constant à entourer Henriette d'amies irréprochables et pieuses comme elle-même. Elle s'était appliquée à graduer de son mieux la prudente reprise de ses relations de monde. Elle avait voulu que pas une des habitudes de fine aristocratie qu'elle pratiquait à l'époque de ses jeunes élégances ne fût perdue pour sa fille, et elle avait appelé à elle tout le secours de son expérience première pour étudier avec une sollicitude passionnée les quelques jeunes gens mêlés à leur petit cercle de société. Puis ce fut d'un inconnu que son enfant se trouva éprise, de ce Francis Nayrac au bras duquel la mère la regardait se promener à présent avec une confiance si émue, presque si reconnaissante, — et dix petits mois plus tôt elle ne connaissait ce nom que pour l'avoir entendu mentionner par la générale de Jardes, qui était une parente éloignée du jeune homme. C'était aussi chez M<sup>me</sup> de Jardes que la présentation avait eu lieu, par hasard, à une visite d'où Francis était sorti si troublé du charme d'Henriette, qu'il était retourné le lendemain en parler à sa parente. Des incidents avaient suivi, d'un ordre bien simple, bien banal, pareils à tous ceux dont s'accompagne un mariage ainsi commencé sur le subit enthousiasme d'un garçon lassé de sa solitude, et auquel servent de complices la secrète sympathie de la jeune fille d'une part, de l'autre la bienveillance d'une commune amie enchantée de ce rôle d'intermédiaire. C'est un lieu commun d'observation que toutes les femmes s'y complaisent, qu'il s'agisse d'un amour légitime ou illégitime! De nouvelles rencontres plus ou moins adroitement préparées, le constant et long éloge de Francis fait par M<sup>me</sup> de Jardes, la présence du jeune homme dans tous les endroits où il pouvait s'approcher de M<sup>lle</sup> Scilly sans que personne commentât ses assiduités, un changement plus marqué dans les manières d'Henriette, si visiblement préoccupée et bouleversée, — tels avaient été les ingénus, les naïfs épisodes de ce petit roman. Chacun représentait pour la mère une émotion profonde, et une suprême, l'entretien qu'elle s'était décidée enfin à provoquer avec sa fille. Cette dernière avait avoué le secret nouveau de son cœur, sans hésiter, mais tremblante comme en ce moment tremblaient au-dessus du banc de marbre les feuilles d'un frêne pleureur agité doucement par la faible brise. Elle aimait Francis. Hé quoi! sans rien savoir de lui davantage? Sans qu'un mot d'entente eût été échangé entre eux? Par quelle mystérieuse correspondance de sentiments?... M$^{me}$ Scilly se rappelait s'être posé ces questions avec effroi dans la nuit qui avait suivi cet aveu, et devant cette première émotion de sa fille qui n'était plus à elle seule, elle avait éprouvé une de ces jalousies morales, si profondes, si passionnées, — plaies saignantes des plus nobles mères, et si profondes qu'elles sont impossibles à guérir, sinon par la vue de la félicité absolue de leur enfant. Oh! Comme la comtesse avait prié cette nuit-là! Comme elle avait demandé un secours d'en haut qui lui marquât son devoir! Avec quelle prudence et quel tremblement intérieur, elle aussi, elle avait, sur le conseil du père Juvigny, le vieux Dominicain, son directeur, procédé à une enquête comme tous les parents en ont fait de tous les temps. Hélas! S'il fallait une preuve pour démontrer combien le sort des plus prudents est dominé par un pouvoir incompréhensible et ingouvernable, où la trouverait-on mieux que dans cette incapacité d'un père et d'une mère, même bien vigilants, à connaître avec exactitude la vie et le caractère de celui qui doit faire tout le bonheur ou tout le malheur d'une enfant idolâtrée et préservée pendant des années ? M^me Scilly s'adressa de droite, de gauche, dans des visites qui furent comme les intermèdes comiques de ce drame sentimental. N'est-ce pas un drame en effet et de l'intérêt le plus poignant qui se joue dans ces entretiens où d'un mot prononcé à la légère dépendront deux avenirs dont l'un est si dépourvu de défense? Et voici le type des réponses obtenues après d'infinis détours de causerie :

— « M. Nayrac?.... » avait dit à la comtesse M^me d'Avançon, la femme de l'ancien diplomate, « un charmant garçon, avec une très jolie fortune, ce qui ne gâte rien. Il est resté dix ans dans la carrière, il allait passer premier secrétaire, et il vient de démissionner comme M. d'Avançon, à cause de ce gouvernement... C'est dommage... » Et la digne dame, clouée sur son fauteuil à roulettes par une crise de ses douleurs, avait continué par une tirade sur l'état de choses actuel, renouvelée de son mari de qui elle adoptait les moindres idées, quoiqu'elle le détestât, par une contradiction assez fréquente dans les mauvais ménages. On se hait du fond du cœur et la force de l'accoutumance est telle qu'on arrive à se ressembler intellectuellement, quelquefois physiquement. Par quels procédés la mère la plus habile pourrait-elle, sans éveiller des défiances, ramener sur la ligne désirée une conversation qui dévie ainsi? Et elle n'ose plus formuler aucune question, mais elle calcule que M. d'Avançon essaye d'oublier l'enfer conjugal en menant à soixante ans la vie de cercle, et qu'il doit rencontrer Francis Nayrac dans des endroits où la vérité des mœurs se décèle mieux que dans le monde, et elle parvient, grâce au développement du plus subtil machiavélisme, à provoquer cette autre déclaration :

— « Francis Nayrac? un charmant garçon, une très jolie fortune. Je le vois cette année-ci au petit club. Au moins avec celui-là on peut causer d'autres sujets que des courses et du tirage à cinq... » Et une dissertation suit, dans laquelle le plus intransigeant de nos vieux Beaux s'abandonne à sa colérique envie contre la génération présente. Il y entremêle de son côté des observations et des idées de sa femme, mais il oublie complètement Nayrac... A la dixième expérience de ce genre, force est bien à la pauvre mère de s'avouer que le mieux est encore de s'en rapporter à ceux qui connaissent son gendre possible depuis l'enfance, et celle-ci avait fini par échouer chez M^me de Jardes, laquelle était trop intéressée au bon aboutissement de sa petite intrigue pour ne pas défendre son cousin. Mais M^me Scilly la savait très honnête femme et elle avait posé à sa loyauté deux questions qui, pour elle, étaient les plus angoissantes :

— « S'il est religieux ?... » avait répondu la générale. « Peut-être ne pratique-t-il pas assidûment. Vous savez, ma chère Louise, les jeunes gens se laissent aller. Mais qu'il ait des principes excellents, j'en réponds, d'abord sa démission le prouve, et puis j'ai connu sa pauvre mère et sa sœur. Elles sont mortes comme deux saintes... Pour l'autre chose ? c'est plus délicat. Vous comprenez qu'il ne m'en a jamais parlé. Mais je suis sûre d'abord qu'il est libre. C'est un homme d'honneur et il n'aurait pas pensé à Henriette s'il ne l'était pas. Je suis sûre aussi qu'il n'a jamais eu de liaison affichée, du moins à Paris. L'écho m'en serait arrivé. Et comme voici des années qu'il était à l'étranger... »

Que ces conversations, et d'autres analogues, étaient loin ! Cependant elles ne dataient que du printemps. Encore aujourd'hui et quand elle repassait en esprit les semaines décisives de juillet qui s'étaient terminées par les fiançailles de

Francis et d'Henriette, M^me Scilly s'étonnait elle-même de la rapidité avec laquelle avaient marché des événements dont elle avait toujours pensé qu'ils seraient si lents au contraire, si compliqués, si réfléchis. Mais elle se sentait faible depuis bien longtemps, et elle appréhendait avec tant d'anxiété de laisser sa fille sans protecteur. Elle la voyait, elle qui connaissait l'histoire entière de ce cœur depuis sa première émotion, sincèrement, profondément envahie par un amour aussi entier qu'il avait été rapide et inattendu. Elle savait que chez Henriette les sentiments n'étaient pas chose d'une heure, et, cet amour une fois déçu, elle tremblait que la ferveur religieuse de la jeune fille ne la tournât vers quelque autre résolution. Elle avait tant de fois deviné quel attrait de mystique asile le couvent exerçait sur cette imagination tendre ! Elle croyait deviner d'autre part dans Francis un homme rare, une irréprochable vérité de cœur. Quoique bien étrangère aux préoccupations de convenance mondaine, elle ne pouvait s'empêcher de calculer que ses enfants auraient tout de suite à eux deux plus de soixante mille francs de rente. Enfin elle avait dit : « Oui, » et, comme pour donner raison à ses inquiétudes sur sa propre santé, à peine son consentement était-il accordé, qu'elle tombait malade. Le médecin, qui avait d'abord parlé d'un simple refroidissement, diagnostiqua bientôt les plus dangereuses complications. Elle s'était couchée dans les derniers jours de juillet, comptant se relever, comme il lui arrivait pour ses rhumes habituels, vers la fin de la semaine. Elle était encore enfermée au milieu d'octobre. Les arbres du jardin de l'archevêché, qui avaient si longtemps tenu compagnie à ses solitudes, étaient tout verts lorsque le premier frisson de fièvre l'avait secouée. Quand elle put venir jusqu'à la fenêtre, elle vit que toutes les feuilles étaient touchées par l'automne, comme elle venait d'être touchée elle-même par la mort. Mais comment se plaindre de cette maladie qui lui avait permis de juger définitivement Francis? Quand les docteurs avaient formulé la nécessité pour elle d'un séjour d'hiver dans le Midi, et le plus lointain, — le Caire, Alger, Madère ou Palerme, — avec quelle délicatesse le jeune homme avait effacé ses droits devant les nouveaux devoirs que cette situation créait à sa fiancée! Cette dernière lui avait demandé que le mariage fût reculé jusqu'au printemps prochain, afin de pouvoir consacrer ce dernier hiver sans partage à l'entier rétablissement de sa mère, et il avait mis tant de grâce à y consentir! C'était lui qui avait conseillé Palerme qu'il connaissait, lui qui était venu préparer un appartement pour la comtesse, lui qui l'avait installée, puis il était retourné à Paris pour ne reparaître que rappelé par la malade, et si dévoué, si scrupuleusement attentif à ne jamais mettre leur amour entre Henriette et sa mission filiale ! Et, par ce beau et clair matin où elle se sentait renaître, la malade laissait s'épanouir en elle, avec un espoir de ne pas s'en aller encore, une infinie reconnaissance pour ce qu'elle avait pu lire dans ce cœur de jeune homme :

— « Mon Dieu ! puissé-je vivre, » se répétait-elle, « et ne les quitter que plus tard ! »

Elle les regardait de nouveau marcher dans l'allée, tandis que les vertes palmes semblaient s'incliner sur eux pour les protéger, et que le vent éveillait dans les pins le vague murmure d'un océan endormi. Son âme s'échappait d'elle pour les suivre, pour leur souhaiter un ciel intérieur aussi caressant toujours, aussi bleu que celui qui les enveloppait à cet instant de son lumineux azur. Elle savait, quoiqu'elle n'entendît pas même le bruit de leurs chères voix, qu'ils l'associaient de leur côté au charme de cette promenade, et c'était vrai qu'en se parlant d'eux, ils se parlaient d'elle. Ils la mêlaient si naturellement à l'avenir dans lequel ils avaient cette confiance enivrée de ceux qui s'aiment d'un amour permis. Oui, quel rêve ils réalisaient dans ce cadre de paradis, elle si tendre, si fière, n'ayant connu de la vie que ses heures pures, lui encore assez jeune pour ne pas craindre de vieillir avant elle, assez éprouvé par les passions pour savoir le prix de ce qu'il avait rencontré dans cet être pour lui unique! Et ils causaient, ou mieux, ils pensaient, ils sentaient tout haut, ne cherchant pas leurs paroles, mais chaque phrase avait pour eux la secrète, la pénétrante magie de l'intimité toute prochaine. Rien que le son de leur voix leur faisait savourer d'avance d'innombrables minutes d'amour, comme en allant et en venant dans le jardin ils respiraient l'arome de toutes les fleurs et de tous les feuillages qu'ils ne voyaient pas.

— « Comme M<sup>me</sup> Scilly a déjà changé depuis les huit jours que je suis ici! » disait-il. « Quand je l'ai retrouvée de nouveau si pâle, si faible, j'ai été bien troublé... Je venais d'avoir une telle déception en revoyant Palerme du bateau, toute grise sous une pluie battante. »

— « C'est vrai, » reprit Henriette en regardant devant elle avec des yeux où Francis put lire le ressouvenir de cette récente angoisse, « vous n'avez guère été favorisé pour votre voyage. Après les premiers beaux jours que nous avions eus, nous étions si tourmentées quand nous voyions, par nos fenêtres, la mer si mauvaise avec ses énormes vagues... Maman et moi nous ne nous disions rien, mais je savais que nous avions la même idée. Elle était encore trop souffrante. C'est cette inquiétude qui l'avait rendue plus malade la veille de votre arrivée... Elle est si sensible et elle vous aime tant... »

— « Chère mère, » dit le jeune homme en serrant le bras de la jeune fille.

— « Si seulement nous avions su où vous envoyer une dépêche à Naples, » continua-t-elle. « Quand on nous a remis la vôtre, j'ai eu un éclair d'espoir que vous reculiez votre départ à cause de la tempête... J'avais bien envie de vous revoir cependant... C'était neuf heures. Vous étiez en mer. Que le vent de cette nuit-là m'a paru terrible! Je l'écoutais et je priais... Je pensais aussi à ma pauvre maman et à ce qu'elle a dû éprouver pendant cette affreuse guerre... »

— « Oubliez cela, » dit-il en l'interrompant. Il avait si peur qu'elle n'évoquât des souvenirs d'enfance demeurés vivaces en elle et qui lui mettaient toujours un tremblement mouillé au bord des paupières. — « Oui, » insistait-il, « oubliez cela, comme je vous promets que nous ferons oublier à votre mère tous ses chagrins, les lointains et les récents, les grands et les petits... Si elle m'aime un peu, vous savez que moi je l'aime beaucoup. Je lui garde une telle reconnaissance de vous avoir faite celle que vous êtes... Je l'aurais trouvée hostile à notre mariage que je la lui vouerais encore, cette reconnaissance, rien que pour avoir rencontré en vous ce que j'y ai rencontré, la vivante preuve que les rêves les plus beaux de la jeunesse ne mentent pas toujours... »

— « Taisez-vous, » interrompit-elle à son tour en rougissant, et elle lui mit sur la bouche sa main demeurée libre qu'il baisa à travers le gant, « vous allez recommencer de me flatter, ce qui n'est pas bien, et vous oubliez de regarder ces beaux pins d'Italie dont j'aime tant la silhouette et ce sombre bouquet que font leurs branches là-haut, ce *bel vaso*, comme nous disait le jardinier qui m'a montré la villa le premier jour. Est-ce assez cela et comme ils sont ingénument artistes, dans cet étrange pays !... Mais la Sicile est trop loin. Si nous pouvions trouver l'année prochaine, pour y passer l'hiver, une propriété qui eût un parc, avec des arbres comme ceux-ci et cette lumière, mais plus près de Paris, pour que le voyage fût moins fatigant, en Provence ou sur la côte de Gênes !.... »

— « Je vous ai promis de m'arrêter là quand je retournerai en France et de chercher, » repartit Nayrac. « Je suis si heureux que vous aimiez la même espèce de nature que moi et de la même façon... Mais avez-vous remarqué, l'autre jour encore, au Musée, quand je me suis arrêté devant l'Hercule qui tue la pauvre Amazone, et sans que vous m'en eussiez parlé, comme nous avons ainsi les mêmes goûts en toutes choses, si instinctivement ? »

— « C'est encore vrai, » dit Henriette, « les mêmes, tout à fait les mêmes... Mais je le savais si bien dès le premier jour que je vous ai vu... »

— « Et à quoi ? » demanda-t-il.

— « Est-ce qu'on se rend compte ? » fit la jeune fille. « Mais j'étais sûre, quand je suis venue dans ce jardin pour la première fois, que vous le préféreriez à tous les autres... Je n'ai pas lu beaucoup et je ne suis qu'une ignorante. Je suis certaine que du premier coup je saurais d'un livre si vous l'aimerez... »

— « C'est si pénible, » reprit-il, « lorsque entre deux êtres il n'y a pas cette harmonie, cet intime accord... Au lieu qu'il m'est si doux de penser que vous êtes ma femme, vraiment ma femme, vous comprenez, un cœur fait justement à la ressemblance de mon cœur... »

— « Et vous mon fiancé, » répondit-elle à mi-voix, « mon cher fiancé... »

— « Et pourtant, » continua-t-il, « ce profond accord me rend quelquefois presque triste... A quoi cela tient-il que nous soyons ici? Je pense que j'ai si bien failli ne pas vous connaître ! Si je n'avais pas quitté ma carrière? Si en la quittant j'étais venu m'établir en Italie comme j'en avais l'intention ? Si je n'étais pas allé chez M$^{me}$ de Jardes ce mercredi ? Si nous ne nous étions pas rencontrés ce jour-là ?... »

— « Je n'admets pas tous ces *si*, » interrompit-elle en riant avec une mutinerie de son joli visage; « nous ne pouvions pas ne pas nous rencontrer... »

— « Si cependant?... » reprit-il.

— « Je comprends bien que c'est insensé, » répondit-elle avec une bouche redevenue sérieuse et songeuse; « mais je sais que je ne me serais jamais mariée... »

Ils s'arrêtèrent pour échanger un long regard. Il lut à travers ces beaux yeux bleus jusqu'au fond de cette âme qui était à lui. Dans cette chère âme tout était candeur et vérité. Il n'y avait pas un repli où il ne devinât la plus irréprochable, la plus passionnée des tendresses. Sur ce cœur virginal rien n'avait jamais passé, pas un frisson, pas une ombre. Autour de leur silence les palmes continuaient de palpiter, le vent de murmurer dans les pins, les buissons de roses et les citronnelles d'exhaler un léger parfum vaguement musqué, l'ombre des feuillages de trembler sur les marbres, le cygne d'errer sur l'eau dormante, le soleil de rayonner dans le vaste ciel. Ils étaient si seuls dans ce tournant d'allée, — si loyalement, presque pieusement seuls, avec la présence bénie de la meilleure des mères à côté de leur amour comme pour le sanctifier. Francis attira sa fiancée contre son cœur, et il posa ses lèvres sur ce front qu'aucune pensée mauvaise n'avait jamais traversé, pas même effleuré. Il se sentit alors si heureux, que ce bonheur trop complet, trop absolu, dépassa tout d'un coup les puissances de son être et lui fit mal pour la première fois, et tout bas il dit à sa chère « aimée, » comme elle lui permettait de l'appeler quelquefois à des minutes pareilles :

— « Nous sommes trop heureux, j'ai peur... »

Elle ne répondit rien d'abord. Mais il vit distinctement une angoisse passer dans ces douces prunelles, un frémissement courir autour de ces lèvres à demi ouvertes. Les paupières de la jeune fille battirent, son sein palpita, puis, le regardant de nouveau, bien en face, elle fit un effort pour dominer son impression et, avec un sourire de courage : — « Moi aussi quelquefois, » dit-elle, « j'ai peur d'être si heureuse. Mais il ne faut pas. Quand on n'a rien sur la conscience, n'est-on pas avec Dieu ?... »

Francis Nayrac devait souvent se rappeler par la suite l'étrange impression d'anxiété qui l'avait fait tressaillir ce matin-là, — ce dernier matin de leur joie complète, — et qui avait trouvé un tel écho dans sa fiancée, alors que toutes choses autour d'eux paraissaient s'harmoniser entièrement, absolument avec leurs cœurs. Ils ne pouvaient en aucune manière soupçonner le danger qui menaçait cette paix bénie de leur amour à cette heure même. Eurent-ils donc là tous deux une de ces prescriences dont notre scepticisme sourit, quoique des hommes qui s'appelaient Napoléon et Gœthe aient cru possible cette divination de l'avenir à de certaines minutes exaltées? Cédèrent-ils simplement à cette angoisse de la joie, phénomène singulier mais indiscutable, où il entre à la fois de la lassitude nerveuse sous le coup de la sensation trop forte, et une vue trop juste des retours assurés du sort? Ne semble-t-il pas que nous portions tous en nous un instinct de cette grande loi humaine figurée dans un symbole tragique de l'antiquité par la Némésis, par la funeste puissance des compensations fatales dans laquelle les Grecs ont incarné moins encore la justice que la jalousie des Dieux? On peut certes donner une apparence d'explication naturelle à toutes les appréhensions de cet ordre, et ajouter que d'ailleurs la plupart des pressentiments sont démentis par les faits. Mais, lorsque ces faits au contraire les justifient par une concordance inattendue et comme foudroyante, le moins superstitieux ne saurait se retenir de trembler. Nous croyons entrevoir derrière le hasard extérieur des circonstances le mystère d'une destinée, et, si vulgaire que soit la forme de cette révélation, nous en demeurons, pendant une seconde, remués jusque dans la racine de notre être. Pour Francis, le saisissement devait être d'autant plus fort qu'il avait toujours eu à lutter contre cette disposition au fatalisme qui, éclairée et dirigée par la foi, aboutit chez les âmes d'espérance et de résignation à la croyance dans la providence, principe premier de toute vie vraiment religieuse. Pour le jeune homme, et quoique, élevé pieusement, il eût gardé ce christianisme d'apparence propre à sa classe et à son temps, la religion n'était que la plus noble des hypothèses. Sa providence, c'étaient les beaux yeux bleus de sa fiancée, et, tandis qu'il marchait seul, au sortir du jardin de la villa Tasca, par les rues de Palerme, blanches de raies de soleil et noires de raies d'ombre, il n'eut pas besoin d'effort pour oublier ce vague frisson de peur devant l'avenir qui allait le reprendre si vite, mais cette fois causé par le plus déterminé des motifs. Pour le moment, il ne gardait de sa promenade de la matinée qu'une sensation délicieuse. Ayant quelques commissions à exécuter, il avait laissé Henriette et M<sup>me</sup> Scilly regagner en voiture l'*Hôtel Continental* où ils habitaient tous les trois. Il suivait les trottoirs d'une des deux longues rues qui se coupent à la place dite des *Quattro Canti* et divisent Palerme en quatre segments presque égaux. Jamais il n'avait goûté plus vivement le charme exotique de cette ville qui tient de l'Orient, de l'Espagne et de l'Italie, avec ses fontaines dans le style rococo chargées de statues, avec ses étroites boutiques dont les marchands se tiennent silencieux et indifférents comme dans les bazars turcs, avec ses palais brodés de sculptures, avec ses Madones et ses Christs prisonniers de niches qu'éclaire un lumignon toujours allumé, avec le passage de ses voitures chargées de fenouil et peintes de scènes barbarement coloriées. Et quelles scènes : Médor et Angélique, Godefroy de Bouillon escaladant Jérusalem, Garibaldi haranguant les Mille !... Jamais non plus le jeune homme, une fois franchi l'arc de triomphe sans fronton dressé pour le char de sainte Rosalie, n'avait davantage admiré la ligne si large et si noble du golfe. Arrivé sur la porte de l'hôtel qui donne sur ce quai tout contre l'adorable jardin de la villa Giulia, il se retourna pour regarder par delà l'emmêlement des agrès du port cette mer si bleue avec la silhouette nue et rouge du mont Pellegrino, voué lui aussi à sainte Rosalie. Certes, son pressentiment était bien oublié, et il ne se doutait guère que ce regard d'enthousiasme pour le beau paysage était aussi un regard d'adieu, — adieu à ces journées de parfaite tendresse, adieu à cet abandon dans le plus cher espoir, adieu au rajeunissement de toute son âme souhaité, commencé déjà, adieu au paradis idéal du bonheur permis. Le plus simple des incidents allait suffire à bouleverser ce château de rêves où il s'abritait depuis six mois, et à le remettre en face d'un tourment moral aussi cruel que ceux dont la trace se reconnaissait trop souvent à l'expression de sa bouche et de ses yeux. Ce fut rapide et simple comme un de ces accidents terribles : déraillement de chemin de fer, tremblement de terre, effondrement d'une maison, dont la survenance en pleine sécurité est d'autant plus effrayante qu'elle est plus subite. En entrant sous la voûte de l'hôtel, Francis Nayrac vit que le concierge était en train de classer les lettres arrivées par le bateau du matin. Cet homme, un gigantesque Allemand, à longue barbe blonde, méticuleux et polyglotte, vêtu d'une somptueuse livrée et coiffé d'une large casquette flamboyante d'or, maniait les enveloppes comme un joueur manie les cartes, avec une dextérité de prestidigitateur. Son crayon rouge griffonnait sur chacune le numéro de la chambre du destinataire, et plusieurs personnes se tenaient autour de lui, attendant qu'il eût fini cette besogne, avec cette avidité inquiète et presque maladive de correspondance qui distingue particulièrement les bureaux de poste dans les îles où la rareté des courriers en exalte le désir. Toutes les figures de ce petit tableautin cosmopolite auquel il était pourtant très habitué, que de fois Francis les revit depuis, associées qu'elles étaient au coup de surprise qui le frappa dans cet instant-là! Au lieu de monter droit dans sa chambre, il s'arrêta machinalement pour attendre lui-même ses lettres, et, non moins machinalement, il se mit à parcourir des yeux la pancarte où se trouvaient affichés les noms des voyageurs descendus à l'hôtel. Tout d'un coup il sentit son cœur battre plus vite. Une émotion presque de terreur lui serra la gorge. Ses jambes tremblèrent. Il se rapprocha du tableau pour relire, parmi ces noms qu'il connaissait presque tous, l'avant-dernier inscrit, celui d'une personne débarquée sans doute depuis quelques heures ou de la veille : « Mᵐᵉ Pauline Raffraye, » avec la petite note : « et sa famille, » puis, comme indication du lieu d'origine : « Château de Molamboz, par Arbois.— France. » Le jeune homme demeura ainsi quelques secondes, comme hypnotisé par ces syllabes auxquelles il paraissait ne pouvoir pas croire; puis, comme le concierge, enfin délivré des impatients, sortait de la loge, le paquet des lettres à la main, pour s'occuper de la distribution, il l'appela pour lui montrer ce nom. Rien que de le prononcer lui faisait sans doute un peu de mal, car il dit simplement :

— « Je n'avais pas vu que cette dame fût ici encore. Est-ce qu'elle est arrivée aujourd'hui ? »

— « Elle est venue par le train de Messine, hier, » répondit le géant.

— « C'est bien une Française, n'est-ce pas ? »

— « Oui, monsieur. »

— « Elle n'est pas seule ? »

— « Non, monsieur. Elle a une petite fille de huit à dix ans, et deux femmes de chambre avec elle. »

— « Je voudrais bien savoir si c'est celle que je connais..., » dit Francis, et, s'apercevant de ce que cet interrogatoire avait d'étrange, il ajouta pour dérouter par une fausse demande la curiosité d'ailleurs peu vraisemblable de son interlocuteur et obtenir cependant son renseignement : — « C'est une femme âgée et très grande ?... »

— « Âgée, non, monsieur, » reprit l'Allemand. « Trente ou trente-cinq ans peut-être. On ne sait pas. Elle a l'air si malade !... Elle est plutôt petite et mince au contraire... »

— « Allons, » se dit Francis en commençant de monter l'escalier, « il faut avoir le courage de regarder les choses en face. C'est son château, son nom, son prénom, son âge, l'âge de sa fille... C'est elle... » Il se répétait ce nom de Pauline Raffraye en montant les deux étages d'escaliers qui devaient le conduire à sa chambre. En toute circonstance il eût été troublé profondément par l'annonce qu'il se trouvait sous le même toit que cette ancienne maîtresse, — car une ancienne maîtresse possède seule le pouvoir de bouleverser à ce degré un fiancé aussi épris que l'était celui-là. — Mais apprendre cette présence ainsi, presque à la minute où Henriette et lui venaient d'être frappés par cette étrange appréhension d'un malheur inconnu, devait accroître singulièrement ce trouble, d'autant plus que ce nom de M^me Raffraye ne lui rappelait pas seulement l'épisode le plus passionné de sa jeunesse. Il lui représentait la créature dans laquelle il avait cru deviner les plus noirs abîmes de perversité, celle qui lui avait été la plus funeste, le mauvais génie de tant d'années de sa vie, celle aussi pour laquelle il avait été le plus implacablement dur, presque cruel. Et cette femme venait d'arriver à Palerme, quand il existe tant d'autres villes d'hiver, dans cet hôtel, quand, à Palerme même, il existe tant d'autres hôtels et de plus célèbres, et à quel moment ? Quand il se trouvait là dans ce coin retiré du monde où il avait le droit de se croire bien caché, auprès d'une jeune fille qu'il aimait, dont il était aimé, qu'il allait épouser... L'idée d'attribuer cette présence à quelque plan d'action inconnue et redoutable devait venir et vint aussitôt au jeune homme, dont la sensibilité naturellement très vive était encore surexcitée par le ravissement de cette promenade de la matinée. Cette folle idée s'empara de lui, dans le temps qu'il mit à monter jusque chez lui, avec la peur et le demi-égarement d'une panique irraisonnée, maladive, irrésistible. Ce fut au point qu'il avait le visage tout altéré quand il entra dans le salon particulier où il prenait tous ses repas, en compagnie de M^me Scilly et de sa fiancée. Il lui fallut subir la sollicitude inquiète de cette dernière, — il lui fallut, pour la première fois, dissimuler et attribuer son changement de physionomie et d'humeur à une migraine causée par le soleil, lui qui, depuis des jours, vivait avec Henriette cœur à cœur, dans une communion si constante de leurs pensées ! Il lui fallut voir sur ce doux et tendre visage la plus amoureuse inquiétude, et l'impression de malaise que lui donna cette nécessité de mentir jointe à l'anxiété dont il se sentait invinciblement dévoré lui fut si insupportable qu'il dut se retirer dans sa chambre pour toute l'après-midi, sous le prétexte de son indisposition grandissante. Il voulait à tout prix ramasser sa pensée et regarder bien en face les données du problème que lui posait, d'une manière pour lui tragique, cette arrivée soudaine et dont il n'admettait pas une minute qu'elle ne fût point intentionnelle. Mais comment faire cet examen sans évoquer tous les événements, toutes les sensations aussi d'un passé qui contrastait trop cruellement avec celui dont la mère d'Henriette avait caressé dans sa rêverie, quelques heures plus tôt, les délicates et naïves images ? Ah ! Quelle tristesse de sentir l'âcre amertume d'un coupable et mauvais amour que l'on a voulu, que l'on a cru fini, nous inonder à nouveau l'âme à l'instant même où cette âme s'enivrait, jusqu'à l'extase, des joies d'un autre amour, tout lumière et tout espérance !

— « Et cependant, » gémissait Francis, une

fois seul et libre de s'abandonner au cours de ses souvenirs, « après tant d'années, est-ce que je ne dois pas être aussi mort pour elle qu'elle est morte pour moi?... »

## II

### UNE ANCIENNE MAÎTRESSE

TANT d'années! Les journaux pliés sous leur bande, que le coude du jeune homme froissait durant cette après-midi commencée sur une impression si douloureuse, portaient en effet la date de 1886, et c'était en avril 1877 qu'il avait parlé à Pauline Raffraye pour la dernière fois. D'autre part, il l'avait rencontrée pour la première fois vers la fin de l'hiver 1876. Douze mois de sa vie à peine tenaient dans ce souvenir de femme. Mais les amours qui laissent après eux une cicatrice ineffacée ne sont pas toujours ceux qui ont duré le plus longtemps, ni ceux qui abondèrent en incidents romanesques ou tragiques. Quand une maîtresse a blessé une certaine place profonde et malade de notre cœur, elle a beau n'avoir eu de nous que quelques semaines, elle nous demeure inoubliable et à jamais vivante. Nous mettons entre elle et nous la distance, le temps, d'autres visages, d'autres caresses, d'autres joies, d'autres douleurs. Rien n'y fait. Nous l'avons dans le sang, comme dit une énergique et si juste expression du peuple. Il faut ajouter que cette première rencontre de Francis Nayrac avec Pauline Raffraye s'était accomplie dans des conditions particulièrement dangereuses pour lui. Il avait alors vingt-cinq ans. Ayant perdu très jeune son père et sa mère, toutes ses affections de famille s'étaient reportées sur une sœur unique, M<sup>me</sup> Julie Archambault, mal mariée et peu heureuse. Cette sœur, son aînée de quatre ans, l'avait élevé, dans cette période difficile de la fin de l'adolescence où la tendresse ne sert de rien quand elle n'est pas accompagnée par un sens très juste des lois vraies du monde social. Julie commença par vouloir garder son frère auprès d'elle. Il fit donc son droit aussitôt à sa sortie du collège, reculée d'une année à cause de la guerre, et il eut des aventures très banales, vulgaires, qu'elle sut et qui lui firent peur. Elle pensa que la fortune et l'oisiveté allaient le perdre, et elle considéra comme un grand sacrifice, mais nécessaire, de l'occuper et de l'occuper loin de Paris. Les tristes expériences de son mariage lui donnaient ce préjugé contre cette capitale qui est aussi fréquent chez certaines femmes très honnêtes que le préjugé contraire peut l'être chez certains boulevardiers. Elle se trompait. Si la facilité de plaisir qui se rencontre dans cette ville est funeste à beaucoup de jeunes gens, trop entraînables ou trop vaniteux, la solitude morale et intellectuelle de la province ou de l'étranger est plus funeste à quelques autres, prédisposés déjà aux abus de la vie imaginative et sentimentale. Ce fut toute l'histoire de Francis. A Paris, ses premiers désordres l'eussent vite lassé et l'honnêteté profonde de sa nature l'aurait poussé aussitôt à ranger son existence dans ce qui reste la chance la plus probable du bonheur : le mariage jeune. Entré sur les conseils, presque sur l'injonction de sa sœur, dans la carrière diplomatique pour laquelle il n'avait aucune espèce de goût, il fut pour son malheur attaché d'abord à une des légations les plus retirées d'Allemagne. En 1876, il venait donc de passer deux années à Munich, presque absolument replié sur lui-même, occupé à lire, à rêver, à attendre la vie au lieu de commencer de vivre, dans une autre oisiveté, celle des chancelleries, où la fréquentation forcée et continue des collègues exaspère encore l'isolement intérieur quand elle ne produit pas l'amitié. Ces deux années eurent pour résultat de développer en lui un état très particulier qui se rencontre, mais passagèrement, chez un petit nombre de jeunes hommes destinés pour la plupart à devenir des artistes ou des écrivains, et, d'une manière plus fixe, chez beaucoup de jeunes femmes, mécontentes de leur sort ou dépourvues de stricts devoirs. Cet état, bien plus redoutable pour la sage hygiène de l'avenir que ne le sont de banales débauches, a été profondément défini d'un mot célèbre par le plus humain et le plus troublé des Pères de l'Église. Il consiste à trop aimer à aimer, — maladie inoffensive quand elle est courte, périlleuse et féconde en conséquences funestes lorsqu'elle se prolonge. Celui qui aime ainsi à aimer se complaît dans le mirage de romans à vide que la réalité, semble-t-il, dissipera aussitôt. En fait, il s'habitue peu à peu à juger insignifiant tout ce qui ne se rapporte pas de près ou de loin aux passions de l'amour. Les intérêts et les devoirs de son métier reculent dans sa pensée à une place secondaire. Le rêve généreux et viril de fonder une famille, celui de servir une haute cause idéale de science, d'art ou de politique, celui plus personnel de se distinguer par des triomphes de carrière, — ces divers principes de robuste activité s'affaiblissent, s'étiolent, disparaissent pour laisser la place à la constante préoccupation de l'indéfini lendemain sentimental. Quand arrivera-t-il, ce lendemain, et quel sera-t-il? Celui qui aime à aimer emploie des journées, des semaines, des mois à prendre et reprendre ce problème, dramatisant les passions par avance, épuisant leurs joies et leurs douleurs avant de les avoir éprouvées, se raffinant et se blasant à la fois, jusqu'à ce qu'il parvienne par cette débauche de la rêverie, par cette folie du libertinage intellectuel, à un mélange unique de corruption et de naïveté. Les nuances les plus subtiles de la galanterie lui sont familières; il n'ignore rien des rouries de la séduction, rien des complexités dont les théoriciens du cœur ont étalé les anatomies. En même temps il garde comme une virginité d'émotion réelle qui tient à l'âge, à l'innocence physique de ses jours et de ses nuits. Francis en était là, de sa crise de jeunesse, compliquée chez lui du souvenir de ses sensualités précoces, lorsque sa sœur Julie Archambault rencontra Pauline Raffraye, très mal mariée elle aussi, et elles se lièrent d'une de ces amitiés enthousiastes, comme la communauté d'un triste destin, le besoin de confidences et de sympathie, la sensation de l'hostilité ou de l'indifférence du monde en créent si aisément, si rapidement entre deux femmes jeunes, désœuvrées et délaissées. Les lettres de Julie étaient pour Francis les grands événements de son exil. Elle écrivait avec tant de grâce dans l'esprit et elle comprenait si bien, avec une telle indulgence, certaines choses subtiles du cœur de son frère, celles qu'il pouvait lui dire. A partir de ce moment, ces lettres furent pleines de Pauline, comme dans les conversations de Julie avec Pauline sans cesse il était question de Francis. Le hasard redoubla la curiosité que M^me Raffraye et Nayrac devaient naturellement ressentir l'un pour l'autre. Lors des deux voyages que le jeune homme fit à Paris, après que sa sœur fut devenue l'amie préférée de Pauline, cette dernière était absente. Puis une circonstance qui eût suffi à troubler deux êtres absolument indifférents les rapprocha. M^me Archambault fut emportée en quelques jours par une fièvre typhoïde, et dans cette chambre d'agonisante, Francis, revenu d'Allemagne en toute hâte, aperçut pour la première fois la svelte silhouette de Pauline, ses cheveux châtains, son beau visage un peu trop pâle, mais animé par des yeux clairs presque gris, d'une si attirante tristesse. De tous temps les poètes se sont accordés avec les physiologistes pour marquer le lien mystérieux qui unit les émotions de la mort à celles de l'amour. Est-il besoin de faire appel aux énigmatiques puissances de la nature pour constater que chez les femmes vraiment tendres le plus dangereux auxiliaire de la chute est la pitié, comme le désespoir d'une perte irréparable est pour l'homme le plus compliqué un irrésistible conseiller d'éloquence simple? Francis et Pauline pleurèrent ensemble. Elle le vit souffrir et elle le plaignit. Il la vit le plaindre et il en fut pénétré. Elle était si jolie, si fine. Ses rapports étaient si tristes avec Raffraye, banal et brutal viveur, qui, l'ayant épousée pour son argent, était aussitôt retourné aux filles, après un de ces drames d'alcôve qui laissent chez une jeune femme une inexprimable rancune. Trouver alors chez un autre homme de caressantes, de délicates manières, une intelligence des nuances du cœur à demi féminine, voir souvent cet homme dans une familiarité émue que l'on ne pense pas à se reprocher, parce que le principe en est si noble, — c'est une épreuve redoutable et un péril très grand. Julie était morte au mois de mars. Au mois de mai, Francis n'avait pas quitté Paris. Il avait obtenu du ministère un congé illimité. Il était l'amant de M<sup>me</sup> Raffraye.

Tristes amours, et qui, commencées dans les larmes et dans une atmosphère de mort, devaient continuer dans les larmes aussi, la torture intime, les pensées amères, et finir sur la haine honteuse que l'adultère fait trop naturellement sortir de ses ténèbres! Aujourd'hui encore, et après des mois et des mois, quand Francis avait su la présence inattendue de Pauline, c'est la mémoire de cette haine qui l'avait secoué d'un tel frisson, tant il en avait eu le cœur empoisonné jusque dans les fibres les plus secrètes, et, en y songeant, comme il faisait dans cette après-midi de solitude, il n'arrivait même pas à comprendre la raison profonde des étranges troubles auxquels avait abouti presque aussitôt l'espérance, coupable sans doute, mais pourtant si haute, lui semblait-il à distance, de ce début de tendresse. Malgré cette perspective du temps qui permet de tout pardonner, parce qu'elle permet de discerner l'élément de fatalité mêlé aux plus réfléchis de nos actes, il ne se rendait pas compte qu'un malentendu, en apparence insignifiant, en réalité irrémédiable, avait voué par avance cet amour aux crises les plus douloureuses. Pauline et Francis s'étaient en effet aimés, idolâtrés, possédés, avant, pour ainsi dire, de se connaître l'un l'autre. Leurs cœurs s'étaient donnés et leurs personnes, avant qu'ils eussent acquis une notion exacte sur leurs caractères. La jeune femme ne savait du jeune homme que les traits dont lui avait parlé Julie. Elle avait vu en lui un frère désespéré, un isolé sans bonheur, un romanesque resté sans roman. Il était tout cela, mais aussi une sensibilité infiniment complexe et blessable, une imagination corrompue, défiante déjà et tourmentée, un soupçonneux et un inquiet, un esprit horriblement gâté par l'abus de la réflexion et de la rêverie, enfin une âme maladroite au bonheur, dans laquelle une passion mêlée de sensualité devait tourner à la jalousie avec une effrayante facilité. Lui-même, qu'avait-il vu dans Pauline? La douce confidente d'une sœur chérie, une enfant liée toute jeune et avant de savoir rien de la vie à une meurtrière, à une imbrisable chaîne, une créature froissée et mutilée dans ses meilleures délicatesses, dans ses plus généreuses susceptibilités. Et elle était bien tout cela, mais aussi une femme du monde, riche, élégante, touchée de frivolité, habituée depuis ses six années d'un mauvais ménage à l'étourdissement des sorties continuelles, dîners, visites, spectacles, — stériles plaisirs qui deviennent des besoins quand ils permettent de fuir un intérieur détesté! Enfin c'était, pour avouer la vérité entière, une de ces coquettes naïvement vaniteuses, qui veulent briller parce qu'elles veulent plaire, et que cet innocent désir entraîne trop souvent, dans une société un peu libre, à ces riens de familiarité si aisés à calomnier. Il semblait qu'avec l'invasion d'un sentiment nouveau ces petits défauts dussent disparaître, et il en eût été ainsi sous l'influence d'un amant plus logique et plus simple que Francis. Ils s'exagérèrent au contraire à cause de ce qu'il y avait peut-être de meilleur dans son caractère. Il n'était pas fait, malgré la corruption sentimentale où sa rêverie s'était trop complu, pour être l'amant de la femme d'un autre. Il avait été très chrétien dans sa première jeunesse, et, par un contraste étrange, mais assez fréquent, tout en ne rêvant qu'à l'amour depuis des années, et en ne le concevant guère que sous ses formes défendues, il avait gardé au fond de lui une espèce d'appréhension des choses de la chair, un intime besoin d'harmonie entre sa conscience et ses passions. Cette singularité est commune à la plupart des hommes qui furent vraiment pieux. Ils restent toujours prêts à souffrir de la faute que la femme la plus aimée commet, même en leur faveur. Les compromis d'honnêteté que l'adultère suppose leur sont intolérables, et ils ne se prêtent qu'avec une secrète révolte aux combinaisons commodes qui font du ménage à trois la solution la plus confortable du problème amoureux et conjugal. Francis y mêla tout de suite un peu de cette folle jalousie de l'amant pour le mari, sentiment auquel il avait trop pensé par avance pour s'en épargner la torture. S'il consentit donc à venir en visite chez M$^{me}$ Raffraye, il lui fut impossible d'accepter une intimité quelconque avec Albéric Raffraye. Il s'arrangea pour ne presque jamais rencontrer cet homme qu'il trompait en le méprisant, mais qu'il trompait tout de même et d'une manière irréparable. Il en résulta que leur liaison fut dominée par une anomalie que Nayrac jugea très naturelle et qui en marquait la condamnation certaine. Cet amour demeura pour Pauline, qui estima davantage son amant de ses délicats scrupules, quelque chose d'à-côté, si l'on peut dire. Ce lui fut une oasis de tendresse où elle entrait comme dans un rêve, d'où elle sortait pour retomber dans une réalité d'autant plus insupportable que le rêve avait été plus doux et plus beau. Il lui arrivait alors ce qui arrive à toutes les femmes dans cette situation, et c'est bien aussi pourquoi la plupart des amants ont l'instinct de préférer la cruelle familiarité du foyer qu'ils déshonorent à cette périlleuse dualité d'habitudes chez leur maîtresse. Au retour de ses rendez-vous avec Nayrac, M$^{me}$ Raffraye devait retrouver et retrouvait sa maison avec horreur, le visage et la vulgarité d'âme de son mari avec une pire rancune, et, encore frémissante des baisers de celui qu'elle aimait, ce devait lui être et ce lui fut aussitôt un besoin plus irrésistible qu'auparavant de fuir cette maison, de fuir cet homme, et de se plonger dans ce tourbillon du monde qui ne touchait à rien de son cher roman. — Elle le croyait du moins, l'imprudente! Il n'y avait cependant pas plus de quatre semaines qu'elle s'était donnée à Francis, et déjà ce dernier souffrait de cette complication forcée d'existence que sa maîtresse acceptait sans effort, où elle se complaisait même. Car, si elle était amoureuse, elle était jeune aussi, et le bonheur de son amour, en exaltant toutes les forces de son être, avait eu pour premier résultat d'aviver en elle la soif, si naturelle à vingt-cinq ans, de mouvement et de plaisirs. Il y a deux manières également vraies pour une femme de porter dans le monde un cher et coupable secret : en être accablée et souffrir de tout ce qui n'est pas lui, en être enivrée et se plaire à tout à cause de la musique intérieure dont on est enchantée. Quoique les hommes se refusent le plus souvent à croire sincère cette seconde sorte d'amour, elle existe, et c'était, pour le malheur de Francis, celle de Pauline. Elle lui était donc venue, à un de leurs rendez-vous, un peu migraineuse d'un bal où elle était restée assez tard la veille.

— « Pourquoi n'es-tu pas rentrée plus tôt? » lui dit-il, entre deux baisers, sur un ton d'amical reproche.

— « Que veux-tu? » répondit-elle. « Je me suis laissé entraîner. Et puis, » ajouta-t-elle en flattant de ses doigts les cheveux du jeune homme, « je savais que je te verrais aujourd'hui, et je ne pouvais pas supporter l'attente. Elle me donnait la fièvre, et j'ai dansé, dansé... Tu m'aurais aimée. J'étais si jolie, je sentais que l'on me trouvait si jolie!... »

— « Mais, » reprit-il en déguisant une émotion pénible sous un demi-sourire et avec un air de plaisanterie, « tu n'as pas l'idée que je pourrais être jaloux?... » Il n'acheva pas. Il venait de la voir en pensée, les épaules nues, — ces épaules dont, à cette minute même, car ils étaient dans les bras l'un de l'autre, il respirait le parfum intime, dont il caressait la beauté, — et, dans le même éclair de vision, il avait aperçu des regards, des souffles, des désirs d'hommes autour de cette gorge idolâtrée.

— « Jaloux, et de quoi ?... » répondit-elle.

Elle avait, pour poser cette question, des yeux si tendrement effarouchés, une surprise si évidemment sincère, qu'il la serra contre lui presque avec délire, comme pour étouffer dans cette étreinte le funeste démon qu'il venait de sentir passer entre la pauvre femme et son cœur. Quand elle fut partie, ce jour-là, il demeura longtemps le visage enfoncé dans l'oreiller, qui gardait encore la forme imprimée de cette chère tête, l'arome de ses longs et souples cheveux. Il se sentait en proie à une mortelle tristesse. Le démon avait déjà reparu à la minute même de ce départ. N'avait-elle pas regardé l'heure à un moment donné, et ne s'était-elle pas arrachée d'auprès de lui en disant :

— « Je m'oublie et je dois être prête si tôt aujourd'hui! Nous dînons à sept heures pour aller au théâtre tout de suite après... »

Qu'ils étaient innocents, ces quelques mots! Pourtant Francis n'oubliait pas comme ils l'avaient laissé, par cette fin d'après-midi et dans le crépuscule, sur une impression pénible. Vainement s'était-il avoué cette innocence, et que lui-même avait désiré, exigé qu'elle ne changeât rien aux habitudes de sa vie mondaine, afin de ne pas éveiller la curiosité et le soupçon. Vainement s'était-il démontré combien Pauline avait été véritable et simple avec lui, combien peu coquette. Vainement avait-il relu les lettres où Julie lui parlait de son amie, se contraignant de songer à leurs communes larmes au chevet de leur douce morte. Il avait douté du cœur de sa maîtresse, et si le doute sur un cœur de femme est toujours fatal à l'avenir d'un sentiment, il l'est davantage quand il s'applique à quelqu'un avec qui l'on ne passe que des heures éparses, et venant de quelqu'un qui s'est noirci à l'avance le cœur par des rêveries et par des lectures désenchantantes. Et puis, Francis ne s'en rendait pas compte, comme tous ceux en qui l'imagination a comme émoussé la fleur de la sensibilité, peut-être avait-il besoin de souffrir pour sentir. — Affreuse disposition morale qui conduit ceux qu'elle possède à exaspérer en eux les moindres blessures ! — Il lui avait semblé qu'il aimait sa maîtresse plus qu'elle ne l'aimait. Sans s'être formulé cette première défiance avec cette netteté, il s'était demandé si elle éprouvait pour lui une passion aussi profonde qu'elle le disait. Il avait souffert qu'elle ne fût pas à lui davantage encore, et, tout en comprenant que de prendre un ombrage pour de pareilles misères était insensé, il s'était senti absurdement, injustement, enfantinement jaloux en effet, jaloux à vide, et sans raison distincte, de ce monde avec lequel il la partageait. Que la route est rapide d'une défiance de cet ordre à d'autres plus précises, et qu'il faut peu de temps pour transformer dans un cœur inquiet la vague souffrance d'un mécontentement sans objet en une douleur positive, la peur d'une déception en une sécheresse, cette sécheresse elle-même en un injurieux soupçon! Francis se rappelait si bien comme il avait lutté contre son propre orgueil pour ne pas se livrer, dans les semaines suivantes, à une tentation continue, celle d'une déshonorante enquête sur les personnes qui formaient la société de Pauline. Puis il y avait cédé, lui posant tantôt une question, tantôt une autre : — « Où avait-elle dîné et avec qui ?... — Quelles visites avait-elle faites et qui avait-elle rencontré ?... » Aujourd'hui qu'il n'était plus brûlé de cette honteuse fièvre, il rougissait encore de cette inquisition douloureuse et timide, par laquelle il avait peu à peu envenimé une plaie d'abord si légère, jusqu'à l'instant où l'inévitable conflit avait éclaté entre eux. Quoique cette scène n'eût pas duré plus de quelques instants, avec quelle netteté il se la rappelait! Comme un tournant de route change soudain tout le paysage, il se rendait compte que tout leur amour avait changé au premier nom propre prononcé entre lui et Pauline, qui avait fixé, comme cristallisé, les éléments flottants de sa défiance. C'était de nouveau à un de leurs rendez-vous, et au coin de sa cheminée, dans la garçonnière de hasard qu'il avait à demi installée après la mort de sa sœur. Il ne se doutait guère qu'il n'achèverait jamais de la meubler et qu'il la quitterait si vite pour n'y plus retrouver le spectre de pareilles heures. Ils avaient été, ce jour-là, particulièrement heureux. Pauline était gaie et rieuse, avec une enfantine malice dans ses yeux clairs, et voici que d'elle-même elle se mit à détailler sa soirée de la veille. Elle s'était trouvée à table chez une de ses amies à côté d'un certain baron Armand de Querne qui cherchait sans doute à se rapprocher d'elle, car il se faisait inviter depuis quelque temps un peu dans tous les endroits où elle allait.

— « Je crois, » dit-elle, « qu'il aurait bien l'idée de me faire la cour. Il n'ose pas, — et que cela m'amuse de le voir tourner autour de compliments qu'il ne sait pas finir ! Il a de l'esprit, et il ne devine pas que je suis gardée par mon cher bonheur... »

— « J'espère, » répondit Francis, « que vous n'allez plus le recevoir... »

— « Moi, » fit-elle, « et pourquoi cela ? Pour avoir l'air d'en avoir peur et le rendre tout à fait

amoureux ? Tu peux en croire mon tact de femme. Dans ces sortes de choses, le vrai moyen pour nous est de *take no notice*, comme disent les Anglais... » Puis, comme il se taisait, elle le regarda avec des yeux tristes, cette fois, et ce fut d'une voix un peu altérée qu'elle ajouta :
— « Mon ami, est-ce que tu n'as pas confiance en moi ? » Et, comme il continuait à se taire, elle reprit, avec un accent qu'il ne lui connaissait pas :
— « Je t'en conjure, mon Francis, ne m'inflige jamais cet affront... J'ai commis une si grande faute en me donnant à toi ! Ah ! Ne me fais jamais penser que tu ne m'estimes pas à cause de cela. Je souffrirais tant que j'en deviendrais mauvaise. Notre bonheur est à ce prix : que tu saches bien comme les choses sont et que je t'aime pour toujours et uniquement. Si tu en doutais, vois-tu, je serais désespérée, parce que je ne pourrais rien te prouver, séparés comme nous sommes... »

— « Si je te demandais pourtant de me sacrifier quelqu'un ? » avait-il insisté.

— « Te sacrifier quelqu'un ? Mais je ne pourrais pas, » avait-elle répondu en se forçant à sourire. « Il faudrait que je tinsse à qui que ce fût en dehors de toi, et ce n'est pas possible... »

— « Tu me comprends parfaitement..., » avait-il repris, froissé malgré lui par cette manière d'éluder sa question. Ces souplesses fémi-

nines, si voisines de la ruse, irritent tant l'homme qu'elles ne charment pas. Et il avait continué :
— « Je veux dire : si je te demandais de fermer ta porte à quelqu'un, à ce M. de Querne, par exemple ? »

— « Naturellement, j'obéirais si je pouvais, » avait-elle repris en haussant les épaules; « mais tu ne me le demanderas pas. Ce serait tant m'insulter, tant m'humilier... »

Devant cette simplicité de défense, Francis n'avait pas prolongé ce petit combat. Puis il avait, comme tous les jaloux, discuté avec lui-même, indéfiniment, les moindres mots, les moindres intonations de voix, toutes les nuances du visage de sa maîtresse, tandis qu'elle se dérobait. Car elle s'était dérobée. Il ne lui faisait pas le crédit de se mettre à sa place et de se demander ce qu'elle pensait de lui, comment elle comprenait son caractère à lui, ce qu'elle en savait, et, par conséquent, quel retentissement de semblables paroles éveillaient en elle. Il ne voyait qu'une chose : pourquoi ne lui avait-elle pas répondu, tout uniment, qu'il ordonnât et qu'elle obéirait ? Quand on commence de souffrir, on a de ces despotismes presque monstrueux auxquels les femmes qui aiment se soumettent, — quand elles n'ont pas vingt-six ans. Il faut avoir vécu pour comprendre qu'il n'y a pas de légers malentendus en amour, et il faut avoir vécu ainsi pour se rendre compte du degré où s'exalte chez certains hommes la folie du soupçon, la fièvre si douloureuse de la défiance. Hélas! Tant qu'il y aura d'imprudentes Desdémones pour sourire, sans penser à mal, à Cassio qui les salue, il y aura des Othellos pour détruire leur commun bonheur à cause de cet innocent sourire, et il n'est pas besoin pour cela d'un traître à côté de nous qui nous injecte le venin de la calomnie. Nous sommes si vite nos propres Yagos et plus ingénieux que l'autre à nous torturer, à nous lier sur la roue du supplice. Francis appartenait à cette race malheureuse d'amants qui ont sans cesse besoin d'évidence. L'ironie du sort veut qu'ils soient aussi les plus trompés; car, s'ils rencontrent une coquine, elle excelle à leur donner des preuves matérielles toujours faciles à combiner, et, s'ils se heurtent à une femme fière, ils la blessent si profondément qu'elle en devient mauvaise, comme Pauline l'avait dit dans l'ingénuité de son cœur, sans vraiment savoir quelle funeste prophétie elle énonçait. Le jeune homme était donc sous l'impression non dissipée de ce malaise intime, lorsqu'il alla, trois jours après ce pénible entretien, rendre visite à M$^{me}$ Raffraye, chez elle. Ces visites étaient devenues plus rares depuis qu'elle était sa maîtresse, et il les faisait d'ordinaire après le déjeuner, à un moment où il savait que la porte de la jeune femme était ouverte. Il était par conséquent très naturel qu'il ne la rencontrât pas seule. Il n'était pas moins naturel, après ce qu'elle lui avait dit l'autre jour, que la même idée de visite fût venue au baron de Querne. Ce fut à ce dernier que se heurta par hasard Francis. Un peu d'embarras dans l'attitude et dans le regard de Pauline, un peu de familiarité dans la conversation de la part d'Armand, et des allusions à de menus événements de leur société que Nayrac ignorait, — il n'en fallut pas davantage pour qu'une fois demeurés en tête-à-tête, les deux amants se trouvassent vis-à-vis l'un de l'autre dans un silence gros de tempêtes. Pauline essaya de le rompre la première en se levant, et, s'approchant de Francis pour lui prendre la main :

— « Que vous êtes gentil d'être venu ! » dit-elle. « Je ne m'attendais pas à cette bonne surprise. »

— « Je m'en suis bien aperçu, » répondit-il durement en se dérobant à cette caresse amicale.

— « Comment me parles-tu ainsi ? » dit-elle avec tristesse. « Je comprends bien. C'est parce que tu as trouvé chez moi M. de Querne ? Mais, si j'avais consigné ma porte, on ne t'aurait pas reçu non plus et nous n'aurions pas ces quelques minutes à nous. Ne me les gâte pas, ne nous les gâte pas... »

— « Pourquoi aviez-vous l'air si troublé alors ? » reprit-il.

— « Ah ! » dit-elle, « j'ai deviné tout de suite que tu serais mécontent, et injuste, — si injuste ! » ajouta-t-elle. Elle fronça ses beaux sourcils bruns. Ses yeux d'un gris si clair pâlirent encore et lancèrent un regard d'irritation. Un peu de sang colora ses joues, et elle continua, dure à son tour et avec une visible émotion : — « Je vous ai déjà dit qu'il ne fallait pas me faire cet outrage, Francis. Je vous aime, je n'ai jamais aimé que vous. Si je ne vous étais pas fidèle, je serais la dernière des créatures. Je veux, entendez-vous, je veux que vous m'estimiez, que vous ayez confiance en moi... »

— « Ne vous arrangez pas alors pour me rendre cette confiance impossible, » s'était-il écrié.

— « Moi ?... » avait-elle repris. « Moi ? C'est moi qui te rends la confiance impossible ?... Voyons, tu ne crois pas que je me laisse faire la cour par M. de Querne ?... »

— « Si, » avait-il répondu brutalement, « je le crois. »

— « Tu le crois ! » avait-elle répété, comme écrasée de stupeur. « Tu le crois !... Et il n'y a pas deux mois que nous nous aimons ! Hé bien ! » avait-elle continué avec fureur, « croyez ce que vous voudrez. Ah ! C'est trop honteux ! »

L'arrivée d'un autre visiteur avait empêché cette explication de se prolonger. Dans la maladive disposition où il se trouvait, Francis avait ressenti une impression plus amère encore à voir sa maîtresse jouer aussitôt son rôle de femme du monde, sourire au nouveau venu, plaisanter, causer avec une affectation où elle soulageait sa colère nerveuse. Il n'y avait, lui, discerné qu'un pouvoir de comédie qui lui avait fait horreur. Ils se réconcilièrent cependant, très vite, car ils s'aimaient. Mais la défiance était entrée trop avant dans le cœur du jeune homme, et elle continua de grandir avec l'effrayante rapidité que met cette plante maudite à nous envahir. Ce qu'il y a de terrible dans l'adultère et son châtiment immédiat, c'est que l'amant ne saurait lutter contre la preuve constante d'immoralité que lui apporte sa maîtresse, par ce simple fait qu'elle est sa maîtresse. Toutes les femmes qui se trouvent dans cette situation le sentent bien. La plupart s'y résignent d'autant plus aisément que les misères de l'égoïsme masculin leur donnent vite beau jeu pour répondre à ce mépris par un mépris semblable. D'ailleurs, ce qu'elles demandent aux intrigues répétées où elles se complaisent, n'est-ce pas l'émotion? C'en est une encore, et palpitante, d'être brutalisée de reproches menaçants par celui que le désir jettera tout à l'heure dans vos bras. Mais d'autres ont l'horreur de cette tyrannie et se cabrent aussitôt contre elle avec fureur, soit qu'elles en souffrent sincèrement comme d'une insulte, soit qu'elles aperçoivent dans cette révolte la garantie dernière de leur liberté. Pauline n'avait pas voulu céder au premier assaut de jalousie que lui avait livré Francis. Elle ne céda pas davantage au second. Quand ils s'étaient réconciliés, il lui avait juré de ne plus lui reparler d'Armand de Querne. Il lui avait prodigué toutes les promesses de confiance, affolé de la retrouver si douce, si jolie, si frémissante de volupté sur son cœur. Puis il ne sut pas tenir son serment. Il lui reparla de son rival, ou de celui qu'il croyait tel, avec insinuation et sans insister, et il lui en reparla encore, mais brutalement. Et une seconde fois elle lui tint tête, et à partir de ce moment les scènes entre eux commencèrent de succéder aux scènes, lui s'exaspérant aux plus insultantes hypothèses, aux plus despotiques exigences, et ne comprenant pas l'obstination indignée qu'elle opposait au déchaînement de sa frénésie. Quand elle lui eut enfin cédé, après la plus atroce de ces discussions, il était trop tard. Il s'était prononcé entre eux de ces phrases qui déshonorent à jamais une liaison. L'amant s'y est trop montré dans la férocité de sa jalousie, la maîtresse s'y est laissé trop meurtrir. Trop de rancune a été déposée dans ces deux pauvres cœurs.

Cette exécution absolue de son rival, arrachée

après ce très douloureux effort, ne fut même pas suivie pour le jeune homme par quelques semaines d'un entier repos. Que M^me Raffraye eût fermé sa porte à de Querne, c'était bien une preuve. Même si elle avait été coquette avec Armand, elle préférait Francis. Mais ces preuves-là emportent toujours avec elles cette amertume qu'elles n'abolissent pas le doute sur le passé, sur la période où nous étions jaloux sans que l'on nous cédât encore. Nous n'avons pas assisté à l'entretien à la suite duquel notre maîtresse a consommé une rupture que nous constatons sans être certains que nous en connaissons les secrets détails. Elle nous dit bien les paroles qu'elle a prononcées. Pauline, par exemple, prétendait n'avoir eu qu'à s'adresser à la délicatesse de M. de Querne en arguant de la jalousie de son mari. Mais comment savoir si elle ne taisait rien ? Même la possibilité d'une telle conversation ne supposait-elle pas un mystère entre elle et Armand ? Francis trouva ainsi, comme toutes les victimes de la misérable manie qui le possédait, un principe nouveau de douleur dans le triomphe même de sa tyrannique méfiance. Il ne savait pas, il ne pouvait pas savoir si Pauline n'avait pas été la maîtresse de cet homme qu'il avait tant soupçonné et qu'elle lui avait sacrifié, — mais dans quelles conditions ? Quand on en est à cette halte dans le chemin de croix du soupçon, le calvaire devient vraiment trop dur à gravir. Qu'il vaudrait mieux se fuir l'un l'autre et souffrir du moins séparés! C'est payer trop cher les criminels bonheurs de l'amour dans la faute que de les acheter au prix d'une torturante incertitude. Et comment en sortir? On veut se persuader alors que, si l'on suivait sa maîtresse, jour par jour, presque heure par heure, si on la regardait vivre et sentir, on arriverait à un jugement sur elle, motivé, lucide, définitif, comme celui d'un indifférent, et l'on fait ce que fit Nayrac. Malgré son deuil encore trop récent, il retourna dans le monde pour y rencontrer Pauline. C'était à peu près la plus malheureuse imprudence qu'il pût commettre dans la crise de sensibilité suraiguë et morbide qu'il traversait. Aussi les plus cruels souvenirs de cette cruelle liaison se rapportaient-ils à cette période. Il la voyait dans un salon, parée, gaie et souriante, avec cette espèce d'atmosphère d'amabilité autour d'elle que dégage une femme jeune, jolie, qui plaît et qui sent qu'elle plaît, qui a des peines à étourdir et qui les étourdit. Ce lui était un supplice que ce spectacle, et un autre que de la trouver au contraire triste et absorbée. Dans le premier cas, il se sentait en proie à une sorte de rage irraisonnée et indomptable qui avait toujours pour effet de développer chez Mme Raffraye comme un délire de coquetterie sombre et presque désespéré. Dans

le second, des remords trop âcres noyaient son
cœur d'amant tyrannique et qui voudrait pourtant le bonheur de ce qu'il martyrise. L'une et
l'autre impression exaspérait en lui l'inquiétude.
L'une et l'autre le portait à enivrer son misérable
amour avec ce vin des sens dont les dernières et
funestes gouttes distillent en nous un si honteux
appétit de férocité. Lui, l'amant romanesque,
compliqué, qui avait passé sa première jeunesse
à rêver de subtiles émotions, il effrayait sa pauvre amie maintenant par l'âpreté de sa fougue
sensuelle. A chacun de leurs rendez-vous, c'étaient
entre eux des étreintes sans paroles, des baisers
violents et sans douceur, la palpitation éperdue
de deux êtres qui cherchent l'oubli, et quel oubli !
Celui d'eux-mêmes, celui de l'amour dont ils
souffrent en s'en grisant ! — Et ils oubliaient, en
effet, mais pour se réveiller de ces folies avec
cette amertume irritable qui est la rançon fatale
de nos dégradations, lui plus soupçonneux, elle
plus révoltée. A ces minutes-là, les moindres discussions s'exaltent en querelles, la bravade suit
l'outrage et le provoque. Ce sont des bouffées
outrageantes de soupçon à propos de tout. Les
plus innocentes gaietés deviennent des crimes :
avoir dansé deux fois avec le même danseur,
avoir causé trop longtemps en aparté avec celui-ci, avoir eu celui-là à déjeuner. Être sortie plusieurs fois avec une amie, c'est l'avoir pour com-

plice de quelque intrigue. Ne plus voir telle autre, c'est avoir eu quelque secrète rivalité avec elle. Depuis des siècles et des siècles, la verve des auteurs comiques s'exerce sur les mesquineries infinies des disputes de ce genre. Elle s'exercera des siècles encore sans guérir la rage des jaloux et sans y accoutumer la fierté révoltée des femmes qui leur tiennent tête. Et cependant les prunelles brillent, les lèvres tremblent, la voix se fait mordante, et, après s'être donnés l'un à l'autre avec la fougue de deux amants à qui les heures sont comptées, on se sépare sur des cris de rupture, poussés avec toute la colère de la vengeance. Oui, que de fois s'étaient-ils quittés ainsi, sans même se toucher la main!

— « Croyez ce que vous voudrez, » lui répétait-elle avec les mêmes mots, le même tragique entêtement, le même regard haineux qu'à la première insulte; « je ne veux plus rien savoir de vous. Vous ne me traiteriez pas autrement si j'étais une fille... »

— « Et moi j'en ai assez de vos mensonges, car vous me mentez, vous me mentez, vous me mentez toujours... »

Elle le regardait sans relever cette nouvelle insulte. Elle répétait : — « Oui, croyez ce que vous voudrez. » Et elle s'en allait, pour le rappeler ou être rappelée presque aussitôt. Ces retours, déshonorants pour elle et pour lui, étaient pourtant les seuls touchants souvenirs qu'il gardât de cette affreuse époque. Il se revoyait ainsi, un soir, à la fin d'une belle journée de janvier passée bien tristement, et son arrivée à elle, qui, n'ayant pu y tenir, s'était échappée de sa maison, amaigrie, frissonnante, si pâle, pour implorer une réconciliation, et elle gémissait :

— « Notre amour est donc maudit!... Je te promets de te céder en tout, mais crois en moi, je t'en supplie, crois en moi... »

De pareilles larmes déçoivent-elles, et de pareils cris, et des baisers comme celui qu'elle lui avait donné en tombant sur son cœur, et ces sanglots et cette visible maladie? Par moments et lorsqu'il n'était pas sous l'influence de cette cruelle manie qui lui étreignait le cerveau d'un cercle d'images affolantes et qui lui faisait voir sa maîtresse le trahissant avec l'un ou avec l'autre, le dépérissement de ce pauvre corps touchait Francis aux larmes lui aussi. Il n'y avait pas un an que durait le drame de ces misérables amours, et Pauline lui semblait quelquefois une autre femme, tant ses yeux s'étaient creusés, ses joues amincies, tant sa pâleur s'était encore décolorée, tant surtout la facile et enfantine humeur qu'elle avait jadis, même dans la tristesse, avait cédé la place à je ne sais quoi de sombre, de violent, de presque tragique. Mais ce n'était qu'un éclair, et l'amant tourmenté se disait qu'il avait mal vu sa maîtresse autrefois, qu'elle lui jouait la comédie alors, et qu'elle était maintenant la vraie Pauline, avec un masque de femme consumée, — par quoi? Et il se répondait que c'était sans doute le remords de ses perfidies, la lutte d'une âme en proie à ses sens, le vice peut-être. Dans les égarements de sa jalousie, il allait jusqu'à lui donner des dix et des quinze amants, à penser d'elle véritablement comme d'une fille, et, chose affreuse, à l'aimer tout de même, à la désirer davantage, avec une âcreté de passion qui confinait à la douleur. Oui, il l'accusait de déportements monstrueux. Et cependant si elle avait eu des torts positifs vis-à-vis de lui, ç'avait été avec le seul de Querne, et encore n'avait-il pas tenu les preuves de cette infamie. Hélas! A-t-on jamais de ces preuves? Et puis, il ne pouvait pas douter d'une autre intrigue, et qui, celle-là, avait abouti à l'irréparable rupture. Vers la fin du mois de février de cette fatale année 1877, un homme était revenu à Paris, après un long voyage en Orient, dont le nom avait été souvent prononcé entre Pauline et Francis durant cette absence. Ce personnage, — mort depuis et connu de quelques curieux de lettres par des fragments posthumes d'un étrange journal intime, — s'appelait François Vernantes. C'était un cousin éloigné de Raffraye. La jeune femme n'en parlait jamais qu'avec une voix émue et comme du seul ami qu'elle eût rencontré à la plus détestable période de son mariage. Pourquoi Nayrac s'était-il formé de ce consolateur de sa maîtresse une image morose, et pourquoi demeura-t-il fort étonné lorsque, présenté à Vernantes par M^me Raffraye, il se trouva devant un garçon de moins de quarante ans, d'une physionomie et d'une tournure bien jeunes pour ce rôle de confident désintéressé? Les relations sont toujours difficiles entre l'amant d'une femme et un ami très intime de cette femme, même lorsque l'amant se considère comme bien assuré que cet ami n'a jamais été qu'un ami. Lorsque l'amant est à l'égard de sa maîtresse dans une crise de doute sans cesse renaissante, comment tolérerait-il, sans en souffrir jusqu'à la folie, une de ces relations où le degré de l'intimité reste toujours mystérieux? Il était donc inévitable que Francis Nayrac devînt jaloux de Vernantes. Mais, comme s'il pressentait que cette jalousie-là marquerait la fin de son amour, il ne s'y était pas abandonné tout de suite. Sa maîtresse avait d'ailleurs pris soin de devancer cette crise nouvelle en lui parlant, la veille du retour de son ancien ami, de manière à ne laisser entre eux aucun point obscur.

— « Il est très intime dans notre maison, » avait-elle dit. « Il m'est bien nécessaire. C'est le seul de mes amis qui soit aussi l'ami de mon mari.

Je vous en préviens, » avait-elle ajouté avec un sourire triste, « pour que vous m'épargniez et que vous vous épargniez des chagrins à son sujet... A quoi bon ? Vous ne croyez pas en moi. Pourquoi y croiriez-vous dans cette circonstance ?... J'en mourrais que vous n'y croiriez pas... »

Francis la revoyait, lui parlant ainsi, et il se revoyait se taisant. Lorsqu'il tombe entre deux amants de ces phrases que tous deux sentent trop vraies, c'est comme une lumière qui se répand à la fois sur leur passé et sur leur avenir, et ils en demeurent comme épouvantés. Tous deux savent bien que de prévoir les misères vers lesquelles ils sont entraînés ne les empêchera pas d'y être entraînés, et ils forment, quand même et sincèrement, des résolutions qu'ils tiendraient si les maladies du cœur ne comportaient pas des lois logiques contre lesquelles les plus fermes raisonnements demeurent inefficaces. Deux semaines s'écoulèrent ainsi, et sans que Nayrac parût prendre ombrage de la visible familiarité qui unissait le nouveau venu ou mieux le revenant à M$^{me}$ Raffraye. Sur trois visites pourtant qu'il avait faites à cette dernière durant cette quinzaine, deux fois il avait rencontré Vernantes. Sur deux fois qu'il avait dîné en ville dans les mêmes maisons que Pauline, les deux fois Vernantes était un des convives. Il avait eu deux rendez-vous avec Pauline, et, des questions qu'il lui avaient posées, il résultait tantôt qu'elle avait eu Vernantes à déjeuner chez elle la veille, tantôt qu'elle allait l'avoir le lendemain, qu'elle était allée ou qu'elle irait au théâtre avec lui. A chacun de ces menus faits, sans portée isolément, mais bien significatifs dans leur ensemble, Francis avait senti grandir son antipathie. Elle était d'autant plus forte qu'il y avait entre Vernantes et lui une certaine ressemblance de nature, une communauté de tempérament. Ces sortes d'analogies constituent le plus violent principe de rivalité. Il n'était pas jusqu'à la demi-identité de leurs prénoms qui ne fût pour Francis un aliment d'irritation passionnée... Bref, l'accès de jalousie avait éclaté, malgré les résolutions prises et les promesses données, d'autant plus violent qu'il avait été plus reculé, et il avait abouti à cette même implacable alternative posée à Pauline : — « Ou lui, ou moi. Ou vous ne recevrez plus M. Vernantes, ou je ne mettrai plus les pieds chez vous... » Francis s'était heurté alors à une résistance de sa maîtresse, si invinciblement exprimée qu'une première rupture avait suivi. Il était demeuré dix jours sans la voir, sans que Pauline fît l'ombre d'un geste pour se rapprocher de lui. Il avait cédé le premier, — quelle misère! — et il était revenu pour trouver une femme ulcérée et qui lui avait dit : « C'est la dernière fois que je vous pardonne..., » qui avait osé le lui dire! Un pardon d'elle, à lui! Son sang bouillonnait encore d'indignation lorsqu'il se répétait cette parole et que tout de suite il songeait aux faits qui avaient déterminé enfin son énergie. Le premier était d'un ordre très simple, mais il en est d'un cœur souffrant comme d'un corps malade où les plus vulgaires accidents provoquent des complications mortelles. Comme il se trouvait en visite chez une certaine M^me de Sermoise, cette personne, aussi renommée pour sa méchanceté que pour le ridicule de ses prétentions littéraires, se prit à parler assez longuement de Vernantes, dont le nom venait d'être prononcé, et, après en avoir tracé un portrait fort malveillant, elle conclut :

— « Enfin, le voilà retombé dans les fers de cette petite M^me Raffraye. C'était bien la peine de la fuir si loin pour revenir comme il était parti. Mais c'est la vieille histoire des amoureux : on se prend, on se quitte, on se reprend, on se requitte... Et le mari ne voit jamais rien. Quelle comédie !... »

Des phrases pareilles, il s'en prononce par centaines à Paris et à chaque heure du jour, depuis le matin où l'on se promène au Bois, en médisant, jusqu'à l'heure où l'on sort de l'Opéra, et ceux qui les entendent n'y attachent pas plus d'importance que ceux qui les débitent. Mais, quand vous soupçonnez votre maîtresse d'une perfidie, un pareil propos tombe sur votre soupçon, comme du vitriol sur une plaie. Vous agonisez de ne pas savoir la vérité, et voici que d'autres ont l'air de la savoir, eux, cette vérité. D'autres? Mais tous, oui, tous, depuis cette femme indifférente qui vient de vous percer le cœur, jusqu'au *clubman* qui l'écoute sans étonnement. Vous n'y résistez pas alors. Il vous faut interroger quelqu'un, au risque de déshonorer votre sentiment à vos propres yeux par une telle enquête. Vous parlez de votre rival à celui-ci, à celui-là, d'un air détaché, quand de le nommer fait saigner en vous les places les plus envenimées du cœur. L'un vous répond des phrases qui n'ont aucun rapport avec votre passion. L'autre vous donne des détails que vous connaissez déjà. Et vous ne vous arrêtez qu'après être tombé sur un mot qui achève de vous désespérer. C'est ainsi qu'après avoir insinué de son mieux dans dix occasions sa demande: « C'est un bien joli homme que Vernantes, avec qui est-il donc?... » Francis finit par se faire répondre par un viveur quelconque du cercle de la rue Royale:

— « Vernantes? Il travaille dans les femmes mariées. Je crois qu'il avait la petite Raffraye à l'époque. On l'a beaucoup dit... »

C'était là pour Francis le second des faits qui avaient contribué à sa révolte définitive. Le troisième était d'une autre nature et moins imaginaire. Une semaine environ après s'être de nouveau convaincu que la cruauté du monde n'avait pas plus épargné l'intimité de Vernantes et de Pauline qu'elle n'épargne les autres relations de cet ordre, il avait un rendez-vous avec la jeune femme. Le matin de ce jour-là, qui était un mardi, — ah! il n'avait rien oublié : ni la date du jour, ni le ciel brumeux et brouillé qu'il faisait, ni l'heure, ni ses sensations amères, — il avait reçu un billet d'elle, où elle se dégageait sous le prétexte d'une migraine. Elle allait, disait ce petit mot, se remettre au lit pour essayer de vaincre le mal, et elle lui demandait de venir la voir le lendemain. Oui, il se souvenait. Il était demeuré jusqu'à cinq heures à se demander si cette excuse était vraie ou fausse. Enfin, il était sorti. Il s'était promené un peu au hasard, et une invincible curiosité l'avait conduit, sans presque qu'il s'en rendît compte, à travers le parc Monceau, vers la maison de la rue Murillo où habitait son rival. La pensée que sa maîtresse avait peut-être souvent passé ce seuil, et comment, lui causait un chagrin affreux. Par quelle fatalité s'était-il attardé à regarder cette porte, comme s'il eût pressenti qu'il allait enfin tenir là cette certitude, souhaitée depuis des semaines? C'était tout simple que, ne croyant qu'à demi au prétexte donné par Pauline, il la soupçonnât d'avoir déplacé leur rendez-vous pour aller à un autre. Et cependant, à une certaine minute, ce qu'il vit de cet angle de trottoir où il s'immobilisait dans un honteux et puéril espionnage, pensa le faire mourir de douleur. Un fiacre aux stores à demi baissés, de quoi cacher le visage sans faire trop remarquer la voiture, venait de s'arrêter devant la maison et d'entrer dans l'allée. Nayrac se précipita et il arriva juste à temps pour voir une femme voilée d'un double voile, qui disparaissait par la porte du rez-de-chaussée. Quoiqu'il lui eût été impossible de distinguer les traits de cette femme, il avait pu voir qu'elle était mince comme Pauline, qu'elle avait la taille de Pauline. Enfin, détail insignifiant, mais qui devait, pour Francis, servir de preuve indiscutable, comme le mouchoir du célèbre drame, elle portait un long manteau de loutre, et il crut reconnaître celui de Pauline. Son angoisse fut si forte qu'une fois le fiacre parti, il eut l'audace d'entrer, lui aussi, sous la voûte et de marcher jusqu'à cette porte du rez-de-chaussée à laquelle il sonna sans qu'on lui répondît. Dieu! Que le timbre lui faisait mal à écouter! Il allait sonner encore quand il s'entendit interpeller par le concierge qui, debout sur le pas de sa loge, lui disait, avec le visage impassible d'un complice inférieur grassement payé :

— « Monsieur Vernantes n'est pas chez lui... »

Ainsi c'était bien l'appartement de son rival! Il s'était retrouvé sur le trottoir, en proie à une de ces frénésies de soupçon qui déchaînent chez le civilisé la bête sauvage, toujours grondante au fond des troubles du sexe. Son besoin d'agir, d'en savoir un peu plus, avait été si fort, qu'il avait couru à l'hôtel de la rue François I^er qu'habitait Pauline. Que devint-il, lorsqu'on lui répondit :

— « Madame va mieux; elle a pu sortir cette après-midi !... »

Atterré de cette évidence qui grandissait devant lui de seconde en seconde, il avait eu la pensée de retourner faire le guet rue Murillo. Puis, il s'était dit : « A quoi bon? Mon coup de sonnette leur aura fait peur, et elle sera partie aussitôt que j'aurai quitté la rue. Le concierge les aura prévenus. D'ailleurs, que verrais-je? Un fiacre aux rideaux baissés qui la reprendra comme elle est venue. » Il décida qu'il valait mieux l'attendre devant la porte de son hôtel. Il verrait du moins quelle toilette elle portait... Encore une demi-heure. Comme elle fut longue!... Un coupé dévale le long de la rue, qu'il reconnaît pour être le coupé personnel de M^me Raffraye. Mais quoi! C'est l'*a b c* de l'adultère d'avoir quitté, puis repris la voiture officielle à une entrée de magasin ou de passage. Ne faisait-elle pas de même pour aller chez lui? Le cocher demande la porte. Les battants s'ouvrent. La voiture entre. Pauline en descend. Elle porte le même manteau !...

La scène atroce qui avait éclaté entre eux le lendemain, l'implacable audace de dédain qu'elle avait opposée à son accusation, son refus de rien justifier, sa fureur à lui et la dernière indignation qui l'avait égaré jusqu'à lever la main sur elle, — jusqu'à la frapper ! — tout cet horrible et suprême épisode lui faisait battre le cœur encore aujourd'hui à seulement s'en souvenir. Et il était rentré chez lui si épouvanté de lui-même qu'il s'était dit : « Il faut partir... » Et, sur-le-champ, en vingt-quatre heures, il avait achevé les premiers préparatifs. Il était monté dans un train, comme un malfaiteur s'enfuit, rageusement, aveuglément, sans projets, sans calculs, pour être ailleurs. Il ne s'arrêta qu'à Marseille, où il eut sa dernière lâcheté. Car il écrivit de cette ville à Pauline une lettre encore, un ultimatum, qu'il mit une demi-journée à composer, griffonnant des pages de tendresse tour à tour et de malédiction, puis les déchirant pour n'envoyer enfin qu'une dizaine de phrases dont il ne savait plus rien, sinon qu'il exigeait de son infâme maîtresse cette preuve insensée : un renoncement à tout, une fuite de chez elle pour venir le rejoindre immédiatement. Terrible et déraisonnable billet qui demeura sans réponse ! Huit jours après, le jeune homme était en Égypte. Là il s'embarquait pour faire le tour du monde.

— « Cette femme est mon mauvais génie, »

se disait-il; « je dois l'oublier si je veux vivre, et je l'oublierai. »

C'est une des idées fausses les plus communément reçues sur l'amour qu'il abolit tout dans un cœur, et d'abord l'orgueil. Heureux les amants pour lesquels il en est ainsi! Malheureux au contraire ceux chez lesquels cet orgueil subsiste, vivant et impérieux à côté de la passion la plus sincère pourtant, la plus violente. Cette coexistence constitue une des pires maladies qui puissent nous ronger. Le voyage alors, au lieu de nous être un remède, empoisonne seulement cette double blessure. Dans la solitude des soirs, que de larmes nous versons avec la triste vanité de nous dire : « Elle ne les voit pas!... » Dans la lumière des horizons, que d'images s'évoquent, l'une nous représentant la grâce de celle que nous avons quittée, une autre sa caresse la plus douce, un geste qu'elle avait entre nos bras, ses cheveux épars sur son front, la mélancolie tendre de son regard dans les divins moments! Et aussitôt, associant à l'idée d'un rival abhorré ces souvenirs qui tiennent aux cordes les plus vivantes de notre être, une douleur nous étreint contre laquelle nous n'avons qu'un soulagement, — il est si misérable! — celui de nous répéter que nous avons rompu par notre propre volonté. Que ne donnerions-nous pas pour savoir ce que fait celle que nous croyons cependant, que nous savons infidèle, et nous nous couperions la main plutôt que de recommencer à lui écrire. Et les jours s'ajoutent aux jours, les semaines aux semaines, les mois aux mois, l'irréparable à l'irréparable, sans que nous connaissions plus jamais ce que c'est que la joie, l'abandon à l'heure qui passe, à la sensation présente et vivante. La tapisserie bariolée des villes et des paysages se déroule devant nous sans guérir notre nostalgie pour un angle de salon intime, parmi les fleurs, où se tient notre fantôme. — Si nous pouvions n'y voir que lui! — Et nous allons, nous allons toujours, multipliant les distances par les distances, rendant plus profonds encore les malentendus, ajoutant la rancune à la rancune, sans que ni ce fatal orgueil ait tué notre amour, ni l'amour notre orgueil, pour revenir, comme revint Francis, plus ulcéré qu'à l'instant du départ et plus désarmé!

Car il était revenu, après quatorze mois de ce vagabondage à la poursuite d'une guérison qu'il n'avait pas trouvée, et aussitôt, une des femmes chez lesquelles il rencontrait autrefois sa maîtresse, cette même M$^{me}$ de Sermoise qui lui avait percé le cœur dans une lointaine visite, — et il y était retourné, comme un homme ruiné au jeu retourne près de la table du baccara, — lui avait appris d'étranges nouvelles. M$^{me}$ Raffraye était veuve. Elle avait perdu son mari presque subitement, quelques semaines après le départ de Francis. La seule annonce de ce veuvage eût suffi à bouleverser le jeune homme. En continuant ses confidences, son interlocutrice lui apprit qu'au moment de cette mort, Pauline se trouvait enceinte et qu'une fille lui était née. La mère avait failli mourir, elle aussi, puis, à peine rétablie, elle avait quitté Paris, de mauvaises spéculations de feu Raffraye l'ayant à demi ruinée. Elle avait vendu son hôtel, ses voitures, ses chevaux, et déclaré sa volonté de vivre d'une manière définitive dans la terre du Jura où elle avait été élevée. Et la cruelle Parisienne, sans se douter qu'elle enfonçait un couteau dans Francis à la place la plus sensible, — ou bien en savourant la joie de lui faire ce mal, — avait ajouté qu'elle ne croyait guère à cette retraite, pour conclure avec un nouveau sourire :

— « Nous la verrons reparaître un de ces jours, plus coquette que jamais et devenue M<sup>me</sup> Vernantes. Il n'en sortait plus les derniers temps, et il passe encore des semaines à Molamboz... »

— « Et dire, » songeait Francis avec une affreuse mélancolie au sortir de cet entretien, « dire que, malgré ce que j'ai vu, j'allais avoir pitié d'elle, lui écrire, sans doute! m'humilier... Non. Elle ne m'a jamais aimé. Elle a eu pour moi un caprice de sens et d'imagination... Son amant n'était pas là. Ils avaient rompu ensemble sous un prétexte quelconque, sans doute parce qu'elle l'avait trompé. J'ai fait l'intérim. Il est revenu. Elle l'a repris et elle a eu l'idée de nous garder tous les deux... La malheureuse! Si elle m'eût aimé, cet homme, qui avait été la cause de notre brouille, lui eût fait horreur, et, moi parti, elle n'eût pas pu le recevoir!... » Et il pensait encore : — « Que c'est amer pourtant, de la savoir malade, pauvre peut-être, et je ne peux rien pour elle, libre, et je ne voudrais pas lui donner mon nom. »

Cette douleur avait été grande. Elle était finie aujourd'hui. Le jeune homme en avait porté le poids sur son cœur durant des années, sans qu'aucun événement nouveau vînt ni l'accroître ni la soulager. Il n'avait plus rien su de Pauline, sinon qu'elle continuait de vivre loin de Paris et qu'elle n'avait pas épousé son rival, puis que ce rival était mort. A peine s'il entendait parler d'elle de temps à autre. Elle avait laissé tomber toutes ses relations, une par une, et le petit clan mondain dont elle avait fait partie l'avait déjà presque oubliée, mais non pas Francis, quoiqu'il se fût imposé la règle de ne plus jamais prononcer son nom, de fuir systématiquement leurs connaissances communes d'autrefois et de s'esquiver si un détour de causerie faisait allusion à elle. Les sentiments auxquels les roueries de Pauline se trouvaient mêlées avaient été trop intenses. Il en avait trop joui d'abord et trop souffert ensuite. Il y avait surtout trop pensé. Enfin et surtout, même en la condamnant et en l'exécutant, comme il avait fait, il n'était pas absolument sorti du doute. C'est une des singularités les plus étranges de certaines jalousies que cette égale impuissance à se fixer dans la certitude de la fidélité et dans celle de la perfidie. Toutes les présomptions accumulées contre sa maîtresse n'apparaissaient pas toujours à Nayrac comme emportant la même évidence, et, parfois, il lui arrivait de plaider la cause de cette femme dont le silence à son endroit lui semblait alors une nouvelle énigme. Si pourtant le monde avait calomnié ses relations avec Vernantes, si ce n'était pas elle qu'il avait vue entrer dans le rez-de-chaussée de la rue Murillo? Si un simple hasard l'avait forcée à sortir ce jour-là, quoique souffrante? Il avait tôt fait de revenir à ce qu'il avait considéré autrefois comme une preuve suffisante pour tout y sacrifier. Mais, malgré lui, durant ces minutes-là, sa rêverie se portait invinciblement et douloureusement sur cette fille que Pauline élevait là-bas dans la solitude. Son angoisse devenait infinie alors à songer que cette fille *pourrait être* son enfant, à lui, même après la perfidie de sa mère. — Pourrait être! — Qu'une pareille idée est cruelle et que cela fait mal de n'être pas sûr du sang qui coule dans les veines d'une pauvre petite créature dont on se dit : — « Si pourtant c'était bien mon sang à moi ! Si j'étais responsable de sa vie !... » Et il faut ajouter tout de suite : — « Je ne le saurai jamais, jamais... Elle-même n'est pas sûre du père de cette enfant !... » Quelles sources d'intarissables tristesses une trahison de femme ouvre autour d'elle ! Qu'il est cruel d'être paralysé par cette idée de mensonge jusque dans ses meilleurs élans ! Francis, qui n'avait plus un seul parent rapproché depuis la mort de sa sœur, se fût dévoué à cette petite fille avec délices, s'il eût cru en la mère. Au lieu de cela, il éprouvait une appréhension presque mortelle, une horreur d'agonie à penser que telle ou telle circonstance pouvait le mettre en face de ce mystère vivant qui renouvellerait ses plus douloureuses crises par sa seule présence, et il s'était arrangé pour ne même pas savoir si cette enfant vivait encore. Cette épreuve de se trouver face à face avec elle ou avec la mère lui avait été épargnée, et du moins ce funeste état d'anxiété intérieure avait eu cet avantage de le prémunir contre les entraînements habituels à son âge et à sa fortune. Comme tous ceux qui gardent en eux la brûlure cuisante d'une passion malheureuse, il avait pu se livrer de nouveau à l'étourdissement du libertinage : il eût été incapable d'une autre liaison sérieuse de monde ou de demi-monde. Aussi la médisance n'avait-elle eu aucun nom à prononcer quand la comtesse Scilly avait quêté ses renseignements. Les tristes plaisirs par lesquels il avait plus ou moins distrait son horrible mélancolie n'avaient pas eu plus d'échos que sa lointaine et trop courte histoire dans la société où il vivait, qu'il traversait plutôt, car tout de suite il avait repris du service et redemandé un poste très lointain, qu'il avait troqué presque aussitôt contre un autre, puis contre un autre, par cette incapacité de rester en place où se reconnaissent les lancinantes secousses de l'idée fixe. En revanche, cette idée fixe elle-même, la lassitude de cette existence déracinée, les rancœurs de la débauche, la sensation trop constante de la solitude morale, tout avait développé en lui l'infini besoin d'un renouveau, en même temps que ses souvenirs lui en ôtaient l'espérance. L'intense chagrin dont il avait si longtemps souffert avait élaboré en lui un autre homme, aussi dégoûté de l'amour criminel que l'autre en avait été curieux et friand, aussi désireux de la paix morale que l'autre avait souhaité les tempêtes troublées du cœur. Ç'avait été le secret de son ravissement lorsque, ayant de nouveau démissionné, d'une manière définitive cette fois, il avait rencontré Henriette et qu'il s'était pris à l'aimer. Après des années de douleur et d'égarement, il avait aperçu à l'horizon de sa seconde jeunesse cette Terre Promise, cette félicité inattendue : — l'amour avec un être sans passé et dans lequel il crût absolument, lui qui avait tant souffert du doute et de la défiance, — la passion dans la loyauté, lui qui avait tant remâché l'herbe empoisonnée de la trahison, — la joie du cœur dans une vie réglée, et doucement, divinement monotone, lui qui avait tant erré loin de tout foyer, — l'orgueil d'une famille, lui qui avait si souvent pleuré à l'idée du chemin qu'eût pris sa vie avec une certitude sur l'enfant de sa haïssable maîtresse... Ah! Qu'elle méritait bien d'être haïe, celle qui lui avait si longtemps dépravé le cœur! En repassant ainsi les phases diverses de de ce long martyre, il s'abandonnait, sans le savoir, à ce mirage particulier d'imagination qui veut qu'après avoir été très malheureux à l'occasion d'une femme, nous ne sachions plus discerner dans ce malheur notre part de responsabilité. Il ne faisait plus à Pauline Raffraye le crédit de penser qu'après tout il n'avait pas tenu l'indiscutable démonstration de son infamie. De plus fortes apparences ont fait condamner tant d'innocents. Il ne se faisait pas à lui-même le reproche de ne jamais avoir contrôlé la cruauté féroce de son jugement sur elle par une enquête sur la manière dont elle vivait dans la solitude de sa campagne. Il ne savait même pas si elle restait dans cette campagne ou si elle voyageait, si elle revenait à Paris maintenant de temps à autre ou si elle avait renoncé tout à fait à ce séjour. Quoi qu'elle fasse, se disait-il, elle fait le mal. Elle lui apparaissait comme une créature d'une perversité profonde et implacable. Et voici qu'il venait d'apprendre qu'elle était là, — qu'elles étaient là, toutes deux, elle et son enfant, à deux pas de M^me Scilly et d'Henriette. Monstrueux voisinage dont l'idée l'affolait davantage à mesure qu'il prenait et reprenait ces scènes de sa vie de fautes et de souffrances, presque absolument oubliées depuis son entrée dans le doux et frais Éden de son pur amour! Et toujours il se heurtait à cette question : — « Que veut-elle?... Évidemment elle a su mon mariage prochain et mon séjour ici... Est-ce une vengeance?... » La démence de son horreur pour cette ancienne maîtresse était telle qu'il allait plus loin : — « Est-ce un projet d'exploitation? En serait-elle descendue à cette bassesse? Serait-elle venue à Palerme avec la pensée d'un chantage au moyen de l'enfant?... » Il ne trouvait plus en lui la force de faire le raisonnement bien simple que Pauline, s'étant tue des années, n'avait aucun motif pour commencer aujourd'hui à le tourmenter. Il ne voyait que cette présence et il continuait d'en être bouleversé à la folie, jusqu'à ce qu'ayant pris une photographie d'Henriette, il finit pourtant par se dire après l'avoir contemplée :

— « Ah ! je l'aime. Elle m'aime. Et rien, non, rien ne pourra nous séparer !... »

Et il baisa ce portrait de son bon Ange, comme pour exorciser son mauvais génie, — longuement, tendrement, religieusement.

## III

### TROUBLES CROISSANTS

L'ÊTRE moral en nous a, comme l'être physique, son instinct de conservation, avec des fougues d'inconscience toutes pareilles et de pareilles frénésies. Le geste soudain par lequel l'homme à demi noyé enlace les membres du nageur qui peut le sauver, cet indomptable geste où passe l'énergie entière de l'existence, n'est pas plus violent ni plus irraisonné que le mouvement de cœur qui nous pousse à de certaines secondes vers une certaine personne, dont il nous faut la présence comme il faut un appui à ce malheureux qui sombre, de quoi remonter du fond de l'abîme vers une bouffée d'air respirable. L'envahissement subit de tant d'images douloureuses en pleine lumière de félicité avait été précisément cela pour Francis : — la chute subite, la descente dans un gouffre où l'épaisseur énorme de l'eau sifflante et aveuglante s'écroule sur nous, de tous les côtés. Elle nous enveloppe à droite, à gauche; elle fond sur nos pieds; elle pèse sur notre tête. Certains souvenirs sont ainsi, même quand les émotions qu'ils représentent n'ont plus sur nous qu'une influence toute réflexe et rétrospective. S'abandonner à eux, c'est descendre trop avant dans sa vie, c'est perdre pied, c'est presque se sentir mourir au cher présent, à la saine lucidité de l'impression actuelle, c'est devenir à demi fou pour quelques instants. L'élan par lequel le jeune homme sortit de sa chambre, au soir de cette cruelle après-midi, pour aller vers le salon où il était sûr de revoir Henriette, fut bien cette passionnée, cette irrésistible étreinte du salut certain. Par quelle aberration venait-il de repenser, de revivre toute une portion sombre et maudite de son existence, quand il avait, à côté de lui, pour s'en purifier, une atmosphère bénie? Il s'échapperait, il s'arracherait du funeste cauchemar où il venait de rouler, rien qu'en revoyant les yeux de sa fiancée, en écoutant sa voix, en éprouvant la sensation de sa réalité, de son souffle, de ses gestes, en la retrouvant aimante et souriante. Ce passé, dont il avait subi la hantise à nouveau pour quelques heures, qu'était-ce que l'ombre d'une ombre, le fantôme d'un fantôme ? Une femme est morte pour nous quand elle ne remue plus dans notre cœur ni le désir ni la jalousie, et Francis n'était-il pas bien sûr que Pauline n'exerçait plus sur lui cette double puissance par laquelle elle l'avait esclavagé autrefois dans ses actions et si longtemps dans ses souvenirs ? Il eût vu sur cette affiche de l'hôtel, à côté du nom de M^me Raffraye, celui d'un Armand de Querne ou d'un François Vernantes, en eût-il souffert une minute ? Non, évidemment. De quelle hallucination étrange avait-il donc été la victime ? Elle ne pouvait s'expliquer que par le coup de foudre d'une surprise absolument inattendue, tombant sur des nerfs déjà ébranlés. Il avait craint une vengeance de son ancienne maîtresse... Et laquelle ? Que pouvait la malheureuse ? Révéler à Henriette leur commun passé ? Montrer ses lettres en admettant qu'elle les eût gardées ? Soit ! Qu'apprendrait de la sorte sa fiancée ? Qu'il avait aimé avec un cœur sincère, droit et loyal même dans la faute, une créature de ruse et de trahison. L'honnête, la généreuse enfant trouverait là matière à souffrir sans doute, à souffrir beaucoup, mais non pas à le mépriser. C'était cependant la pire issue à laquelle les scélératesses les plus cruelles de Pauline pussent aboutir. Se servir de l'enfant ? Et pourquoi faire ? Lui prouverait-elle que la petite n'était pas la fille de Vernantes ou de Raffraye? Ce serait un doute odieux pour lui, mais qui ne le troublerait pas dans ce qu'il savait, dans ce qu'il avait vu. La mince et sombre silhouette de la jeune femme voilée, descendant de fiacre à la porte du criminel rez-de-chaussée, n'était pas de celles qu'un serment efface de la mémoire d'un homme, — surtout quand cet homme n'aime plus. C'est en raisonnant de la sorte, ou mieux en se forçant à ne plus raisonner sur ce sujet, tant il éprouvait un besoin presque physique d'oublier ces tristes souillures, qu'il entra dans le salon de M^me Scilly. Son obsession de terreur panique se transformait en une fièvre de tendresse qui exaltait ses forces aimantes. Il trouva une première douceur à la familiarité par laquelle Vincent, le vieux domestique de la comtesse, ancien soldat d'ordonnance du comte demeuré au service de la veuve, lui demanda de ses nouvelles, avant de lui ouvrir la porte de ce salon, pièce de forme assez bizarre et comme distribuée en deux parties distinctes. Ménagé dans la tour romantique dont l'architecte du *Continental* avait enjolivé l'angle de cette grande bâtisse moderne, ce salon commençait presque en couloir, puis s'épanouissait en une large rotonde. Les trois fenêtres de ce fond circulaire permettaient, par les belles journées, de regarder ainsi trois des plus vastes horizons de Palerme. La mer à droite frémissait toute bleue, avec le passage des voiles blanches et des fumeux paquebots. En face se profilaient les palais du quai, les deux ports au delà, leur forêt de mâts et le sauvage éperon rouge du mont Pellegrino. Les toits de la ville, à gauche, les dômes des églises et les tours des clochers s'étendaient jusqu'à l'horizon fermé par le cercle de montagnes qui a fait donner à la grande plaine d'orangers et de citronniers où la ville repose le surnom de « Conque d'or ». A cette heure du crépuscule où les volets des trois fenêtres étaient fermés, quelle intime physionomie d'un délicieux *home* prenait ce retrait, encore isolé du premier couloir d'entrée par un paravent ! Trois lampes l'éclairaient : la plus grande qui rayonnait au milieu, et deux petites posées, l'une sur la cheminée, l'autre sur une table mobile auprès du feu paresseusement assoupi. Des étoffes anciennes, drapées de-ci de-là sur les meubles, le rangement même de ces meubles, ici des portraits dans leurs cadres, ailleurs des livres dans un casier mobile, plus loin quelque menu bibelot, partout des fleurs : des roses, des œillets, des mimosas dorés, un palmier dans un coin, dans un autre de grands bouquets lustrés de branches d'eucalyptus, — comme la jeune fille et sa mère avaient su l'art, avec des riens, de rendre personnel ce gîte de passage, très heureusement choisi dans ce vaste caravansérail cosmopolite ! On oubliait que l'on était à l'hôtel, dans une des cases d'un bâtiment aménagé par la spéculation pour une affluence de voyageurs encore à venir, si bien que de cet asile paisible les deux femmes n'entendaient aucune de ces rumeurs qui rendent pénible la promiscuité de séjours pareils. Elles étaient assises près de la cheminée quand Nayrac entra, occupées, M^me Scilly à une lecture, Henriette à une tapisserie qu'elle poursuivait sur un métier tendu devant elle, avec cette activité silencieuse et en apparence absorbée qui aide les femmes à tromper les plus dévorantes anxiétés intérieures. Ni l'une ni l'autre n'avait été avertie par le bruit de la porte assez éloignée qu'étouffait la grande portière de velours. Le jeune homme put donc rester immobile deux ou trois minutes, à contempler ce simple tableau qui contrastait tant avec les visions d'impurs rendez-vous où il venait de s'attarder. Si le bonheur n'a guère rencontré de peintres parmi la foule des poètes qui nous déroulent depuis des siècles le monotone roman de la pauvre âme humaine, c'est qu'il se contente de conditions bien naïvement innocentes. Il lui faut si peu d'éléments pour le décor de son idylle! Depuis des semaines que Francis était fiancé à Henriette, il ne s'était pas blasé sur l'intense impression de volupté d'âme éprouvée le premier soir où il avait eu sa place en tiers dans la veillée de M^me Scilly et de sa fille. Lui qui avait si longtemps erré à travers le monde, si souvent connu la mélancolie des fins de journée à bord des bateaux ou dans des solitudes d'hôtel, le cercle de clarté projeté par les lampes autour de ces deux femmes lui avait tant réchauffé le cœur, le lui réchauffait tant à cette seconde! Remué comme il venait de l'être par de si anciennes amertumes, il eût voulu demeurer des heures sur le seuil de cette porte, — des heures à se repaître l'âme de cette certitude que sa mauvaise jeunesse était très loin, et qu'il faisait partie de cette vie maintenant, si réglée, si pure, si simple, — des heures à lire sur le visage de sa fiancée le fervent amour dont il était l'objet. Pourquoi cette ombre sur ce beau front candide, ce voile sur ces chers yeux bleus, ce pli triste de cette bouche enfantine, sinon parce que la jeune fille le savait souffrant? Et ce front se leva, ces yeux l'aperçurent, cette bouche s'ouvrit dans un cri léger. Une pâleur envahit ce visage, attestant chez sa sensitive, comme il l'appelait quelquefois par une caressante raillerie, cette sensibilité trop vive en effet, cette vibration trop forte sous la moindre secousse. Mais déjà Henriette était debout, elle avait marché vers lui.

— « C'est vous, Francis, » lui disait-elle. « Comment ne vous ai-je pas entendu entrer? Il y a longtemps que vous êtes ici?... »

— « Très longtemps, » répondit-il, et lui prenant la main : « Mais pardon de vous avoir effrayée... Je devrais tant savoir que ces petites surprises vous font mal... »

— « Un doux mal cette fois, » dit-elle en riant, « si vous êtes bien, » et elle insistait : « Dites vite comment vous vous sentez maintenant. J'ai eu peur que vous n'ayez pris ces vilaines fièvres dont on nous menace toujours. Nous vous espérions pour le thé et nous n'avons pas même osé faire demander de vos nouvelles... Vincent est allé écouter à votre porte, et, comme vous ne faisiez aucun bruit, il a pensé que vous reposiez. Vous avez le feu aux mains encore... »

— « C'était un peu de fatigue causée sans doute par ce soleil, » répliqua-t-il. « Mais elle est tout à fait passée, » et sa voix se fit insistante pour répéter : « tout à fait... Ce n'est même plus la peine d'en parler. Laissez-moi m'asseoir auprès de vous et racontez-moi comment vous avez employé cette après-midi, où vous vous êtes promenées... »

— « Nulle part, » interrompit la comtesse, « Henriette n'a jamais voulu sortir. Elle a recommencé de n'être pas raisonnable en s'inquiétant comme si vous alliez être vraiment malade. »

— « Vous me calomniez, maman, » dit la jeune fille à qui étaient revenues ses fraîches couleurs, « j'avais ma correspondance en retard et j'ai écrit des lettres toute l'après-midi... Voulez-vous les voir?... »

Et très vite, sans attendre la réponse de Francis, elle avait pris, sur la table étroite où elle s'était arrangé un coin à elle auprès d'une des fenêtres, plusieurs enveloppes qu'elle lui tendait tout ouvertes. Dès les premiers jours de leurs fiançailles, elle lui avait demandé tendrement, comme une faveur d'affection, de lire les moindres billets qu'elle envoyait, — adorable instinct d'enfant amoureuse qui se donnait ainsi, sans rien réserver, avec cette prodigalité spontanée d'une âme pure qui peut tout montrer de ses pensées, qui s'enivre d'en tout montrer à celui qu'elle aime! Elle mit à présenter à Francis ces pages par lesquelles elle avait trompé l'inquiétude des heures supportées sans lui, une grâce de soumission si jeune, si pénétrante, que les mains du jeune homme tremblaient un peu en ouvrant ces lettres l'une après l'autre. Comme elle savait, sans l'avoir appris, cet art d'aller au-devant des exigences même injustes et tyranniques d'un ami, — cet art qui veut que l'on soit toujours un peu trop tôt là où le moindre retard ferait souffrir, — cet art de dire toujours la parole attendue, justement celle-là et pas une autre, — cet art de se faire aimer en aimant, seul bienfait pour une âme déjà lasse, si facile à la souffrance, si rebelle à la caresse, — cet art de plaire sans jamais blesser, que Pauline autrefois avait tant méconnu! Quelle confiance cette chère enfant avait à l'égard de son fiancé, si entière, si loyale, si ingénument touchante! Et lui, quels secrets il gardait sur son esprit, même à ce moment, surtout à ce moment! Avec quelle naïveté, dans ces lettres écrites à des amies, elle parlait de son bonheur! Comme les rappels qu'elle y faisait de son existence de jeune fille, révélaient des souvenirs d'une irréprochable candeur! Et il s'y retrouvait si aimé, aperçu dans une telle auréole d'estime, presque d'admiration, qu'il ne put pas continuer cette lecture. De véritables larmes lui vinrent, irrésistibles.

— « C'est de joie que je pleure, » murmurait-il, « c'est de voir ce que vous êtes pour moi, de trop le sentir... Toute ma vie pour vous payer de cette tendresse, ce sera encore trop peu!... »

— « Je peux mourir, » disait la mère quelques heures plus tard à sa fille agenouillée au pied de son lit, comme chaque soir, pour leur commune prière, « je te laisserai à quelqu'un que je sais vraiment digne de toi!... »

— « C'est à moi d'essayer d'être digne de lui, » répondait Henriette, « digne de son cœur. Il est si tendre. Vous avez vu comme il a été remué en lisant mes pauvres lettres... »

Elle se tut. Une idée l'avait saisie devant le

trouble étrange de Francis, la seule qu'elle ne pût pas avouer à sa mère. Elle s'était souvenue du pressentiment de malheur dont il avait parlé le matin. Elle n'avait pas dit à son fiancé combien elle croyait elle-même à ce que la mysticité enfantine de son langage appelait la « double vue du cœur ». Sans doute ce même pressentiment avait de nouveau troublé le jeune homme, à la lecture de ces lettres où elle se disait si heureuse. Il avait prévu pour elle un grand chagrin et il avait pleuré. Mais quel pouvait-il être, ce chagrin, sinon une aggravation dans l'état de leur chère malade, et elle baisait en silence les blanches mains amaigries que la comtesse allongeait sur la couverture de laine rouge à nœuds de soie, — un travail qu'elle avait fini durant les quelques semaines passées à Palerme seules, et pendant que le vent de la mer environnait de sa plainte, comme ce soir, la tour du *Continental*. Quelle stupeur mélangée d'une indignation épouvantée la pure enfant aurait éprouvée, si, perçant du regard les murs qui la séparaient de Francis, elle l'avait vu assis à sa table, le front dans la main, et se préparant à écrire, — à qui?... Lui aussi entendait le vent croître et décroître, s'en aller, revenir. Il voyait Henriette écoutant cette plainte, — et une autre femme. Maintenant qu'il avait pu réagir contre la secousse dont l'avait frappé la première nouvelle du voisinage de son ancienne maîtresse, il commençait de ne plus traduire cette idée uniquement par des images qui se rapportassent à leur commun passé. La réalité actuelle et précise s'imposait à lui, et, au lieu de voir la M^me Raffraye d'il y a neuf ans, il essayait enfin de se figurer celle d'à présent. Il se demandait dans quelle portion de l'hôtel elle habitait, ce qu'elle faisait à cette heure, quel projet elle remuait dans sa pensée? Il était entièrement remis de cette panique affolée qui avait déconcerté en lui toutes les puissances raisonneuses, et, sitôt rentré dans sa chambre, il s'était retrouvé capable de la froide lucidité qui établit le décompte exact d'une situation, si pénible soit-elle. Il avait eu le bon sens de se dire qu'après tout Pauline pouvait n'être arrivée à Palerme et au *Continental* que par hasard. De telles rencontres se produisent rarement, mais elles se produisent, et de plus invraisemblables. Il y avait donc trois cas à examiner : ou bien Pauline était venue avec intention et pour lui faire du mal, c'était le premier. Ou bien elle était venue sans intention, mais une fois qu'elle apprendrait sa présence à lui et son bonheur, le démon de la rancune et de la vengeance la pousserait à quelque perfide démarche, c'était le second. Ou bien enfin, cette nouvelle la laisserait indifférente, parce qu'il était réellement oublié d'elle. Dans l'une comme dans l'autre de ces trois hypothèses, il était urgent qu'il prît l'avance et qu'il sût avec certitude si elle voulait la guerre ou la paix. Il parerait le coup si elle avait jamais l'idée de le frapper, comme elle pouvait le faire, en torturant sa chère fiancée par une dénonciation anonyme ou d'anciennes lettres de lui communiquées. Si au contraire ce dangereux voisinage devait être absolument inoffensif, une fois certain de cette innocuité, il n'y penserait même plus. C'est alors et devant l'évidente nécessité d'une explication, que Francis avait conçu l'idée de la démarche la plus étrange, la plus capable de poser tout de suite les relations forcées que lui imposerait la présence de M<sup>me</sup> Raffraye sur leur vrai terrain. Il s'était décidé à lui écrire. Que risquait-il? Éviter la cruelle impression de sa présence, il ne le pouvait pas. Tôt ou tard il lui faudrait maintenant se trouver face à face avec Pauline. En provoquant au contraire cette rencontre, il y gagnerait non seulement d'être fixé lui-même sur elle, mais de la fixer, elle, sur son pouvoir, si elle s'imaginait en conserver sur lui. Il y avait encore, dans l'espèce de fièvre d'action que prouvait cette démarche, un autre besoin si secret et si obscur qu'il ne se l'avouait pas, celui de se convaincre que les troubles d'incertitude qui avaient grondé autrefois en lui à la pensée de la petite fille de M<sup>me</sup> Raffraye, n'existaient plus. Il avait donc pris son papier et sa plume.

Mais qu'il était difficile à composer, ce billet! Il en avait multiplié les brouillons, dans un va-et-vient de mouvements contradictoires, qui lui rappelait les terribles heures passées à Marseille, tant d'années auparavant, à écrire une lettre d'une autre nature, celle après laquelle tout avait été fini entre eux. Il était une heure du matin quand il s'arrêta sur la rédaction suivante, d'une banalité qu'il jugea tout à la fois simple, digne et habile :

———

*Je viens d'apprendre, madame, votre présence à Palerme. S'il m'était possible de vous être de quelque utilité, pour ces premiers jours de votre arrivée dans une ville étrangère, vous savez, n'est-ce pas, que celle qui fut la meilleure amie de ma sœur Julie me trouvera toujours empressé à son service? Je vous serais infiniment reconnaissant si vous pouviez me fixer l'heure où il me serait permis de me présenter chez vous sans risquer d'être importun.*

———

Et il signa, non sans que sa plume eût hésité une seconde à cet innocent mensonge de politesse : « Votre respectueux... » Fallait-il qu'il eût souffert par elle pour garder cette rancune, après tant de jours! Ce billet n'avait pas seulement pour but de déterminer une explication immédiate avec Pauline. Il répondait à une autre nécessité que Francis entrevoyait comme presque aussi immédiate, celle d'avouer à M^me Scilly et à Henriette qu'il connaissait la jeune femme. Il voulait, sur ce point aussi, la devancer. Il avait donc arrêté avec lui-même qu'aussitôt après avoir fait porter sa lettre chez M^me Raffraye, il parlerait d'elle à ces deux dames comme d'une amie de sa sœur, arrivée inopinément à Palerme. Le lendemain matin, et après qu'une nuit relativement calme eut succédé à cette journée d'agitations contradictoires, il trouva bien en lui la force d'exécuter la première partie de ce programme, et dès neuf heures la lettre était remise chez M^me Raffraye. Mais midi sonnait qu'il en était encore à prononcer la phrase qui devait irréparablement mêler son passé à son présent sous le patronage de la plus sacrée mémoire. Henriette, dans la délicatesse tendre de son amour, gardait une reconnaissance presque idolâtre à tous ceux qui avaient été bienfaisants pour à fiancé, et elle nourrissait un culte particulier pour la sœur de Francis. Inévitablement elle en reporterait quelque chose sur l'amie de la morte. Cette idée fit soudain horreur au jeune homme. Et puis, de prononcer certains noms devant certaines personnes, n'est-ce pas une vraie profanation? Il recula donc, en se disant qu'il parlerait après et d'après la réponse de Pauline. Ayant envoyé son billet vers les neuf heures, il avait compté que cette réponse lui serait remise avant le déjeuner. Le déjeuner était fini, la réponse n'était pas venue. Les dames Scilly sortirent en voiture avec lui pour prendre un peu de soleil et d'air, comme d'habitude, et leur promenade se prolongea dans le vaste parc royal de la Favorite jusqu'à la plage de Mondello, à plus de deux lieues de la ville. Il était près de cinq heures quand ils se retrouvèrent au *Continental*. Pas de réponse encore. Le gong retentit pour le dîner, toujours pas de réponse. Francis était trop voisin de sa panique de la veille pour que ce silence ne recommençât point de lui donner un peu d'appréhension. Dans les situations fausses, tout ce qui est inconnu paraît si vite menaçant. Que signifiait ce silence ? Quel parti pris d'entière indifférence ou d'hostilité préméditée ? Et voici qu'à cette table du dîner, dressée chaque soir dans le salon en rotonde où tenait toute la vie des deux femmes et toute la sienne, une phrase de la comtesse lui fit battre le cœur d'un battement presque aussi fort qu'avait fait la veille la vue du nom de M$^{me}$ Raffraye sur la liste des étrangers :

— « Il paraît, » disait-elle sans se douter du contre-coup que chacun de ses mots éveillait dans le cœur du jeune homme, « qu'il est arrivé une dame française à l'hôtel, si malade, qu'elle fait peine à voir. Elle est avec sa petite fille. Elles occupent l'appartement du troisième, juste au-dessus de nous... »

— « Ce sont elles sans doute, » répondit Henriette, « que j'ai remarquées dans le jardin de l'hôtel hier, une femme que je n'avais jamais vue, très pâle, avec de grands yeux et si tristes, et une enfant dont je n'ai pas aperçu la figure, mais qui a de beaux cheveux blonds avec des reflets bruns. »

— « Probablement, » continua M<sup>me</sup> Scilly; « c'est bien ainsi que Marguerite, en m'habillant tout à l'heure, m'en a parlé. La femme de chambre de cette dame et la bonne de la petite qui étaient à côté d'elle à table, deux braves paysannes françaises, affolées d'avoir été transportées en Italie, lui ont raconté toute l'histoire de leur maîtresse. Voilà des années que cette pauvre M<sup>me</sup> Raffraye, c'est son nom, n'est pas sortie de la terre où elle s'est retirée à l'époque de son veuvage. La petite fille est née après la mort du père... S'il est vrai, comme disait toujours mon mari, que les discours de nos serviteurs nous jugent, cette dame doit être une sainte, car ces deux vieilles filles avaient, paraît-il, les larmes aux yeux en racontant que c'est la providence de ce pays, un coin perdu dans les montagnes du Jura. Comme on s'attache pourtant au pays le plus sauvage lorsqu'on y répand du bien!... Il a fallu que les médecins lui fissent du séjour dans l'extrême Midi, comme à moi, une question de vie ou de mort pour qu'elle consentît à partir... »

— « C'est si beau, » dit Henriette, « ces fidélités dans l'amour plus fortes que tout, que le temps, que le sort, et qui ne laissent plus de place qu'à la charité!... Chère mère, c'est notre compatriote, et si nous pouvions lui être de quelque secours... »

— « J'y ai déjà pensé, » reprit M^me Scilly, « mais ces grandes douleurs rendent très farouches quelquefois ceux qu'elles éprouvent!... Je n'ai plus ton âge, mon enfant, et je ne peux pas dire que j'en approuve l'excès, surtout quand il y a là une innocente enfant qui n'a pas demandé à vivre et qui n'a que nous. On lui doit de dompter cette folie de regrets... Mais je comprends ton impression. Ce n'est pas d'une âme vulgaire de pratiquer ainsi le *rien ne m'est plus, plus ne m'est rien* de cette princesse du moyen-âge qui avait perdu ce qu'elle aimait... C'est encore plus étonnant lorsqu'il s'agit d'une jeune femme à la mode. Car il paraît, toujours d'après Marguerite, qu'autrefois cette M^me Raffraye vivait à Paris, et tu vas reconnaître son style : elle avait hôtel, toilettes, équipages et tout... Traduit en bon français, cela signifie sans doute qu'elle était très élégante et très mondaine... »

— « Qu'est-ce que pèsent ces vanités, » interrompit Henriette en regardant devant elle de ce regard par lequel l'enthousiasme des êtres jeunes semble prévoir et défier la destinée, « lorsqu'on est frappée si cruellement? Et quand on n'a plus personne pour qui se parer, à quoi bon?... »

Pouvait-elle mieux s'offrir à Francis, l'occasion de dire qu'il connaissait la femme dont M$^{me}$ Scilly et sa fille racontaient, ou plutôt interprétaient l'histoire, avec leur âme naïve, si délicate, si prompte à admettre comme naturelle la plus rare des beautés morales : le romanesque dans l'honnêteté? Il ne le saisit pourtant pas, ce prétexte qui ne devait plus, qui ne pouvait plus se représenter, et quoique de le laisser passer fût dangereux, au cas où une rencontre aurait lieu entre Henriette et Pauline. Comment expliquerait-il alors son silence si jamais M$^{me}$ Scilly savait que M$^{me}$ Raffraye avait été l'amie intime de M$^{me}$ Archambault? Se taire à cet instant, c'était se condamner à de terribles difficultés peut-être. C'était assurément commettre un premier grand mensonge vis-à-vis de sa fiancée. Mais où eût-il pris la force de parler? D'abord l'émotion de cet événement, cependant bien simple, avait comme paralysé sa présence d'esprit. Nous sommes ainsi, prévoyant des complications infinies, et nous ne nous attendons pas à ces humbles, à ces quotidiennes aventures : le racontar d'une vieille femme de chambre familière qui a bavardé avec une compatriote à la table de l'office et qui bavarde une seconde fois en habillant sa maîtresse pour le dîner. Ce saisissement de la première minute aurait vite passé, et la phrase naturelle : « M<sup>me</sup> Raffraye?... Mais j'ai connu une amie de ma sœur qui portait ce nom... » lui serait venue aux lèvres si d'entendre l'éloge de sa perfide maîtresse par ces deux femmes qu'il respectait si profondément, ne lui eût causé une espèce d'indignation peu généreuse, mais violente, irrésistible et trop naturelle! Qui a pu avoir été trahi comme il croyait l'avoir été et ne pas étouffer de colère intérieure contre l'hypocrisie de celle qui, ayant trouvé le moyen de nous faire si mal, a trouvé aussi celui de se garder un tel masque d'honneur et de délicatesse? Il comprit du coup que la répugnance qu'il avait éprouvée à parler de Pauline devant sa fiancée n'était rien à côté de l'horreur que lui inspirerait l'entrée de cette abominable comédienne dans ce salon, auprès de ces deux naïves et saintes créatures. Il ne douta pas, il ne voulut pas douter une seconde que le langage des deux femmes de chambre ne fût une leçon apprise, lui qui savait combien était mensonger le récit de ces soi-disant douleurs de veuve. Et cependant il avait suffi pour qu'Henriette, dans son innocence, parlât d'un rapprochement possible, presque d'une amitié avec cette dangereuse intrigante qui avait dû avoir des motifs pour faire raconter d'elle une pareille imposture. Quels que fussent ces motifs, Francis possédait un moyen très simple de les contrecarrer d'une manière souveraine et définitive, s'ils étaient dirigés contre lui. Et quelle folie de n'avoir pas pensé tout de suite à ce procédé, brutal mais décisif, qui le mettait à l'abri de toutes les rouveries de cette femme, que sa présence à Palerme fût ou non fortuite! Il n'avait qu'à demander un entretien à M$^{me}$ Scilly et à lui faire sa confession générale. Qu'il avait été peu raisonnable de ne pas agir ainsi tout de suite, au lieu de trembler comme un criminel, d'écrire à M$^{me}$ Raffraye comme un enfant et de se préparer des crève-cœur tels que celui de cette conversation! Une fois la comtesse instruite de tout, que deviendraient les plans les plus machiavéliques, auxquels elle opposerait la volonté d'une mère qui ne veut qu'on touche au bonheur de sa fille et de son fils? N'était-il pas son fils en effet? Ne l'aimait-elle pas d'un amour de mère? Ne le lui prouvait-elle pas à chaque heure du jour, à ce moment même, car, l'ayant vu absorbé durant tout le temps du dîner et le visage empreint de souci, elle lui demanda, en lui prenant le bras pour se lever, et comme elle demandait si souvent à sa fille, avec cette inquiétude du moindre détail qui est la puérilité sublime des affections profondes :

— « J'ai peur que vous ne vous ressentiez encore de votre indisposition d'hier, mon bon Francis ?... »

— « Oui, » dit Henriette, « vous avez l'air si las, si abattu. Quelle imprudence de ne pas avoir consulté le docteur quand il est venu pour maman, ce soir !... »

— « Comme elles m'aiment !... » se disait le jeune homme, après s'être défendu de se sentir souffrant, avec cette fausse gaieté qui n'a jamais complètement trompé une vraie sollicitude. Aussi la comtesse et sa fille ne cessèrent-elles pas, durant toute la soirée, de jeter les yeux sur lui à la dérobée, et toutes deux étaient déjà trop habituées à lire dans sa physionomie pour n'y pas discerner les allées et venues d'une anxiété. C'était assez pour qu'elles devinssent à leur tour incapables de cette conversation prise et reprise librement, sans arrière-pensée ni sous-entendus, qui était la douce habitude de leur intimité. Pour la première fois depuis l'arrivée de Francis à Palerme, les deux femmes et le jeune homme sentirent s'abattre dans l'atmosphère du salon où ils passaient leurs paisibles jours ces étranges, ces imbrisables silences, qui annoncent à de chers foyers la menace de quelque redoutable crise. Toutes choses demeurent les mêmes autour des mêmes visages, et tout semble changé. Ce sont des heures d'un malaise intense et plus pénible pour ceux qui en connaissent les causes secrètes. Aussi, lorsque, au milieu de cette interminable soirée, Henriette se mit au piano pour tromper par un peu de musique l'incompréhensible énervement dont la contagion la gagnait, Francis fut-il soulagé d'un poids bien lourd. C'était pour lui d'ordinaire une volupté d'âme infinie que d'écouter ainsi sa fiancée. Tout l'être moral de la jeune fille se révélait, se faisait comme palpable, à la manière sérieuse, simple et pourtant émue dont elle interprétait les maîtres qu'elle préférait. Il y avait dans son jeu de la conscience, de la loyauté, tant l'étude en avait été patiente et tant son horreur du mensonge se manifestait rien que par sa crainte de dépasser son émotion en l'exprimant. Certains fragments de Beethoven, joués de la sorte, semblaient au jeune homme une piété, une bénédiction descendue d'elle, comme si cette créature de noblesse et de tendresse lui eût imposé les mains. Mais dans les dispositions où il se trouvait, ce magnétisme d'harmonie le troubla davantage au lieu de l'enchanter. Il avait pris un grand livre à gravures, la célèbre suite de vues de Sicile du vieux duc de Serra di Falco, et il le feuilletait avec une apparence d'attention d'autant plus invraisemblable que M$^{me}$ Scilly et Henriette lui en avaient montré dix fois toutes les planches. Cette attitude du moins lui permettait de reprendre le fil de ses pensées, interrompues par la question de ses deux compagnes et par la nécessité de tromper une sollicitude trop facilement éveillée. Il en revenait au projet subitement conçu à table, celui d'un aveu à la comtesse, et il la regardait par-dessus les pages de son livre, occupée maintenant à continuer la tapisserie commencée par sa fille. Il étudiait ce visage amaigri et comme usé, mais où les souffrances de la maladie n'avaient pas altéré la fierté. Comme il arrive lorsque à la veille d'un entretien difficile on s'en figure à l'avance le détail, afin de s'éviter toute maladresse, Francis se mit à se représenter son tête-à-tête avec la noble femme. Il voyait son histoire comme reflétée dans cette intègre conscience. Que dirait pendant cette confession ce douloureux visage où la résignation religieuse se lisait à chaque ride? Que diraient ces yeux surtout, dont les prunelles bleues, du même bleu que celles d'Henriette, révélaient une si pure, une si irréprochable ferveur? Il s'entendait prononçant les premières paroles de son récit et déclarant d'abord qu'il connaissait cette M<sup>me</sup> Raffraye dont on avait parlé la veille. Comme ce visage et ces yeux seraient à la fois étonnés et indulgents à ce début de leur entretien! Comme ils s'assombriraient, d'étonnement toujours et de mélancolie, quand, ayant marqué l'importance qu'il attachait à cette confidence, il détaillerait son aventure! Que serait-elle pour la conscience rigide de la comtesse, sinon une abominable histoire d'adultère? Il se défendrait. Il raconterait la sincérité de son ardeur. Il ferait comprendre à cette femme qui ne connaissait de la vie que les devoirs, cet irrésistible attrait exercé sur la jeunesse par la passion. Certes, cette première partie de son récit lui coûterait, mais il était sûr que M^me Scilly s'y laisserait toucher, surtout quand elle saurait par quelles tortures il avait expié cette coupable intrigue. Il l'initierait au martyre de sa jalousie. Il referait avec elle, étape par étape, comme il l'avait fait tant de fois en souvenir, et la veille encore, son chemin de la croix jusqu'à la station suprême. Il lui expliquerait comment il avait été trahi presque sous ses yeux, et son désespoir quand il avait vu descendre de fiacre à la porte du rez-de-chaussée de son rival cette frêle forme voilée où il avait reconnu Pauline. Il dirait comment il avait rompu, sans rien cacher de sa brutalité, puis comment la volonté d'assurer à cette rupture un caractère définitif l'avait maintenu si longtemps loin de Paris dans les tristesses d'une étrange existence errante. Le noble visage et les yeux profonds de la mère d'Henriette le plaindraient encore de tant de misère. Cette seconde partie de son triste roman serait donc délicate, mais possible à raconter. — Il faudrait arriver à la troisième, au récit de l'époque qui avait suivi son retour. Il dirait son entretien avec M^me de Sermoise et la manière dont il avait appris la naissance de l'enfant. Les yeux de M^me Scilly, de la chrétienne qui n'avait jamais failli, se lèveraient vers lui. Qu'y lirait-il ? Quelle question lui poserait cette bouche au pli austère ? Il en avait si souvent entendu tomber des phrases de pitié, ce soir encore, sur ces pauvres petits êtres à qui l'on doit tout, parce qu'ils n'ont pas demandé à vivre. Elle lui dirait : « Comment est cette enfant ? » Il répondrait : « Je ne l'ai jamais vue. » Les yeux de la comtesse le regarderaient de nouveau. De quel regard, et comment le supporterait-il ? Non, jamais la dureté apparente de son abandon, qui n'était pourtant qu'une justice, ne serait comprise par cette âme de charité. Cette mère qui avait vécu uniquement pour sa fille lui dirait : « N'y eût-il qu'une chance pour que cette pauvre enfant fût la vôtre, vous deviez en tenir compte. » Il est si facile de parler ainsi quand on vit exempt de la passion et de ses âcres morsures ! Comment faire entendre à une femme comme celle-là que cet implacable silence où il s'était renfermé avait pour principe l'excès même de son amour ? S'il n'avait pas tant aimé Pauline, il n'aurait pas tant souffert du doute, et il n'aurait pas gardé cette rancune des blessures mal guéries qui l'avait empêché de jamais se rapprocher d'elle. « Mais, si la mère était morte, » dirait de nouveau le juge, « vous auriez donc laissé cette petite fille, votre petite fille peut-être, abandonnée à n'importe quel hasard?... » Il lui répondrait : « Mais elle n'est pas ma fille... » Et la noble femme lui répondrait peut-être cet atroce : « Qui sait pourtant?... » qu'il se disait quelquefois à lui-même et qui lui faisait tant souhaiter de ne jamais rencontrer cette insoluble et vivante énigme! « Avez-vous cherché au moins, » continuerait M<sup>me</sup> Scilly, « à vous rendre compte de la manière dont M<sup>me</sup> Raffraye usait de sa liberté ? Un caractère se tient cependant, et ce que nous avons appris d'elle aujourd'hui n'est pas d'une malhonnête femme... » Protesterait-il ? Entreprendrait-il de démontrer à cette sainte l'hypocrisie atroce qu'il entrevoyait dans ce récit mensonger d'une vieille femme de chambre bien stylée ? De cette hypocrisie non plus il n'avait pas de preuves... « Cet entretien serait trop pénible, » conclut-il au terme de cette soirée où les gémissements et les langueurs de la musique jouée par Henriette s'étaient traduits pour lui dans cet étrange dialogue. Il en avait presque entendu certaines phrases, tant l'hallucination intérieure avait été intense. « Trop pénible, » se répéta-t-il tout haut, quand il fut seul. Sa chambre où il s'était retiré lui rappela le billet écrit vingt-quatre heures auparavant... « Je serais un fou de provoquer une pareille scène, » pensa-t-il, « quand je ne suis pas sûr qu'elle ne puisse pas être évitée. Rentrons dans la réalité positive. Et d'abord Mᵐᵉ Raffraye ne m'a pas répondu. Voilà le fait indiscutable. Pourquoi? » L'idée qui lui avait, une fois déjà, traversé l'esprit, revint plus précise : « Après tout, elle peut n'être venue ici que par hasard, et avoir une horreur de nouvelles relations avec moi égale à mon horreur de nouvelles relations avec elle. Ce silence signifierait cela : nous ne nous connaissons plus... S'il en était ainsi, quel besoin de parler à Mᵐᵉ Scilly?... Et il en est ainsi... » Il le souhaita soudain si violemment que l'intensité de ce désir fit certitude devant son esprit. « Que ses domestiques disent du bien d'elle, qu'est-ce que cela prouve? Qu'elle est assez rusée, assez fausse pour avoir, à la mort de cet odieux Raffraye, joué la comédie de la grande douleur. Mais, de cette comédie à une présentation en règle, il y a de la marge. Non, elle ne veut plus me connaître, et, par conséquent, elle ne voudra pas davantage connaître Mᵐᵉ et Mˡˡᵉ Scilly qu'elle ne peut fréquenter sans me voir. Et d'ailleurs où se ferait cette présentation? Ces dames mangent dans leur salon. Malade comme elle doit l'être pour qu'on l'ait envoyée si loin, elle mange certainement aussi chez elle. Ces dames ne vont jamais dans la salle de lecture. Elle ne doit pas beaucoup y aller. Nous n'avons aucune relation dans la ville. Il ne reste plus pour lier connaissance que les hasards du corridor et de l'escalier. Allons, j'avais eu peur trop tôt, et, dans tous les cas, il vaut mieux attendre. »

Il s'encourageait lui-même de la sorte, et il se croyait de bonne foi. Vingt-quatre nouvelles heures ne s'étaient point passées qu'il ne pouvait plus garder cette illusion. Ah! Ces rencontres de corridor et d'escalier, possibles, probables, certaines, malgré l'amplitude de l'hôtel, et qu'il avait jugées peu dangereuses, il devait vite comprendre et sentir qu'elles étaient précisément le contraire! Il semblait bien que la volonté déterminée de M<sup>me</sup> Raffraye réduirait à cet unique ennui les relations actuelles de cet inattendu et odieux voisinage. Non seulement pendant ces vingt-quatre heures elle avait continué de ne pas répondre, mais tout de suite ses deux femmes de chambre avaient cessé de manger à l'heure et à la table des domestiques. Ce petit détail, par lui-même insignifiant, prenait pour Francis une portée singulière. Ne prouvait-il pas que la maîtresse avait su les conversations des servantes entre elles et qu'elle entendait qu'aucun rapport, même de cet ordre, ne s'établît entre l'appartement du troisième étage qu'elle occupait et celui du second où habitait la comtesse? Tout s'arrangeait donc en apparence pour le mieux des intérêts du jeune homme, et même le souci que son imprudente anxiété de physionomie durant cette soirée tourmentée avait éveillé chez sa fiancée, et qui eût pu aboutir à la plus douloureuse inquisition, s'était dissipé aussitôt. Il lui avait suffi de la trouver seule vers les neuf heures du matin dans le salon où la table à thé déjà dressée les attendait. Un mot, un regard, un serrement de main avaient calmé la douce enfant. La plus fausse des situations qu'il eût pu imaginer semblait donc ne pas porter de conséquences, et il aurait dû par suite retrouver aussitôt le plein équilibre de son bonheur. Mais non, dès ce matin-là, et rien qu'en se rendant de sa chambre à ce salon, quarante pas avaient suffi pour lui faire comprendre combien son ancienne maîtresse gardait le pouvoir de le bouleverser, même sans agir, par sa seule existence. Y aurait-il, dans certaines douleurs trop prolongées, une véritable lésion de nos nerfs ou de notre cerveau, et qui, même cicatrisée, laisserait après elle la trace sensible que laisse une blessure fermée trop tard? Ou plutôt n'était-ce pas qu'il ne pouvait penser à Pauline sans penser à quelqu'un d'autre? Pendant une demi-minute il s'était arrêté pour regarder les marches de l'escalier qui montaient entre des bambous et d'autres plantes exotiques vers l'étage d'en haut, et il n'avait pu se retenir de penser, dans l'éclair de cette seconde : « Si pourtant je *les* voyais descendre... » En imagination deux femmes lui étaient apparues. L'une, il la reconnaîtrait au premier regard. Ce serait la Pauline d'autrefois, — celle qu'il avait laissée si jeune encore, si royalement jeune et belle dans sa pâleur et sa fragilité, — mais touchée, lassée, épuisée, vaincue par la vie. Et elle tiendrait par la main la petite fille. Quels yeux aurait-elle et quels traits, cette enfant dont il ne savait rien, sinon qu'elle vivait, qu'elle respirait, que ses pieds avaient posé la veille sur le tapis rouge de ce banal escalier de marbre, que son visage inconnu avait été encadré par ces feuillages? A cette simple idée il avait senti comme une main lui serrer le cœur, et cette étrange impression avait été assez cruelle pour qu'il se hâtât vers le salon. Lorsqu'il en sortit, vers les dix heures, et qu'il repassa sur le même palier, devant les mêmes marches du même escalier, la même idée lui vint et la même impression, puis à midi. Elle fut plus forte encore au moment du départ pour la promenade, quand il se trouva passer là avec la comtesse et sa fiancée. Qu'Henriette était jolie à cette minute, toute blonde et gaie de sa gaieté heureuse, et que ses yeux bleus se tournaient vers son aimé avec confiance et sérénité! Comme la fraîcheur rose de son teint riait parmi les arbustes, et qu'il l'aimait! Ah! Qu'il l'aimait! et comme il lui en donna une preuve qu'elle ne soupçonna point, en forçant, lui aussi, sa bouche à sourire, au moment même où l'appréhension de l'inévitable rencontre remuait à une telle profondeur certaines cordes douloureuses de son âme !

Mais dominer sa physionomie, ordonner à son regard de se taire, à ses lèvres de plaisanter, se masquer enfin d'indifférence ou de bonne humeur, ce n'est pas vaincre sa pensée, et quand, en rentrant de la promenade et une fois la porte de l'hôtel franchie, Nayrac l'eut retrouvée là, cette pensée, toujours la même, toujours accompagnée de la même indomptable émotion : « Si j'allais les rencontrer ?... » il acheva de se convaincre que Pauline Raffraye n'avait pas besoin de le persécuter, d'intriguer, de s'insinuer dans l'intimité de M^me Scilly pour lui détruire toute sa tranquillité, ce que sa fiancée appelait, avec une caressante mièvrerie : leur « beau fixe ». C'était assez qu'elle fût sous le même toit que lui, assez qu'il pût, qu'il dût immanquablement se rencontrer face à face avec elle. Et, retiré de nouveau dans sa chambre, après une soirée où cette fois il avait du moins pu continuer sa comédie de calme, — Dieu ! Quel effort que ces mensonges-là pour un cœur qui aime ! — il lui fallut se rendre à l'évidence : il ne pouvait pas, il ne pourrait plus retrouver en lui cette sensation de bonheur absolu qui était la sienne, si peu de jours auparavant, lorsqu'il se promenait par un si clair matin avec Henriette dans les allées enchantées de la villa Tasca. Il allait et venait dans sa chambre, plus troublé encore par cette évidence : il ne chérissait pas moins passionnément la jeune fille. Il ne redoutait aucune embûche de la part de Pauline. Il n'éprouvait pour cette dernière aucune de ces secrètes brûlures du cœur qui nous prennent quelquefois, même dans un amour nouveau et heureux, au souvenir d'anciennes tendresses, comme pour nous attester que jamais on ne cesse tout à fait d'aimer ce que l'on a une fois aimé à une certaine profondeur. Non, ces divers principes d'émotion étaient muets en lui, et une invincible anxiété lui serrait le cœur. En descendant au fond de lui-même, il trouvait que cette anxiété avait pour premier principe le malaise causé par les détails sur la vie de Pauline à la campagne, dont M$^{me}$ Scilly avait été le naïf écho. Il avait beau se répéter qu'ils étaient mensongers. Ils lui eussent donné un tel accès de remords, s'ils lui eussent été démontrés vrais, qu'ils le troublaient, à seulement y songer! Et il se sentait plus faible pour résister à l'autre principe de cette grandissante anxiété, à cette chance, — une sur vingt, sur cent, sur mille, — mais cette chance tout de même, que la fille de M$^{me}$ Raffraye fût aussi la sienne. Cette possibilité affreuse, il l'avait toujours entrevue, elle l'avait obsédé, il en avait toujours secoué la pensée. Encore hier, et avant-hier, dans les premiers moments qui avaient suivi l'annonce de la présence de Pauline, il n'avait pas compris que par-dessous tout le tumulte de ces folles hypothèses, c'était le point vraiment malade de son cœur, et que le drame réel était là, dans cette certitude d'une confrontation avec cette enfant qu'il avait toujours fuie; et devant cette certitude et les angoisses d'attente qu'elle évoquait en lui, même le magnétisme sacré de son grand amour à l'égard d'Henriette demeurait impuissant.

## IV

## LA PETITE ADÈLE

ENFER des sentiments doubles! Funeste labyrinthe des complications du cœur! Le jeune homme vous souhaite, à cet âge, naïf même dans les pires fautes, où l'orgueil de la vie se manifeste par le rêve des émotions rares, par la recherche des joies et des douleurs privilégiées. L'homme qui a passé trente ans vous hait de tout le culte qu'il porte à la vérité. Son désir se tourne alors vers le paradis des affections simples. Il sait que le bonheur réside uniquement dans le don absolu et loyal de tout notre être à un seul être, — don sans réserve où nous ne cachions rien de nos pensées, où nos moindres idées, nos moindres impressions aillent naturellement vers cet être, comme toutes les gouttes d'eau de tous les fleuves roulent vers la mer. Il sait cela, mais trop tard. Il le conçoit par l'esprit, ce sentiment simple et complet. Hélas! Pour en jouir il faudrait redevenir l'enfant de vingt-deux ans qui aime une enfant de dix-huit ans et qui l'épouse, et tous les deux se prodiguent l'un à l'autre cette même fraîcheur de l'âme, cette même virginité du cœur qui n'a jamais battu, de la bouche qui n'a jamais menti, des sens qu'aucune fièvre coupable n'a brûlés. Ces conditions du grand amour, combien d'entre nous en méprisèrent les trop humbles délices quand ils commencèrent de sentir! Combien ont voulu cueillir le fruit de l'arbre maudit, goûter, savourer la science du bien et du mal! Et ce sont pourtant ces humbles délices qu'ils essaient de posséder à nouveau, quand ils demandent au mariage ce que les passions ne leur ont pas donné, affamés de vertu, de sincérité, d'innocence retrouvée. Pour quelques-uns, cette rentrée dans la voie droite s'accomplit sans trop d'effort. Pour d'autres, non. Il semble que leurs fautes d'autrefois les tiennent prisonniers, ceux-là, et qu'une justice vengeresse leur interdise de reconquérir ce qui fait le lot le plus commun, presque le plus vulgaire. Ah! Cette honnêteté dans l'amour, comme Francis en avait reconnu le prix durant ces quelques mois de sa naïve idylle! Il allait le reconnaître davantage maintenant que, par prudence, par faiblesse, par honte aussi et par peur devant les conséquences d'un difficile aveu, il avait repris le chemin du mensonge. Mensonge à l'égard de sa fiancée auprès de laquelle il se condamnait à une comédie de sérénité qui constituait un véritable crime de lèse-tendresse. Nourrir au fond de soi une anxiété pareille et s'en taire, n'était-ce pas manquer à ce contrat sentimental que la race anglaise, cette race qui a le culte, le fanatisme de la loyauté, a défini dans cette formule si profonde de ses mariages : *for better, for worse*, — pour le meilleur et pour le pire? Mensonge vis-à-vis de lui-même! Car, en n'adoptant pas une résolution simple et définitive, il cessait de pouvoir répondre en toute franchise de l'avenir de ses émotions. En acceptant d'avance cette idée d'une rencontre avec la fille de Pauline Raffraye, il se préparait à sentir le choc d'événements nouveaux que son strict devoir était d'empêcher. Le jour où il s'était lié à Henriette Scilly, ne s'était-il pas engagé à ce que son passé fût mort définitivement, irrémédiablement? Y rentrer, même sous cette forme douloureuse, dès lors qu'il n'en prévenait ni sa fiancée, ni, à défaut d'elle, la mère, c'était une trahison qu'aucun sophisme ne justifiait. D'ailleurs ces événements nouveaux, au-devant desquels il se laissait rouler avec un mélange si particulier d'appréhension et de remords, ne lui donnèrent pas le loisir de se livrer au détail infini de ses scrupules. Ils furent trop rapides. Il se trouva aussitôt secoué, bouleversé, entraîné par des impressions plus fortes qu'il n'avait pu les prévoir. La première lui vint d'un incident trop naturel. Francis n'y avait pas pensé cependant, durant ces heures employées à se demander comment il supporterait de rencontrer Pauline Raffraye et la petite fille, soit seule, soit avec les dames Scilly. Il n'avait pas imaginé cette troisième hypothèse, qu'Henriette et la comtesse connaîtraient l'enfant sans lui et avant lui; qu'elles s'y intéresseraient, qu'elles lui en parleraient, et que le premier renseignement exact sur la douloureuse énigme de cette naissance lui arriverait ainsi, apporté par la voix qui avait répandu la grande paix heureuse dans son cœur. Douce voix un peu étouffée de jeune fille, si musicale dans son murmure timide, qu'elle était chère au jeune homme, et qu'elle allait lui faire de mal!

Il n'y avait pas deux fois vingt-quatre heures que le malheureux garçon, si troublé, s'était rendu compte de la véritable raison de son trouble, et il constatait avec remords qu'à son appréhension de voir la fille de Pauline une maladive curiosité se mélangeait, un secret désir, presque un besoin... Ces deux journées et ces deux soirées s'étaient passées dans la même intimité tranquille qu'à l'ordinaire, du moins en apparence, car il n'avait plus commis aucune faute d'attitude. Mais qu'était devenue cette vérité du cœur, cette union dans la confiance réciproque, ce bonheur et cet honneur de ses fiançailles, dont il était si fier ? Il faisait de nouveau une bleue et transparente matinée de Sicile, et comme la vie, malgré le tumulte de nos drames moraux, continue à nous plier sous les petites exigences des démarches quotidiennes, Francis avait dû sortir, mais seul, pour une signature à donner chez le banquier auprès duquel il était accrédité. Cette solitude, d'une heure peut-être, lui avait été un soulagement. Quelle preuve du ravage aussitôt produit dans son amour par l'hypocrisie à laquelle il s'était décidé ! Comme ce mensonge lui pesait déjà et qu'il regrettait de n'avoir pas suivi son premier projet ! S'il eût parlé, peut-être M$^{me}$ Scilly, qu'il savait capable d'énergiques résolutions, se fût-elle décidée à un départ commun pour une autre ville d'hiver, à un voyage du moins de plusieurs semaines. Elle l'eût arraché à ce malaise imaginatif que l'absolue dissimulation ne pouvait qu'augmenter, et qu'il subissait si fort durant cette matinée. Il avait dû, pour aller à cette banque et pour en revenir, suivre en partie le même chemin que l'autre jour, lorsqu'il rentrait, seul aussi, de la divine promenade à la villa Tasca.

Quel contraste entre ces deux matinées ! Quelle allégresse alors, quand il ne soupçonnait pas l'approche de la femme qui, après avoir été le mauvais génie de sa première jeunesse, recommençait tout à coup d'empoisonner la félicité de la seconde ! Le même adorable paysage se développait bien autour de lui. Les mêmes lames bleues à peine brodées d'un peu d'écume déferlaient au ras du quai, roulant dans leur balancement les blanches voiles et les blanches mouettes. La même rangée de palais étageait de seigneuriales terrasses. La même forêt de mâts emplissait les deux ports. C'était, là-bas, la même noble forme de la montagne, dont l'éperon rouge protégeait la baie et les mêmes palmiers verdoyants sur les mêmes places lumineuses. Dans les rues étroites les mêmes dalles tièdes et claires résonnaient sous le trot des petits chevaux et des petits ânes attelés aux mêmes charrettes peintes en rouge et conduits par les mêmes paysans aux faces d'Arabes, avec des yeux de velours noir dans un teint olivâtre. Comme Francis avait changé, lui, en si peu de temps ! Il avait eu là, devant l'évidence du travail de désorganisation accompli en quelques jours, presque en quelques heures, dans sa destinée présente par la tromperie et par l'idée fixe, un véritable sursaut de révolte contre lui-même. Mais quoi ! Il était trop tard pour se confesser à M<sup>me</sup> Scilly. Il serait mort de honte de devoir avouer par-dessus ses anciennes fautes ce silence menteur de ces derniers temps. Et puis, tant que l'épreuve de la rencontre avec la petite fille n'aurait pas eu lieu, que pouvait-il savoir de ses sentiments pour elle? Il avait cette chance qu'elle portât sur son visage la ressemblance, autrefois détestée, de François Vernantes par exemple. Dieu juste! De quel profond sommeil il dormirait la nuit suivante, s'il possédait jamais une telle preuve qu'il ne s'était pas trompé en condamnant Pauline et que l'enfant n'avait pas une goutte de son sang à lui dans les veines! L'hérédité a cependant de ces évidences. Dans sa marche le long des trottoirs, puis dans son assez longue attente au bureau du banquier, il s'était complu à cette hypothèse qui lui représentait le salut immédiat. Il s'était rappelé certaines petites filles de sa connaissance nées d'un adultère, et presque identiques à leur père véritable par les traits, la structure des membres, la couleur des cheveux, la nuance des prunelles. Il était de trop bonne foi avec lui-même néanmoins pour ne pas s'avouer qu'à ce degré-là de pareilles évidences sont rares. Cette même hérédité abonde en mystères indéchiffrables et inextricables qui ne font qu'enfoncer plus avant en nous la pointe aiguë du doute. Seule une mère est absolument, invinciblement sûre de sa fille ou de son fils. Elle les a tirés de ses entrailles. Elle sait qu'ils sont l'os de ses os, la chair de sa chair. Elle sait. Elle les embrasse, elle les étreint avec cette certitude, besoin si passionné de notre cœur que la religion l'a mise comme une base éternelle à la félicité des élus. Lors du dernier jugement toutes les consciences ne seront-elles pas transparentes les unes aux autres? Francis s'était souvenu aussi qu'au cours de leurs entretiens sur les choses pieuses, Henriette lui avait exprimé plusieurs fois son candide enthousiasme pour ce dogme. Elle avait été si bien partagée dans ses affections, disait-elle, qu'elle pensait à la mort avec une sérénité entière, — et elle ajoutait, avec un regard de pitié, que ce devait être au contraire une telle épreuve pour ceux qui n'étaient pas, comme elle, bien sûrs des cœurs qu'ils aimaient... D'habitude le jeune homme s'enchantait la mémoire à se répéter des phrases pareilles où il trouvait un motif de plus d'adorer sa fiancée. Le souvenir de celles-ci avait, par ce matin d'anxiété et dans ce radieux paysage, achevé de lui percer le cœur, et c'est sur ce cœur saignant, comme écorché à vif, que tombèrent, lors de sa rentrée dans le salon de l'hôtel, les phrases de sa fiancée les plus faites pour achever sur un sursaut d'angoisse les amères méditations de cette matinée :

— « Vous nous trouvez un peu remuées, » dit Mme Scilly après les premiers mots, « Henriette surtout... Nous venons d'assister à une toute petite scène, mais si mélancolique... »

— « Vous êtes donc sorties ? » répondit Francis en se forçant à un ton de gentil, de gai reproche, et s'adressant à Henriette : — « Est-ce bien raisonnable avec les dispositions que vous aviez à la migraine ?... Aussitôt que je ne suis pas là... »

— « Ne me grondez pas, » interrompit mutinement la jeune fille, « maman avait beaucoup écrit. Vous ne rentriez pas. J'étais mieux. Nous sommes descendues prendre l'air dans le jardin de l'hôtel... Entre parenthèses, vous savez que nous sommes très injustes pour ce jardin... »

— « Le *tennis* me le gâte, » dit le jeune homme, « et la chapelle anglaise et les demoiselles qui sont toujours là, en train de laver une aquarelle d'après le groupe d'eucalyptus, le bouquet de bambous, l'allée de palmiers et le *tempietto**  renouvelé des Grecs, comme le jeu de l'oie. »

— « Justement, » reprit Henriette, « il n'y avait pas un visiteur ce matin, excepté sur un des bancs, vous savez, dans le coin au fond, près de la serre, une petite fille avec sa bonne... Je me souviens que vous n'aimez pas ce joli nom d'ange, dont toutes les mamans abusent !... Mais il n'y a pas d'autre mot pour cette enfant, si fine, si délicate !... Neuf ou dix ans peut-être et de longues boucles blondes, de ce blond à reflets sombres que vos ennemis les Anglais appellent *auburn*.

---

* Petit temple.

Je l'ai reconnue, à ces cheveux, pour cette petite fille que j'avais vue l'autre jour, dans ce même jardin... Je l'avais prise, vous vous rappelez, pour la fille de cette dame malade à qui elle donnait la main cette fois-là, et cette dame elle-même pour notre nouvelle voisine d'en haut. Il paraît que je ne m'étais pas trompée... Mais cette fois j'ai pu voir son visage. Vous n'imaginez pas l'adorable créature, et frêle, menue, gracieuse, et des yeux d'un brun doux, tout grands ouverts dans un teint de la couleur de vos roses... » Et elle montra des roses blondes, à peine rosées, avec une nuance d'un jaune délicat et comme souffrant au pli des pétales, dont Francis tenait une touffe à la main. Il les avait prises au marchand de fleurs établi en plein vent, à l'angle de la place, un peu par habitude et beaucoup sans doute afin de se ménager une phrase d'entrée.

— « Mais, » insistait Henriette, « vous comprendrez d'un mot l'intérêt particulier qu'elle m'a inspiré tout de suite. Elle ressemble d'une manière frappante à cet idéal portrait de votre sœur à dix ans que nous aimons tant... N'est-il pas vrai, mère?... »

— « Il y a un air, » dit M<sup>me</sup> Scilly, « réellement un air... Mais je ne suis pas hantée comme toi du démon des ressemblances, et puis ces petits êtres trop nerveux, trop sensibles, possèdent tous cette même grâce... »

— « Non, non, » reprit Henriette, « c'est mieux qu'un air... Je suis sûre que Francis aura mon impression de cette ressemblance, lorsqu'il verra l'enfant... Cela aurait suffi, n'est-ce pas, pour que je la regardasse autrement que les autres petites filles. Mais devinez à quel jeu elle jouait?... Elle avait entre les bras une poupée presque aussi grande qu'elle, et elle l'enveloppait de couvertures et de châles pour la conduire à la promenade. Elle lui parlait en l'empaquetant, et c'était un tendre babil de conseils sans fin. Elle plaignait cette poupée d'être malade, bien malade. Elle lui rappelait que les médecins l'avaient envoyée en Sicile pour se guérir, que c'était bien loin et qu'il fallait profiter du moins de ce voyage, se garder du vent et surtout du coucher du soleil. Elle la grondait d'être restée la veille trop tard dehors, qu'elle avait toussé toute la nuit et qu'Annette avait dû se lever, — Annette, c'est le nom de sa bonne... — Enfin, toutes les recommandations, presque avec des termes techniques, qu'elle entend certainement les docteurs faire à sa mère... Cela nous a touchées plus que je ne peux vous dire, maman et moi, cette petite que de pareilles images poursuivent jusque dans ses jeux, et elle mettait à ces soins envers sa grande fille, comme elle l'appelait, une véritable passion... J'ai eu tant de pitié pour cette pauvre enfant que j'ai voulu lui parler. Nous nous sommes approchées, sans qu'elle prît garde à nous, et j'ai essayé de caresser les beaux anneaux de ses boucles fauves. Elle s'est retournée toute rouge. Un éclair de petite biche farouche a brillé dans ses yeux. Elle a serré sa poupée avec emportement, et elle s'est précipitée dans les jupes de la vieille femme de chambre qui demeurait toute confuse devant l'aversion que l'enfant nous montrait. « Elle est si sauvage, » répétait-elle, et comme j'insistais : « Comment vous appelez-vous, mademoiselle? » — « Réponds donc, » disait la bonne, « M^lle Adèle Raffraye, » et désespérée de ce que la petite enfant cachait davantage sa figure, avec cet *on* indéfini, cher aux gens du peuple et qu'emploie aussi notre vieille Marguerite : « C'est qu'*on* est si peu habitué à voir du monde, *on* a passé tant d'années à la campagne, *on* est pourtant bien gentille quand *on* veut... » Moi, qui ai la prétention d'apprivoiser tout de suite tous les enfants et tous les chiens, » continua Henriette en riant, « vous devinez si j'ai été humiliée de cet échec. Et il a fallu partir sans avoir revu les jolis yeux fâchés d'Adèle... » Puis, avec un nouveau passage d'émotion dans sa voix : — « Ne trouvez-vous pas cela bien mélancolique tout de même, cette petite fille qui joue à la poupée malade, malade de la maladie qui la rendra orpheline elle-même demain, dans huit jours, dans quelques mois?... »

Henriette l'avait racontée, cette enfantine histoire, avec une visible sincérité d'attendrissement. Elle en avait senti, créé peut-être la poésie par ce tour d'esprit romanesque qui était en elle, toujours disposé à dégager un charme et une grâce des petits tableaux que présente la vie quotidienne. C'est une faculté d'artiste, cette magie d'interprétation, que certaines femmes possèdent par le cœur, comme les écrivains ou les peintres la possèdent par le cerveau. Celles qui sont simples, et c'était le cas d'Henriette, cachent d'habitude leurs impressions de cet ordre avec une pudeur infinie. La chère et craintive créature avait tant aimé Francis de ce qu'il ne riait jamais de ses confidences, comme faisait quelquefois la comtesse, et elle était trop habituée à le voir indulgent pour elle, ému souvent avec elle, pour être étonnée que ce récit le touchât, lui aussi, vivement. Il en demeurait saisi en effet, sans trouver d'autres mots à répéter que : « Pauvre petite!... Pauvre petite!... »

— « N'est-ce pas, » répéta-t-elle, « que c'est une chose qui navre?... »

— « Oui, qui navre, » répondit-il, et ce mot était pour lui trop cruellement vrai. Après les réflexions qu'il venait de s'enfoncer, de se retourner dans le cœur durant la matinée, la nouvelle seule d'une rencontre entre sa fiancée et la petite fille l'eût certes bouleversé. Mais qu'en lui disant cette rencontre, Henriette lui parlât tout de suite d'une ressemblance saisissante entre le portrait de sa sœur Julie et cette enfant, c'était un coup un peu trop direct, une trop aiguë pénétration de pointe à la place la plus blessable de son être. Affolé d'inquiétude et passionnément désireux de reconquérir la paix intime, il venait, pendant plus d'une heure, de se complaire dans l'idée de l'hérédité et de ses mystérieuses révélations. Il s'était dit qu'il guérirait aussitôt de cet inexplicable malaise qui l'envahissait si la physionomie de l'enfant l'aidait à se ressaisir, si, par exemple, il retrouvait même la plus légère empreinte sur ce visage ou sur ce corps des traits ou des gestes du rival à cause duquel il avait rompu avec la mère. Et voici qu'il apprenait que cette physionomie portait en effet l'empreinte d'une autre physionomie, que ce visage rappelait un autre visage, mais il ne s'agissait plus de François Vernantes, ni d'une évidence libératrice. Ah! Que la comédie de tranquillité à laquelle il s'exerçait depuis plusieurs jours en rougissant lui fut plus difficile à jouer après cette conversation, et comme il se serait vite trahi, si, par bonheur pour son repos, Henriette n'eût pas souffert de ce commencement de migraine à cause duquel il lui avait fait un amical reproche de sa sortie matinale. — Par bonheur! Lui qui d'habitude, pour un peu de pâleur sur les joues de sa fiancée, pour un rien de toux, pour une fatigue, s'inquiétait d'une manière presque folle! De la sentir trop fragile, trop atteignable dans sa vie physique lui était une émotion si forte, comme à tous ceux qui aiment un de ces êtres si délicats qu'ils semblent devoir se briser au premier souffle trop âpre. Mais cette lassitude d'Henriette le rendait libre de nouveau, et il avait besoin de cet isolement pour regarder en face cette nouvelle et inattendue donnée du singulier problème que le hasard semblait se complaire à poser devant lui. Il eut, retiré dans sa chambre, un accès d'anxiété aussi violent que durant la première après-midi où le nuage sombre qui s'épaississait sur sa tête était apparu dans son ciel bleu. Ce jour-là, il avait trouvé de l'énergie à contempler le portrait de sa fiancée. C'était sur un autre portrait, celui de sa sœur, que ses yeux et son esprit se fixaient maintenant, mais pour y boire, au lieu de la force morale, plus de trouble et plus de découragement. Cette photographie, à laquelle Henriette avait fait une si directe et si foudroyante allusion, datait de bien loin. M$^{me}$ Archambault, si elle avait vécu, aurait eu quarante ans, et, sur le portrait, elle en avait dix à peine. La couleur de l'incertaine image avait pâli. Les traits du visage et les lignes des mains s'étaient fondus, jaunissaient. Les cassures des étoffes se marquaient en nuances aussi anciennes que la coupe de la robe qui remontait à l'époque où même les petites filles subissaient la déformation de la crinoline. Que cette vieille et pauvre chose, humble relique de leur commune enfance, remuait dans le cœur de Francis de souvenirs touchants, de tristes récurrences aussi et d'amers regrets! Le nom du photographe et celui de l'endroit lui rappelaient un long, un paisible été passé au bord de la mer avec Julie, avec leur père et leur mère qui semblaient pleins de vie, et sur une plage de Bretagne où il n'était jamais retourné. Ce temps datait d'hier, et qu'il était loin dans l'irréparable nuit! Il revoyait sa grande petite compagne d'alors, cette jolie sœur aînée si sérieuse déjà, si protectrice, en train de jouer avec lui, sur les rochers de la grève retentissante, à des jeux sages, réservés, presque silencieux! Elle haïssait les mouvements brusques, les divertissements bruyants, le désordre, les visages nouveaux, et son occupation favorite était de faire la maman avec lui, — de le traiter comme Adèle Raffraye traitait son immense poupée. Que c'était bien une action dans les goûts de Julie, que cet emmaillottement minutieux de cette poupée malade, comme aussi le reploiement farouche devant une caresse d'une inconnue! — Ah! Si la ressemblance dont avait parlé sa fiancée était autre chose qu'une analogie de délicatesse, si elle était vraiment écrite dans les traits d'Adèle, il n'aurait pas besoin de voir cette enfant deux fois. Un regard lui suffirait, l'éclair d'une seconde. Il portait sa sœur si présente dans la mémoire de sa tendresse, et à tous les âges, depuis cette lointaine époque! Ils s'étaient tant aimés! Que ne l'avait-il là pour le conseiller, pour l'aider à soulever ce poids horrible que les quelques mots d'Henriette avaient fini de lui mettre sur le cœur, pour lui dire, quand il verrait la petite : « Oui, c'est notre sang, » ou bien : « Non, elle n'a rien de nous!... » Il la croirait, elle, au lieu qu'il allait tourner et tourner sans cesse dans le cercle maudit de l'hésitation solitaire et silencieuse, à moins que cette ressemblance ne fût vraiment trop éloquente pour ne plus permettre le doute. Il y en a cependant de telles. Il se l'était encore répété ce matin. Et dans ce cas... Dans ce cas ?... Est-ce qu'il savait, est-ce qu'il pouvait savoir quelles seraient ses émotions, devant une circonstance à laquelle il n'avait jamais voulu penser? Il avait tant cru posséder la vérité, tant considéré Pauline comme un monstre de duplicité avec lequel la seule victoire était l'absence et le silence. Il s'était si souvent démontré que la petite fille n'était pas sa fille à lui, et que, la fût-elle, jamais, jamais il n'en aurait la certitude. Il les avait fuies toutes deux, la mère et l'enfant, pour fuir cet horrible doute. Et maintenant il suffisait de l'idée de cette enfant toute voisine et de cette ressemblance immédiatement vérifiable pour que les plus justes rancunes et les plus sûrs raisonnements cédassent devant le besoin de connaître ce qu'il avait voulu ignorer des années, de le connaître à tout prix et tout de suite. La fièvre de ce désir fut si forte qu'à une minute il pensa sérieusement à monter jusqu'au salon de M$^{me}$ Raffraye, à entrer, comme s'il se trompait de porte, pour les voir, elle et la petite fille!

— « Je deviens fou..., » se dit-il en repoussant le portrait et en s'abandonnant dans son fauteuil, la honte au front d'avoir seulement imaginé une pareille démarche après le silence outrageux où Pauline s'enfermait, après surtout la manière inexpiable dont il l'avait exécutée. D'ailleurs quelle nécessité y avait-il de recourir à des procédés de drame ou de roman? C'était si simple, de faire comme avaient fait Henriette et M$^{me}$ Scilly, de descendre au jardin vers les onze heures. Très probablement la mère, trop souffrante pour une grande promenade avant le déjeuner, et ne voulant pas abandonner Adèle avec la vieille domestique aux hasards d'une ville étrangère, les envoyait prendre le soleil, en bas, sous les hauts palmiers dont les panaches verdoyaient presque à portée de ses fenêtres. Oui, c'était si simple, — et cependant si compliqué. Depuis son arrivée à Palerme, Francis vivait avec sa fiancée dans cette communauté d'emploi du temps, imprudence tentante des grandes affections. Qui a pu aimer profondément et ne pas se réjouir d'enchaîner sa liberté par les innombrables liens des plus petites habitudes? On ne se réserve pas plus une heure que l'on ne se réserve une pensée, et, quand on a besoin pourtant de se l'assurer, l'indépendance de cette heure, on se trouve, comme Francis, obligé à de misérables subterfuges. De telles ruses sont fécondes en révoltes pour ceux qui commencent d'aimer moins et sur qui cette obligation de tromper met une trop pénible chaîne. Ceux qui sont épris véritablement en souffrent comme d'un remords, et, à travers ces incohérences d'une sensibilité soudain touchée à un point trop irritable, le jeune homme ne cessait pas d'aimer passionnément Henriette. Il l'aimait, et il continuait, avec cette affreuse, cette inéluctable logique des situations fausses, à redoubler la trahison d'âme que représentait la dualité de ses émotions actuelles par de honteux mensonges non plus de silence et d'omission, mais de fait, comme celui qu'il imagina le soir même pour avoir le droit de hasarder sa descente au jardin dès le jour suivant :

— « J'ai oublié de vous conter, » dit-il à table, « que je serai obligé de vous laisser sortir seules demain matin. Je dois retourner à la banque pour ce chèque au sujet duquel j'ai eu une petite difficulté... »

— « Nous vous y conduirons, » répondit la mère, « voilà tout, et nous vous attendrons en bas dans la voiture... »

— « Cela gâterait toute votre promenade, » reprit Nayrac; « ces Siciliens font quelquefois tant d'embarras. Ils sont capables de me garder encore une demi-heure... »

— « Rien de plus facile que de tout concilier, » dit Henriette, « nous vous mènerons à la banque, nous irons marcher dans le Jardin Anglais qui n'est pas très loin, nous vous renverrons la voiture et vous nous rejoindrez aussitôt que vos *maffiusi* vous laisseront libre... Vous voyez que nos lectures me profitent!... »

Certes la douce enfant n'eût pas plaisanté ainsi à propos de sa naïve érudition sur la terrible *maffia* sicilienne et les affiliés de cette mystérieuse société secrète, si elle avait pu penser que son fiancé commettait en ce moment le plus mesquin et le plus triste d'entre les crimes de l'amour, l'abus de confiance du cœur. Elle était trop fine et surtout elle avait un sens trop aiguisé des moindres nuances de la voix du jeune homme pour ne pas s'être aperçue que la combinaison proposée par la comtesse lui déplaisait. Mais n'était-ce pas bien naturel qu'il redoutât pour la malade une trop longue séance d'immobilité dans un landau ouvert, et qu'il désirât pour elle le bénéfice d'une de ces vraies et longues.

promenades d'où elle revenait toujours un peu mieux portante? Francis lui donna d'ailleurs cette explication dès qu'ils eurent deux minutes à eux. Il n'appréhendait rien tant que l'éclosion du soupçon dans ce cœur innocent. Il allait éprouver, à trop de reprises, dans la coupable voie où il s'engageait, combien il est à la fois difficile et facile d'abuser une femme qui aime, — difficile, parce que rien ne lui échappe; et facile, parce que les plus déraisonnables prétextes lui paraissent vrais, venant de celui qu'elle aime, jusqu'au jour où elle découvre avec désespoir qu'il lui a menti une fois, et alors quelle agonie! Pour le moment, si Francis eut de nouveau honte devant sa candide fiancée, cette honte n'empêcha pas qu'une fièvre d'impatience ne l'envahît, à l'idée de sa liberté d'action assurée pour le lendemain matin. Pourvu que cette ruse avilissante ne lui fût pas du moins inutile? Pourvu que la petite fille se trouvât en effet dans le jardin et qu'elle s'y trouvât seule? Sa nuit se passa dans cette préoccupation, il faut bien le dire, et non pas dans le remords. Nous nous pardonnons très vite les compromis de conscience grâce auxquels nous satisfaisons nos passions en épargnant des chagrins autour de nous. Le sophisme est si tentant qui déguise en devoirs certains mensonges, lorsque la vérité serait trop cruelle, — et puis une heure arrive toujours où nous reconnaissons que cette cruauté eût causé moins de ravages. En attendant, nous nous félicitons de nos hypocrisies ainsi que d'une délicatesse, comme Francis le fit lorsque Henriette et la comtesse l'eurent déposé, suivant le programme, sous le porche d'un vieux palais jadis construit par un lieutenant de Pierre d'Aragon et sur le fronton duquel flamboyaient les mots de *Crédit Sicilien Oriental*. Il leur dit l'au revoir le plus naturel en descendant du landau. Il vit la voiture disparaître à l'angle de la place, un dernier retournement de la tête blonde d'Henriette, un sourire d'adieu sur ce doux visage, et déjà, il hélait une victoria qui passait, il donnait le nom du *Continental* au cocher et il lui recommandait de presser son cheval. Huit minutes d'une course à fond de train, et il était dans le vestibule de l'hôtel, il traversait le salon commun, il débouchait dans le jardin. Son cœur n'eût pas battu plus vite s'il eût marché, dans un duel, au-devant d'un canon de pistolet braqué sur lui.

Le petit jardin de l'*Hôtel Continental* justifiait la moquerie que Francis en avait faite la veille, par un bizarre mélange de nature méridionale et d'anglomanie où se révélaient les originales prétentions de l'hôtelier. Ancien révolutionnaire et obligé de s'exiler à Malte en 49, puis jusqu'en Angleterre, cet homme en était revenu possédé de cette folie britannique qui revêtait en lui une forme bien étrange, car, en bon commerçant, le cavalier Francesco Renda, ou mieux don Ciccio, tirait finement parti de ce snobisme vestimentaire qui lui faisait promener sur les trottoirs de Palerme des redingotes commandées à Londres, un chapeau envoyé de Londres, des cravates cousues à Londres, et une rogue et rouge figure de gentleman retour des Indes, copiée pour la coupe de la barbe sur une caricature du *Punch*. Il servait à son hôtel de réclame vivante, et il apparaissait, portraituré à la plume et au crayon, dans d'innombrables livres de voyage, édités à Londres eux aussi, qui constituaient, dans la bibliothèque du salon de l'hôtel, ses véritables titres de gloire, sans compter que cette bienheureuse anglomanie lui permettait dans certains cas de substituer le *bill* à la note et de détailler les dépenses de ses voyageurs par *shillings* au lieu de francs. Avec le tennis en terre foulée à côté des palmiers, avec la coquette chapelle protestante d'architecture gothique profilée entre les bambous, avec la profusion des *rocking-chairs* et des journaux à huit pages entassés dans l'espèce de véranda qui achevait le salon en serre, le petit jardin semblait bien un campement anglo-saxon en pays d'Afrique. Ce matin-là Francis ne pensa pas à exercer son antipathie contre les singulières disparates de cette conception. Il marcha droit vers l'allée isolée près du *tempietto*, édicule colorié à colonnettes faussement doriques, auprès duquel Henriette et M^me Scilly avaient aperçu Adèle Raffraye la veille et à la même heure. L'allée était vide. Il fit le tour de la chapelle que bordait une haie de coquets aloès, de ceux à qui les longues raies jaunes de leurs côtes donnent comme une livrée de sauvages arbustes domestiqués. Une de ces aquarellistes d'outre-Manche qui avaient excité sa verve y travaillait à un lavage de couleurs sur lequel il ne jeta même pas un coup d'œil en passant. Il revint à l'autre extrémité, à la place destinée au tennis et close d'un filet de métal souple. Une partie s'y jouait, engagée et poussée entre deux jeunes Anglais et deux jeunes Anglaises, dont les traditionnels costumes de flanelle blanche allaient et venaient méthodiquement dans la lumière du beau soleil sicilien, comme ils auraient fait dans la brume de quelque *watering-place* de l'île de Wight ou du Kent... Francis s'arrêta immobile, halluciné, avec un saisissement de tout son être, tel qu'il n'en avait jamais éprouvé, tel qu'il ne devait jamais en éprouver de semblable. Parmi les quelques spectateurs disséminés autour de cette flegmatique partie de paume, il venait de reconnaître l'enfant qu'il cherchait.

De la reconnaître, et il ne l'avait jamais vue! Mais Henriette avait eu trop raison, — plus raison qu'elle ne le savait elle-même. Il avait devant lui, ressuscitée et vivante, sa sœur Julie, telle que le portrait effacé la lui représentait, telle surtout qu'il la gardait dans les visions de son souvenir. Adèle Raffraye, — car il n'hésita pas une seconde sur l'identité de la petite fille, — se tenait debout, appuyée contre le tronc d'un grand eucalyptus tout décortiqué, aux feuilles longues et comme vernissées. Auprès d'elle, sa poupée, — la poupée malade, — était assise sur une chaise et montrait de grosses joues dont les vives couleurs contrastaient comiquement avec les divers fichus qui enveloppaient sa poitrine de porcelaine. Sur une autre chaise, une bonne âgée, Annette sans doute, travaillait à tricoter un bas, et l'acier des aiguilles miroitait entre les mailles de laine bleue sans que les paupières baissées de la patiente ouvrière se relevassent. La petite fille, entièrement absorbée par le spectacle du jeu nouveau pour elle, se tenait comme en extase. Le mouvement de sa tête curieuse accompagnait le mouvement des balles d'une manière presque aussi exacte que les noms de nombre prononcés par les joueurs. Placé comme il l'était lui-même, à l'angle opposé du parallélogramme dessiné par le champ de tennis, Francis ne perdait pas un seul de ses clignements de paupières. Ses souples cheveux blonds à reflets bruns, — les cheveux de Julie enfant, — déroulaient une nappe ondulée que le vent faisait frissonner sur ses épaules trop minces. Mais la fragilité de tout un pauvre corps trop nerveux ne se devinait-elle pas sous la robe de laine d'une nuance gros bleu, qui laissait voir des jambes trop fines dans leurs bas de soie noire? Un col de dentelle isolait le cou trop mince aussi, et le bord d'un large chapeau de feutre de la couleur de la robe mettait une ombre sur le visage aux traits menus, qu'éclairaient deux yeux bruns très grands, de ces yeux où se lit trop d'âme, un éveil trop précoce de la vie intérieure. Francis regardait tous ces détails avec la fixité dévorante et épouvantée d'un homme qui semble ne pas croire, qui ne croit pas à la réalité de ce qu'il voit. Ce ciel bleu, ce jardin vert, ces gens assemblés n'étaient qu'un décor où la petite fille lui *apparaissait*, si étrangement pareille à l'autre, à sa douce morte, que dans ce premier frisson de sa surprise, tout préparé qu'il y fût par la phrase d'Henriette, il n'aurait pas su marquer une différence entre elles. La bouche entr'ouverte d'Adèle avait dans son joli dessin le même gracieux défaut que celle de Julie, une lèvre d'en haut un peu courte et qui découvrait à demi l'émail mouillé des dents. La coupe de la joue un peu longue au contraire et celle du menton rappelaient aussi Julie avec une identité fantastique. C'était tout de même, à l'étudier de plus près, une autre créature, une Julie plus fragile, plus délicate encore. Dieu! Comme elle était fragile, la fille vraiment de l'angoisse et du deuil, l'enfant portée pendant de longs mois par une mère qui se ronge le cœur de chagrin, de haine, de remords, et qui veut vivre cependant pour l'être qu'elle a senti remuer en elle! Elle flottait, cette flamme fiévreuse d'une vie obstinée et volontaire, autour de ce jeune visage trop pâle mais déjà si expressif, de ces prunelles trop brillantes, où passait une si intense curiosité à ce moment, et elles ne se doutaient pas qu'en cessant de suivre le vol des balles, elles auraient rencontré d'autres prunelles noyées de pitié, d'étonnement, de défiance, de tendresse, de tout ce qu'un cœur d'homme peut mettre dans le regard par lequel il a l'évidence, la révélation de son sang.

Combien de temps dura cette contemplation d'une si souveraine puissance d'envahissement? Quelques minutes à peine, comme Francis put s'en convaincre lorsqu'elle eut été interrompue. Mais, au lieu de ces quelques minutes, il fût demeuré là une heure entière qu'il ne s'en serait pas aperçu davantage, tant la sensation de cette terrassante ressemblance avait tout aboli en lui. Il en oubliait et le rendez-vous où l'attendaient les dames Scilly, et quelle conséquence fatale aurait le soupçon seul de son escapade, si par exemple les domestiques de la comtesse le surprenaient. Il oubliait même que M^{me} Raffraye pouvait descendre au jardin d'un instant à l'autre, qu'il était même probable qu'elle y descendrait, attirée par cette heure chaude et douce, afin de jouir d'un peu de soleil auprès de la petite fille. Aussi lui fut-ce un réveil presque affolant de ce demi-hypnotisme lorsqu'il vit s'approcher du groupe formé par Adèle, par la bonne Annette et par la grande poupée, une femme dans laquelle il reconnut, — avec quelle nouvelle émotion! — son ancienne maîtresse. Elle avait dû venir par l'allée à l'extrémité de laquelle il se tenait lui-même, passer près de lui, le frôler sans doute. Ni l'un ni l'autre ne s'étaient regardés. Coïncidence tragique, de ce tragique familier et ironique à la fois comme l'existence sait en créer à propos des plus insignifiants événements, c'était la petite fille qui les avait empêchés de s'apercevoir l'un l'autre, — lui, s'y absorbant comme il le faisait, — elle, la cherchant tout naturellement. Quoique l'allée fût bien courte, Pauline marchait d'un pas alangui, traînant, et gracieux encore dans sa lenteur lassée. Il eut tout le loisir de constater qu'elle était demeurée la même, malgré ces neuf années et sa maladie. C'était bien ce profil d'une finesse unique, ces traits délicats qu'il avait tant aimés, ce pâle visage qui l'avait tant fait souffrir. Ce pauvre visage était seulement plus pâle encore, plus décoloré, et ces traits s'y marquaient en lignes plus accusées, qui allaient être des rides, qui n'en étaient pas encore. Il semblait que la maladie, en touchant à cette beauté autrefois idéale, l'avait fanée comme avec pitié, tant la mourante gardait de séduction féminine. C'était une poitrinaire, une condamnée, et c'était toujours ce charme de sveltesse élégante qui la faisait comparer par Francis autrefois aux fragiles statuettes de Tanagra. Triste présage et trop juste, car ces statuettes-là étaient destinées par les anciens aux tombeaux, et l'enveloppement frileux de tout le corps de Pauline dans sa longue mante, malgré le soleil, la meurtrissure de ses paupières, le tremblement de ses lèvres, la toux aussi dont elle fut secouée pour avoir marché un peu, disaient assez que ce dernier reste délicieux de grâce appartenait déjà à la mort. Elle-même le sentait sans doute. Il y avait une passion trop profonde, comme une fièvre dans le regard dont elle enveloppait sa fille à mesure qu'elle en approchait. Et pourtant elle avait gardé de la jeunesse dans sa maternité douloureuse, car, en souriant, elle fit un geste de silence à la bonne et elle put ainsi arriver à côté d'Adèle sans que cette dernière l'eût entendue venir. Elle posa sa main sur la chevelure de l'enfant qui se retourna, comme elle avait fait l'autre jour sous la caresse d'Henriette, d'un mouvement farouche. Elle vit sa mère, et l'illumination de toute sa physionomie, la pieuse ardeur avec laquelle elle prit la main amaigrie qui avait flatté ses cheveux, pour la baiser, l'empressement avec lequel ses petits bras enlevèrent la grande poupée afin de donner la chaise à M^me Raffraye, tout révéla cette affection exaltée que les enfants trop sensibles portent à ceux qu'ils sont menacés de perdre. Ils ne savent pas ce que c'est que de mourir, et on dirait que l'instinct de leur amour devine l'approche des éternelles séparations. M^me Raffraye fut sans doute une fois de plus touchée de cette tendresse que lui montrait ce petit cœur d'enfant apparu dans ces beaux yeux mouillés, car son sourire se fit mélancoliquement, infiniment doux. Elle s'assit, et tandis que la petite fille lui commentait la partie de tennis qui continuait, monotone et impeccable, elle jeta un coup d'œil circulaire sur les quelques spectateurs qui faisaient galerie autour du filet. C'est à cet instant qu'elle aperçut Francis Nayrac, qui, lui, n'avait pas bougé, haletant de curiosité douloureuse. Leurs yeux ne mirent pas à se croiser beaucoup plus de temps qu'une des balles lancées par les joueurs n'en mettait à voler d'une raquette sur l'autre. Ce temps suffit pour que le regard de Pauline pénétrât dans le cœur du jeune homme à la manière d'une lame aiguë et brûlante. Ses prunelles grises, d'un gris plus pâle encore dans la pâleur de son mince visage, n'avaient cependant exprimé ni la surprise, ni le mépris, ni la haine, ni aucun sentiment particulier. Sa pâleur ne s'était ni décolorée davantage, ni empourprée de sang. Ses lèvres n'avaient pas frémi. Seulement celle de ses mains qui, en ce moment, continuait de boucler les cheveux de l'enfant, s'arrêta de ce geste pour les serrer, et, de l'autre, elle l'attira contre elle, comme pour la défendre. Il n'est besoin ni de violentes explosions, ni de grandes phrases, ni d'un déploiement furieux d'énergie pour que deux êtres qui se retrouvent ainsi face à face après des années, sentent les émotions les plus poignantes du drame passer entre eux. Pauline et Francis s'étaient reconnus, — et cela suffit pour qu'un quart d'heure plus tard, quand il s'arrêta devant la porte du Jardin Anglais dans le landau de Mme Scilly qu'il était allé reprendre en hâte, le jeune homme eût encore un tremblement dans tout son corps. A peine se tenait-il debout. Qu'elle était cruellement juste la phrase qu'il se prononçait à lui-même en descendant de la voiture et lorsqu'il vit la silhouette de sa fiancée se dessiner, souple et gracieuse dans une toilette claire, entre les fûts élancés des verts palmiers : « Pauvre, pauvre Henriette ! »

## V

### DANS LA NUIT

Oui, Henriette était à plaindre, d'accueillir ainsi, par le plus ouvert, par le plus aimant des sourires, ce fiancé, perfide à la fois et sincère, qui l'aimait, lui aussi, et qui l'avait quittée sur un mensonge pour la retrouver sur un mensonge. Quel mensonge, gros de quelles dangereuses conséquences, associé à quelles funestes réalités ! — Lui-même cependant n'était-il pas à plaindre davantage, subissant, comme il faisait, l'invasion d'un trouble presque insensé, alors qu'il lui était interdit d'en rien montrer ? Quoique l'hérédité reste soumise à des singularités bien plus étranges encore et que la reproduction des physionomies, profonde jusqu'à l'identité entre collatéraux, devienne, pour quiconque s'est préoccupé de ces problèmes, un phénomène banal, quoique Francis Nayrac y eût pensé le matin encore, en se souvenant de Vernantes, et comme à une possibilité toute naturelle, quoique enfin il fût, en sa qualité d'homme de notre époque, assez familiarisé avec les résultats curieux de la science pour ne pas ignorer la loi constante de l'atavisme, cette ressemblance si implacablement accusatrice l'avait frappé d'un coup trop fort, trop subit, dans un pli trop malade déjà de son cœur. Elle avait pris tout de suite pour lui, et sur la place même, le caractère d'une sorte d'hallucination, il n'eût osé dire d'un miracle. Et cependant il eût vu, comme l'apôtre incrédule, le Sauveur lui apparaître et lui prendre les doigts pour les mettre dans la plaie ouverte par la lance, qu'il n'eût pas été remué d'une agitation plus affolante que celle dont il fut poursuivi toute la journée, — et cette émotion, il lui fallait la cacher, dût-il en étouffer. Qu'elles furent longues les minutes de ce jour-là, et qu'il dut déployer d'intime énergie pour tenir jusqu'à la nuit son rôle d'insouciance heureuse, de tendresse sans arrière-pensée ! Quand il se retrouva seul vers les onze heures, — seul, libre enfin de s'abandonner au frémissement dont vibrait tout son être, son effort volontaire de cette mortelle après-midi l'avait si violemment contracté qu'il éprouvait un intense malaise physique. Le besoin de marcher pour apaiser par du grand air et du mouvement ses nerfs déséquilibrés le précipita hors de sa chambre, et aussi le besoin de fuir cette maison où il était trop près des quatre personnes entre lesquelles allait se débattre, sans qu'elles s'en doutassent, le drame inattendu de sa vie passée et présente. Il se sentit trop près d'elles encore dans les rues de Palerme, silencieuses à ce moment de la nuit, mais à ces pierres se rattachaient déjà pour lui tant de souvenirs. Il y avait promené auprès de sa fiancée de si douces nonchalances. Il doubla le pas afin d'arriver plus vite dans la sombre et vaste campagne. A de certaines heures d'extrême crise morale, il semble que nous ne puissions respirer, souffrir, penser, que dans la grande solitude de la nature, comme si elle nous rapprochait de Dieu, de l'incompréhensible dispensateur des destinées, de Celui en qui nous souhaitons un Père et un Juge, — un Juge pour éclairer notre conscience, un Père pour aider notre faiblesse. Depuis que cette triste terre va roulant à travers les muets abîmes de cet espace infini, en a-t-il vu, ce Dieu inconnaissable, — témoin toujours présent, toujours caché, — en a-t-il vu de ses enfants, tourmentés, comme celui-là, par les tempêtes intérieures! En a-t-il entendu de ces appels qu'il a paru ne pas écouter! Nous saurons plus tard vers quel port ces tempêtes nous précipitent, mais qu'elles sont fortes parfois et que nous nous sentons voisins du naufrage !

« Mais c'est mon enfant, c'est ma fille... » Cette phrase qui s'était prononcée toute seule dans son cœur devant la terrassante, l'invincible évidence de l'hérédité, Francis se la répéta soudain à voix haute et à plusieurs reprises. Il s'écoutait la prononcer, et une corde tressaillait dans les profondeurs de sa personne, qui n'avait jamais été touchée avec cette force : « Ma fille !... » C'étaient deux mots bien clairs cependant et bien simples. Il se les était dits et redits bien souvent, depuis des années, chaque fois qu'il pensait à la possibilité, malgré tout, que le sang de cette enfant inconnue fût son sang à lui. Mais cette possibilité était demeurée pour son esprit une idée inefficace, une irréelle et vague abstraction qu'il ne réalisait pas plus en une image concrète et positive que nous ne réalisons la mort de quelque cher malade. Tant que nous n'avons pas vu, inanimée et raide sur son lit d'agonie, cette forme autour de laquelle palpitait notre espérance, cette mort ne nous est pas vraie. Nous savions trop que ce malade pouvait, qu'il devait mourir ; puis notre déconcertement confine à la stupeur devant une fin qui nous surprend comme si nous ne l'eussions jamais pressentie. C'est qu'il s'accomplit dans le passage de la pensée à la réalité présente, immédiate, indiscutable, dans la métamorphose d'une hypothèse en fait positif, d'un doute flottant en évidence, comme un déplacement total du plan intérieur de notre âme. Nous ressemblons, à ces moments-là, et pour un temps qui varie suivant le degré d'importance de la révélation, aux aveugles opérés de la cataracte. Dans le désarroi de leur éveil à la lumière, n'ayant pas adapté leurs mouvements aux impressions qui les entourent, ils hésitent, ils trébuchent, ils tombent à terre. Francis Nayrac était ainsi. D'avoir contemplé de ses yeux Adèle Raffraye au lieu de la rêver, d'avoir constaté ce qu'il avait constaté au lieu de le supposer, avait subitement déconcerté toutes ses anciennes manières de sentir vis-à-vis de cette enfant. Si huit jours auparavant, si la veille même on fût venu lui raconter un tragique accident survenu à cette petite, qu'elle avait été, par exemple, brûlée dans un incendie, broyée dans le déraillement d'un train, noyée dans la perte d'un bateau, il aurait sans nul doute frissonné d'un frisson très particulier. Mais quoi? C'eût été un fait divers un peu plus troublant que beaucoup d'autres, voilà tout, — au lieu qu'à présent, et tandis qu'il allait cheminant dans la campagne, entre les oliviers et les aloès, de se rappeler seulement la pâleur d'Adèle, sa délicatesse de traits, la fragilité de ses membres, lui causait une souffrance presque insupportable. Si le père avait dormi en lui pendant trop longtemps, comme il s'était réveillé depuis cette rencontre du matin! L'appel de tendresse qui grondait maintenant dans son cœur, sortait des fibres les plus vivantes de sa chair. Un appétit irrésistible, passionné, sauvage, le possédait : celui d'étreindre la petite fille, de la serrer contre lui, de toucher ses cheveux, de la couvrir de ses caresses, de la protéger. Qu'elle était devenue soudain vivante pour lui, et comme, sans raisonner, sans discuter, il la croyait, il la sentait sa fille plutôt, après avoir tant pensé qu'il douterait davantage encore, si jamais il la voyait!... Un regard avait suffi. L'évidence était entrée jusqu'au cœur de son cœur. Il n'y a pas de preuve qui l'établisse, cette évidence. Elle s'impose ou ne s'impose pas. Celle-ci l'avait pris et retourné en quelques minutes et pour toujours. Ah! Ces années passées à fuir Adèle et sa mère systématiquement, comme il les payait durant cette nuit où il marchait dans l'ombre, droit devant lui, poursuivi, vaincu par cette voix du sang qu'il avait niée, lui comme tant d'autres, lorsqu'il lisait dans un livre quelque allusion à ce phénomène mystérieux, très rare et très étrange, mais, quand il se produit, aussi rapide, aussi farouche et aussi souverain que l'amour lui-même. A deux ou trois reprises et pendant cette course affolée, il essaya bien de se débattre encore contre cet envahissement. A quoi bon? Il avait beau se rappeler ses trop justes griefs contre Pauline, que prouvaient-ils ? Qu'ayant un mari et deux amants, cette haïssable femme se prostituait à trois hommes, et qu'elle avait risqué également d'être mère entre les bras de chacun d'eux ? Soit. Mais qu'elle fût devenue mère dans ses bras à lui, le visage de l'enfant le lui avait crié, ce visage où l'hérédité de la race était écrite d'une indéniable écriture. Il essayait aussi de se démontrer qu'il y a de ces caprices de ressemblance qui ne démontrent rien. N'arrive-t-il point, par exemple, que l'enfant du second lit d'une veuve ressemble au premier mari ? Non. Pas comme cela. Pas avec cette identité de corps, d'âme, de nature. Il avait vu de ses yeux le fantôme de sa sœur devant lui, sa sœur de nouveau vivante, — hélas ! de quelle pauvre, de quelle faible vie de fantôme en effet ! Il avait vu *son enfant*. De même qu'autrefois aucun raisonnement n'avait prévalu en lui contre le soupçon, quand il se rappelait sa station devant le rez-de-chaussée fatal, la femme voilée descendant du fiacre, — et le reste, — de même aucun raisonnement ne prévalait à cette heure contre cette nouvelle certitude. C'était la tristesse des tristesses qu'elle ne fût pas contradictoire avec la première. Mme Raffraye l'avait trahi pour Vernantes, comme elle avait trahi d'abord pour lui son mari. C'était une malheureuse, et qui avait peut-être eu encore d'autres

amours, des galanteries de hasard. Que savait-il ?
Mais galante, sensuelle, avilie, quelque mépris
qu'elle méritât, elle avait conçu par lui, Francis.
Dans ce cher et fragile petit être, aperçu sous les
arbres pendant un quart d'heure, il avait senti,
il sentait frémir une parcelle de lui, un peu de sa
chair et un peu de son sang. Cela ne se nie pas
plus qu'une fièvre, qu'une blessure, qu'une émotion quelconque. Ah ! cher, ah ! fragile être et dont
il n'empêcherait pas que subitement elle ne fût
devenue pour lui une créature à part de toutes les
autres, quelque chose d'aussi unique au monde
que cette sœur autrefois à qui elle ressemblait
tant ou que leur mère !

A travers ces pensées, il s'était engagé, sans y
prendre garde, dans le chemin qui, par la Rocca,
mène à Monreale, magnifique route de montagne
qu'il avait suivie déjà plus d'une fois dans des
sentiments si autres, pour aller avec sa fiancée
visiter la vieille basilique normande, rayonnante
de mosaïques, avec ce cloître aux fines colonnettes arabes, où chante un jet d'eau intarissable-
ment épanché dans sa vasque sculptée. Il s'arrêta presque à mi-côte pour respirer, tant cette
marche folle l'avait épuisé. D'un geste machinal il
se retourna, et il demeura saisi, même dans son
trouble, du spectacle de beauté qu'offrait cette
nuit d'un décembre méridional. A ses pieds, des

cordons de lumière marquaient la place où dormait la ville, baignée, comme la blanche mer là-bas, comme les montagnes bleues, comme la vallée ténébreuse, par une lune à demi pleine et dont le croissant s'achevait en cercle avec une mince et brillante ligne d'or. Cette lumière de la lune mettait au ciel la douceur de son profond reflet. Elle en nuançait le velours sombre et violet où les diamants des étoiles brillaient d'un feu plus large, et, tout près du promeneur, elle dessinait les formes confuses des grands aloès dentelés, des cactus rongés par la dent des bestiaux, des oliviers frémissants et grisâtres, des orangers immobiles et noirs. Un infini silence enveloppait ce paysage de songe qui frappa le jeune homme à cette minute, comme eût fait l'entrée dans cette cathédrale dont la masse imposante surplombait derrière lui la pointe de la colline. Le fait d'avoir donné la vie agite les plus égoïstes d'un étrange frisson. Mais chez beaucoup ce premier saisissement est suivi d'un retour de cet égoïsme, et ils ne veulent plus penser à l'enfant qui dérangerait les combinaisons de leur existence. Ils y parviennent vite. Chez d'autres, l'éveil de la paternité n'a pas lieu tout de suite, et un enfant qu'ils ne connaissent pas, fût-il bien certainement le leur, ne les intéresse qu'à demi. Il en est, au contraire, que cette idée d'une existence issue de leur existence, d'une créature jetée par leur faute sur ce sol de douleurs remue d'une émotion suprême et sainte, et qui en tremblent jusque dans le fond du fond de leur moralité. Soit que la trace trop marquée d'anciennes blessures rendît Francis plus sensible, soit que la ressemblance avec sa sœur eût attendri son être intime, soit que les circonstances particulièrement délicates où il avait retrouvé Adèle et M$^{me}$ Raffraye le prédisposassent à des troubles de cet ordre, il fut saisi de cette grande émotion-là, du tremblement sacré de la responsabilité paternelle. La majesté religieuse de ce ciel immense, de ces astres immortels, de cette mer lointaine se mêla malgré lui à sa rêverie. Il sentit sourdre de son cœur et monter à ses lèvres une espèce de prière inarticulée pour cette douce et faible petite créature, née d'une femme deux fois adultère, mais elle-même si purement innocente, et qui dormait là-bas, dans une des maisons de cette ville étendue sous la transparence bleue de cette nuit, au pied de la montagne et sur le bord de la mer. Elle dormait, ses frais yeux clos, sa bouche demi-ouverte, de ce paisible sommeil des enfants autour desquels flotte une destinée qu'ils ne soupçonnent pas. Que ne pouvait-il veiller sur ce sommeil, et lui murmurer, pendant qu'elle ne les entendait pas, ces mots : « Ma fille... » qui lui jaillissaient de l'âme toujours et toujours plus brûlants! Il lui semblait qu'à cette heure il ne se rassasierait pas de promener ses regards sur les lignes de ce visage qu'il s'était interdit de seulement rencontrer pendant des années. S'il avait su quels traits il y retrouverait, aurait-il eu la force de cette abstention ? Il le savait à présent et il redisait tout haut : « Mon enfant !... Ma fille !... » Mais à qui ? Au vent, qui passait et qui n'emportait même pas son soupir; aux feuillages, qui ne l'entendaient point; aux étoiles insensibles; à la nature muette et sourde; à tout, — excepté à celle qui dormait là-bas. Non. Le soin de veiller sur ce sommeil, le droit de murmurer de tendres mots à cette oreille si délicate parmi ces cheveux si blonds, le privilège d'écarter de ce lit d'enfant les coups de la destinée, tout cela appartenait à une autre personne qui peut-être, à cette minute même, se penchait sur Adèle dans son petit lit, pour la contempler, pour la caresser, pour l'aimer. Et Francis aperçut dans sa pensée le pâle visage de Pauline. Il la revit telle qu'elle lui était apparue, elle aussi, le matin, consumée et mourante. Il revit l'amaigrissement de ces joues dont il avait autrefois idolâtré la ligne, le dépérissement de ce svelte corps auquel il s'était enlacé dans de si brûlantes étreintes, la flétrissure commençante de cette beauté dont il avait été si follement, si âcrement jaloux. Cette évocation suffit pour que sa pieuse, sa tendre pitié cédât de nouveau la place à un sursaut d'amère rancune. S'il ne s'était pas trouvé au berceau de la petite fille, dès le lendemain de sa naissance, à qui la faute? A cette femme qui s'était conduite de manière à lui rendre impossible toute certitude sur l'enfant, sinon par ce double hasard d'une ressemblance et d'une rencontre également extraordinaires. S'il avait laissé grandir Adèle sans jamais avoir qu'un frémissement d'épouvante quand il y pensait, à qui la faute, sinon à cette femme encore? A qui la faute, s'il avait associé cette pauvre petite fille à d'infâmes souvenirs de perfidie, à de honteux soupçons, à des visions abominables de luxure, s'il n'était même pas assuré d'être pareil demain à ce qu'il était aujourd'hui, s'il n'était déjà plus celui de tout à l'heure? Qu'elle avait bien mérité, la misérable, les tortures de son agonie présente et qu'elle avait été scélérate à son égard! Ne s'était-elle pas rendu justice d'ailleurs, et s'il avait pu conserver quelques doutes sur la trahison de jadis, quelle preuve, après tant d'autres, que ce fait de ne s'être jamais rapprochée de lui quand elle savait, elle aussi, par cette ressemblance, ayant connu Julie comme elle l'avait connue, de qui était cette fille! Elle n'avait pas osé. Et, sentant à cette idée ses pires colères se réveiller douloureusement, il jeta ce cri qu'il avait jeté si souvent à d'autres horizons, durant son premier voyage, et qui contrastait avec la sérénité de cette douce nuit Sicilienne, moins encore qu'avec la mystique élévation dont il avait eu, quelques minutes plus tôt, le cœur transporté :

— « Comme je la hais ! Ah ! Comme je la hais, et comme j'ai le droit de la haïr !... »

Francis regardait de nouveau Palerme, dans cet accès de frénésie intérieure, comme pour y chercher la néfaste créature à laquelle il lançait cette malédiction d'un impérissable ressentiment. C'était à l'extrémité du quai, et dans une place plus sombre à cause du voisinage immédiat du jardin fermé de la villa Giulia, que devait se dresser la tour du *Continental*. Il se remit à marcher, lentement cette fois, et en redescendant, du côté de cette ville qu'il avait fuie avec une fièvre si folle tout à l'heure. Il venait de penser à l'autre habitante de cette tour, à cette pure et sincère Henriette qui dormait, elle aussi, dans le silence de cette heure, qui rêvait peut-être de lui, et, à travers ce rêve, elle ne le voyait certes pas errer le long des sentiers baignés de nuit, en proie au tumulte de passions qu'il lui avait cachées toute la journée, qu'il lui cacherait tant qu'il vivrait. Les secousses trop fortes de tout à l'heure avaient-elles épuisé sa maladive exaltation, ou bien est-il vrai que nos sentiments soutiennent entre eux comme une lutte pour l'existence, si bien qu'à chaque effort de l'un correspond une plus vigoureuse réaction d'un autre ? Jamais il n'avait compris davantage que dans ce subit reflux de souvenirs combien sa fiancée lui était chère. Son esprit se détacha de lui tout d'un coup pour aller vers elle, dans cette chambre de jeune fille entrevue une fois depuis qu'il était à Palerme, — chambre sacrée et sur le seuil de laquelle ses songes les plus amoureux s'étaient toujours arrêtés, pour n'en point profaner le virginal mystère. Il en passait la porte par l'imagination à cette seconde, comme il aurait le droit de la passer dans plusieurs semaines, réellement. Il se voyait par avance au soir où il se glisserait ainsi auprès d'elle pour la première fois. Le parfum qu'elle préférait, un doux et faible arome à peine perceptible flotterait autour d'eux. Comme elle l'attendrait avec une sublime simplicité de son jeune cœur!... Cette vision le remua, non plus seulement dans sa sensibilité, mais dans les plus nobles, les plus intimes portions de sa conscience. Elle était demeurée, cette conscience, et malgré la vie, celle d'un très honnête homme. Il n'avait pas laissé abolir en lui ce loyal scrupule qui nous montre, dans le fait d'accepter l'amour d'une vraie jeune fille, un engagement d'honneur à ne pas décevoir cette âme si dépourvue de défense, si candidement simple et confiante. Le respect religieux de l'innocence était demeuré intact en lui, et de même qu'une séduction lui fût apparue ce qu'elle est, le plus lâche des crimes, le plus inexpiable, de se marier sans être sûr de son sentiment pour sa fiancée lui eût semblé une affreuse faute, presque une scélératesse. Quand il avait constaté, avec ravissement et avec terreur à la fois, qu'il aimait Henriette, moins d'une année auparavant, quelle lutte il avait soutenue contre lui-même ! Comme il avait sondé son cœur afin de savoir s'il gardait, dans ce cœur épuisé de trente-quatre ans, assez d'ardeur morale et une délicatesse assez fervente ! Il avait voulu s'assurer que, malgré ses souvenirs et ses déchéances, il n'était pas absolument indigne de cette créature si chaste, si droite, si intacte, dans laquelle il devinait cette fière vertu de l'honnête femme, fille d'une honnête femme, et qui sera, si elle est mère, la mère d'honnêtes femmes : — l'incapacité d'aimer deux fois. Puis, quand il avait su qu'il était aimé en effet, et pour toujours, comme il avait été triste, même dans son extase, de penser qu'il portait, sur sa mémoire, la cicatrice d'une première passion et creusée si avant ! Comme devant ce don ineffable et irréparable d'une âme toute neuve, il s'était juré de mériter ce bonheur par une vérité de dévouement qui ne connaîtrait pas de défaillance !... Il n'y avait pas beaucoup plus de cinq mois qu'ils étaient fiancés, et déjà il trahissait Henriette. Il lui avait menti en paroles, menti en actions. Il lui mentait en ce moment même, puisqu'il ne lui avouerait jamais l'emploi de sa nuit, quand elle causerait avec lui demain, familièrement, au réveil. Mentir! Toujours mentir! Hideuse et dégradante habitude qu'il avait tant pratiquée autrefois quand il était dans l'adultère et qu'il avait crue si bien finie pour lui avec les affreux compromis des passions coupables! Pouvait-il s'attendre, lorsqu'il avait voulu refaire sa vie, qu'une fatalité presque folle le remettrait si brusquement en face d'un passé qu'il avait eu le droit de déclarer mort? Comment surtout aurait-il prévu qu'un prodige d'hérédité détruirait du coup ses doute les plus justifiés et le contraindrait de reconnaître sa fille, quoiqu'il en eût, dans l'enfant d'une femme qui, à sa connaissance, avait un autre amant que lui, en même temps que lui? Était-il coupable d'avoir subi, de subir avec un tel bouleversement de sa personne l'éveil foudroyant d'une paternité imposée par la plus irrésistible évidence? Henriette elle-même le condamnerait-elle, si, prenant la petite fille, il lui était permis de la lui porter, de lui dire : « Elle n'a que moi, et sans vous elle ne peut pas m'avoir?... » Insensé! Il était entré dans le fatal chemin de l'hypocrisie et de la trahison, précisément parce que cette démarche lui était interdite, qu'elle lui serait interdite toujours. Qu'Adèle fût ou non son enfant, il n'en avait ni plus ni moins de droits sur elle. Il ne pouvait pas faire pour cette fille, qui légalement portait le nom de l'homme qu'il avait trompé, ce qu'il eût fait pour la fille d'une femme libre. En parler à Henriette maintenant, même si la pudeur de la jeune fille lui permettait cette confidence, ce serait percer ce cœur virginal, pour quoi? Pour rien. Mais, comment expliquer même à cette honnête créature tous les mystères coupables que supposaient cette naissance de l'enfant et cette horrible histoire de ses relations avec Pauline Raffraye? Il n'en avait pas le droit. Ce serait la flétrir dans la virginité de sa naïve imagination, lui souiller la pensée, lui déflorer le cœur! Dieu! qu'il est difficile parfois de connaître son devoir, presque plus difficile que de l'accomplir!

Elle était cependant apparue devant sa pensée, sous une forme singulière, tardive, et pourtant évidente, cette idée du devoir, seul principe d'un peu d'apaisement dans certaines crises trop douloureuses. Quand toute douceur semble défendue à l'âme par la cruauté du sort, s'estimer un peu lui est une consolation, — bien faible et bien chétive, quoi qu'en aient dit les philosophes de tous les temps, car le bonheur se passe aisément de cette estime, mais c'est une consolation tout de même. Si Francis Nayrac devait se rappeler plus tard sans trop d'amertume la fin de cette étrange promenade nocturne, commencée et continuée sur un tel tourment intérieur, c'est qu'à partir de la minute où cette idée de sa responsabilité vis-à-vis d'Henriette l'eut ressaisi, il eut le courage de ne pas s'aveugler de sophismes. La honte subitement éprouvée devant les mensonges de ces derniers jours et le sentiment du respect vis-à-vis de tant de pureté l'avaient rappelé à lui-même. Il avait des devoirs envers M<sup>lle</sup> Scilly, et, tout d'abord, une dette d'honneur, qui ne comportait pas de moyen terme. En se fiançant, il avait signé un pacte de loyauté. Il lui fallait ou renoncer à sa fiancée ou agir avec elle honnêtement, c'est-à-dire en homme qui n'a rien à cacher de ses actes. A la lumière de ce jugement, la lettre écrite à Pauline et le prétexte imaginé afin de guetter la petite Adèle dans le jardin du *Continental* constituaient, pour ne prendre que ces deux actions, deux lâchetés et deux félonies. Eût-il pardonné à celle qui devait porter son nom un seul mensonge équivalent? D'autre part il avait découvert d'une façon aussi étrange qu'inattendue, mais qui ne lui permettait plus un doute sincère, que cette petite Adèle était sa fille. Cette certitude lui imposait-elle un devoir envers l'enfant? Il se répondit oui, en principe, sans hésiter. Il eut alors une autre minute d'angoisse qui le força de nouveau à s'arrêter. Une question venait de se poser à lui : « Ces devoirs envers ma fiancée et envers mon enfant sont-ils conciliables? » Ils ne l'étaient pas. Pour s'occuper d'Adèle, il fallait qu'il acceptât ce premier fait qu'elle appartenait à sa mère de par la loi et de par la nature, de par l'éducation aussi et de par ses longues années d'abandon à lui. Se rapprocher de cette enfant était donc impossible sans implorer quoi? le pardon de la mère? Il irait, après les infamies dont elle s'était rendue coupable à son égard, s'humilier devant elle?... Et qu'exigerait certainement cette femme? Qu'il sacrifiât M<sup>lle</sup> Scilly, lui qui savait combien il était aimé de cette noble créature et qu'elle avait mis sur ce mariage toutes ses espérances, toutes ses illusions, toute sa jeunesse! D'ailleurs il ne s'agissait pas de sacrifices plus ou moins pénibles. La question était tout autre : que pourrait-il pour l'enfant, même si Pauline ne lui était pas hostile? Cette enfant avait grandi sans lui. Elle n'avait pas eu besoin de lui. Elle n'en aurait pas besoin, puisqu'elle ignorait, puisqu'elle ignorerait toujours le criminel lien qui l'unissait à elle, puisque enfin, si la fatalité d'un conseil de médecin n'avait pas amené M<sup>me</sup> Raffraye à Palerme, jamais ils ne se seraient vus. Ne pas s'occuper d'Adèle, c'était donc étouffer un instinct de tendresse, soudain réveillé, ce n'était pas faire un tort à l'enfant, au moins immédiat. Rompre son engagement avec Henriette, c'était briser aussitôt un cœur. Tel était cependant le choix que la circonstance lui imposait. Ne venait-il pas de se démontrer à lui-même que parler à sa fiancée en toute vérité était impossible, et se confesser maintenant à M%%me%% Scilly, de quoi cela servirait-il? Que lui conseillerait-elle, sinon ce que lui conseillait sa conscience? A savoir que c'était à lui de souffrir seul, puisqu'il était seul coupable. « Souffrir seul!... » C'est dans ces termes que se résuma pour lui ce devoir dont il cherchait l'évidence. Oui, souffrir seul, — accepter cette incapacité de faire quoi que ce fût pour son enfant comme une grande épreuve, l'accepter et n'en étendre le contre-coup à personne en dehors de lui. Il le sentait trop par avance, aucune agonie ne serait comparable à celle qu'il s'imposerait en s'interdisant de même regarder cette petite Adèle alors qu'elle venait de pénétrer si avant dans son amour, rien qu'en lui montrant son doux et jeune visage, — ce visage trop pareil à celui de sa plus chère morte! Il se l'interdirait cependant. Il aurait cette énergie. Il se comporterait de manière que toutes les heures de ses journées pussent être mises devant sa fiancée, sans qu'elle y trouvât un geste sur lequel l'interroger. Comme il s'enfonçait cette résolution dans le cœur avec la sorte d'ardeur du martyre que de semblables volontés mettent en nous, il s'aperçut que sa course de retour l'avait amené tout auprès de ce jardin Tasca, où il avait été si heureux l'autre matin, si heureux et si étrangement troublé d'une crainte superstitieuse. Il reconnut l'endroit avec une indicible émotion, et, franchissant une première haie, au risque d'être pris par les gardiens pour un malfaiteur, il voulut aller jusqu'à la grille, fermée maintenant. Il posa son front contre le fer des barreaux et il regarda longtemps les massifs obscurs des grands arbres qui projetaient leurs noires ombres immobiles sur le sable clair des allées, blanchi par la lune. Cette froide lune blanchissait aussi le marbre incertain des statues, qui prenaient, parmi les cèdres et les cyprès, comme un aspect fantastique de tombeaux. Ce jardin taciturne n'était-il pas en effet un cimetière pour lui, le *Campo Santo*, comme disent noblement les Italiens, où gisait ensevelie sa dernière minute d'entier bonheur ?... Il eut là un instant d'infinie détresse, l'impression aiguë du coup meurtrier que son amour venait de subir, la vision que leur commun pressentiment, à Henriette et à lui, avait eu trop raison. Jamais, avec la certitude qu'il était le père d'Adèle et qu'il ne pouvait rien pour elle, il ne serait heureux auprès de sa fiancée, plus tard de sa femme, comme il l'eût été s'il eût acquis la preuve du contraire, s'il eût pu croire que l'enfant était de son ancien rival. Il allait porter en lui une plaie qui saignerait longtemps, longtemps. Mais l'avait-il mérité, ce bonheur dont il avait savouré les premières délices pendant ces quelques mois, les plus doux qu'il eût connus sur la terre ? Depuis qu'il vivait auprès d'Henriette et de la comtesse, il s'était familiarisé de nouveau avec cette sublime idée de la Providence qui nous montre un dessein mystérieux derrière les événements en apparence attribuables au seul hasard. Ces coups successifs qui l'avaient frappé, cette soudaine rentrée de Pauline Raffraye dans son cercle d'existence, cette certitude de paternité infligée juste à ce moment, cette nécessité de se mutiler le cœur, pour rester honnête homme, du sentiment le plus naturel, le plus instinctif, son angoisse présente et celle qu'il prévoyait, oui, tout cela était une grande épreuve. Pouvait-il dire qu'elle fût injuste? N'était-il pas puni précisément là où il avait péché? Qu'était cette nouvelle douleur après les autres, sinon une conséquence toute naturelle de ce péché d'adultère que le monde accueille avec une si souriante indulgence, vers lequel nous marchons si allègrement, presque si fièrement, lorsque nous rêvons de romans vécus et de passions dangereuses? Il est écrit cependant que c'est la plus criminelle d'entre les œuvres de chair, celle à qui les livres saints donnent pour châtiment la mort. « Si quelqu'un a possédé la femme d'un autre, qu'ils meurent tous deux, et l'homme qui a commis l'adultère et la femme avec laquelle il l'a commis... » Par une invincible association d'idées et à cette place où il avait goûté la joie si pure de l'amour permis, Francis se rappela quelques-uns de ses amis de jeunesse qu'il avait connus, engagés comme lui dans des aventures de cet ordre, et il demeura épouvanté à la pensée qu'une mystérieuse et inévitable expiation les avait tous atteints tôt ou tard... Celui-ci était mort avant l'âge, à l'heure où riche, amoureux, heureux, de quitter la vie lui était si amer. Cet autre, marié depuis, était misérable dans ses enfants, en ayant perdu deux déjà, qu'il adorait. Un troisième avait roulé de dégradation en dégradation et il se trouvait en ce moment sous le coup du plus déshonorant procès... Et les femmes ? La funeste issue de vingt scandaleuses existences, longtemps enviées, lui apparut tout d'un coup. Quoiqu'il n'eût gardé du Christianisme qu'un soupir nostalgique vers la foi complète, sans cesse corrompu par le scepticisme, Francis eut réellement à cette seconde et devant cette intuition d'une surnaturelle et sûre justice manifestée par tant d'exemples le même frisson qu'il eût éprouvé si les croyances de sa quinzième année fussent demeurées intactes en lui. Il avait commis, lui aussi, l'inexpiable péché, et dans quelles circonstances, avec une femme si jeune et dont il s'était cru le premier amant! Il s'était servi, pour la séduire, de la plus délicate des émotions, d'une amitié exaltée pour une mourante. Il devait s'estimer heureux si le châtiment se bornait à son actuelle douleur, et, une phrase de l'Écriture que citait souvent M^me Scilly lui revenant à la mémoire, il la redit comme s'il eût cru absolument, tandis qu'il reprenait sa marche vers la ville, et il sentait pour la première fois ce que cet ordre du Rédempteur renferme de beauté sainte et de tendre espérance de pardon :

— « Prenez votre croix et suivez-moi... »

Cette résolution, sur laquelle il se coucha enfin, au terme de cette étrange promenade, d'accepter l'épreuve, de souffrir, de se laisser souffrir sans plus manquer à un seul de ses devoirs présents, parce que cette souffrance était juste, aurait eu besoin, pour durer, d'une croyance plus positive et plus fervente. Le sentimentalisme religieux abonde en sublimes élans, mais la foi seule nous maintient fermes et droits dans des projets presque contraires à la nature, comme celui-ci : savoir tout d'un coup que l'on est le père d'une enfant qui va, qui vient à quelques pas de vous, — le savoir, le penser, le sentir et s'interdire de même regarder cette enfant. Cette atroce volonté soutint cependant cet homme tourmenté plus de jours qu'il ne l'eût espéré lui-même, à cause de l'implacable rigueur avec laquelle il s'y conforma aussitôt. Comme il l'avait bien compris dans ses heures de torturante méditation, le moindre compromis devait le perdre. Oui, il fallait qu'il eût le courage de ne plus même regarder l'enfant, s'il la rencontrait.

— Le monstrueux, le triste courage! — Car la paternité, une fois éveillée en nous, ne s'endort pas plus que la faim et la soif. Elle réclame son aliment, la présence d'abord et la contemplation à défaut de la caresse, le son de la voix à défaut des paroles tendres. Il n'avait jamais entendu parler de sa fille, depuis qu'il l'avait sentie telle. Cette pauvre joie, cette goutte d'eau dans son ardente fièvre, il n'avait pas le droit de se la permettre, s'il voulait demeurer dans la logique de son honnêteté absolue vis-à-vis de sa fiancée; et, pendant des jours qui lui parurent bien longs, il ne se la permit pas. Ils passèrent pourtant, ces jours, et deux, et trois, et huit, et quinze, et vingt, comme le temps passe, alors que nous avons fait avec nous-même le pacte d'un de ces intimes sacrifices qui sont une amputation quotidienne d'un vivant morceau de notre cœur. Il semblait à Francis que chaque matin il lui fallait mettre de nouveau le fer à la place charcutée la veille. Voici comment il y parvenait et l'emploi de ses douloureuses journées : — il se levait, décidé à ne pas dévier d'une ligne hors de la voie qu'il s'était tracée. Vers les neuf heures, il passait, comme c'était son habitude depuis sa venue à Palerme, dans le salon en rotonde où sa douce fiancée l'attendait. Par les fenêtres se dessinait toujours le lumineux paysage d'un ciel couleur de turquoise et d'une mer couleur de saphir. Les blancs palais alternaient avec de verts jardins, et les deux rades animées de voiles papillotaient dans l'ombre de la rouge montagne nue. C'était le décor qui avait servi de cadre à sa félicité et qui continuait de mettre un même fond d'horizon sublime au visage aimé de sa madone. Ainsi, dans les tableaux de piété, les maîtres anciens déploient derrière le sourire et les yeux de la Vierge les lointains démesurés d'un monde qu'elle ennoblit par sa seule existence. Cette comparaison, qu'il l'avait faite de fois dans ses matinées heureuses ! Il la faisait encore. Hélas ! Rien qu'à retrouver la jeune fille à cette première rencontre, il éprouvait combien est vrai le commun, le touchant pléonasme populaire : aimer de tout son cœur. Il n'aimait plus sa chère Henriette de tout son cœur, quoiqu'il l'aimât avec une passion que la souffrance avivait encore. Mais il gardait dans ce cœur une passion à côté de cette passion, une blessure ouverte, saignante, enflammée, et qu'il ne montrait pas. Cela suffisait pour que le ravissement d'autrefois lui fût impossible, impossible cette détente dans l'émotion heureuse qui fait que la présence adorée absorbe entièrement notre pouvoir de sentir. Non, ce pouvoir de jouir de son bonheur était, au contraire, sinon paralysé en lui, du moins comme diminué, presque endolori. Il avait comparé aussitôt son effort pour ne pas s'occuper d'Adèle à une mutilation, et il était comme un blessé, en effet, qui ne peut faire un mouvement sans rencontrer la douleur causée par sa plaie. Lui aussi, dès cette entrevue du matin, et dans ce mouvement d'âme qu'il avait comme autrefois vers Henriette, il rencontrait tout de suite la douleur de son idée fixe. Il imaginait, malgré lui, le salon d'en haut, pareil à celui-ci, avec le même horizon, et il voyait la petite Adèle déjeunant seule avec sa vieille bonne, tandis que la mère se reposait de ce sommeil accablé que les malades comme elle subissent d'ordinaire dans la lassitude du jour commençant. Le contraste entre ces deux appartements d'hôtels, si voisins et si distants, le déchirait. Il se tendait à la chasser, cette cruelle idée fixe. Il y réussissait un moment. Puis comme elle revenait vite! Un peu avant les onze heures, presque chaque jour, ils sortaient, la comtesse, Henriette et lui. En passant sous les murs du jardin de l'hôtel, il voyait frémir le grand feuillage lustré de l'eucalyptus détaché en vert pâle sur sa ramure d'une nuance éteinte, comme mauve, et les panaches sombres des hauts palmiers remuaient au-dessus du toit gothique de la chapelle anglaise. Il pensait que l'enfant était là, sans doute, qui jouait dans les allées de ce jardin, au pied de ces arbres. Il tombait alors dans le silence d'une si mélancolique rêverie, même sous les beaux yeux caressants de son aimée!

L'idée fixe se faisait plus fixe encore et plus obsédante, lors de la seconde promenade, celle de l'après-midi, car il subissait, dans ces instants-là, cette appréhension de se trouver subitement en présence de la petite fille, qui l'avait étreint dès l'arrivée de M^me Raffraye à Palerme. L'angoisse en était pire, aujourd'hui qu'il savait ce qu'il savait. Qu'ils lui semblaient interminables alors, ces sentiers du parc de la Favorite, où ils marchaient d'habitude, Henriette et lui, pendant que M^me Scilly, restée dans la voiture, les suivait de son indulgent sourire! Même dans ce mois avancé de décembre, comme cet immense parc est planté d'arbres et d'arbustes toujours verts, ce n'était pas un horizon défeuillé qui se développait autour des trois promeneurs. Mais qui ne sait combien ces verdures impérissables, avec leurs obscurs reflets, attristent le paysage? Sur celui-ci, et comme pour en redoubler la mélancolie en faisant mieux sentir, par contraste, son vaste silence sans oiseaux, des sonneries de clairon passaient sans cesse. Venues d'un champ de manœuvres voisin et répercutées par les échos de la montagne rouge, de l'aride et rocheux Pellegrino, elles prolongeaient indéfiniment leur plainte monotone dont la tristesse navrante s'ajoutait pour Francis à celle que lui infligeaient si aisément certaines phrases de la conversation d'Henriette. La jeune fille, dans sa tendre ingénuité, parlait longuement à son fiancé de ses rêves d'avenir, de leur installation, de leur commune existence. Tous les projets de cette âme candide et loyale supposaient la fondation d'une famille. Lui-même, quand il avait caressé le roman de son mariage, avec quelle simplicité il s'était abandonné au désir de renaître dans des enfants qui mêleraient dans leur fragile personne un peu de son être et de l'être de sa chère femme ! Pourquoi cette chimère de son foyer de demain ne pouvait-elle plus s'évoquer devant lui sans qu'il pensât à l'autre enfant, qui était la sienne cependant et dont jamais il n'aurait la grâce à ce foyer ? Jamais il ne lui dirait les mots qui l'avaient tant poursuivi durant sa cruelle veillée sur la route de Monreale, ce « Ma fille... » qu'il prononcerait pour d'autres ; et ces autres n'y auraient pas un droit plus assuré que cette charmante et fragile Adèle. La certitude entrée en lui sur sa paternité ne faiblissait pas plus en effet que sa volonté de ne pas déserter la ligne de conduite maintenant prise. Les alternatives de croyance et de défiance dont il avait été si consterné neuf ans plus tôt n'étaient plus possibles. Il avait vu, et il croyait. Par quelle ironie de fatalité, quand de douter lui eût paru une douceur, au lieu qu'il avait tant douté quand il lui eût été si doux de croire ?... Ces pensées le traversaient, le remuaient, le torturaient. Il regardait Henriette pour triompher de cette torture, et il n'arrivait qu'à sentir davantage la coexistence en lui d'émotions cruellement contraires. Et ces émotions le poursuivaient, une fois de retour à la maison, durant les longues heures de la paisible soirée. Soit qu'il s'assît, comme autrefois, sur une chaise basse aux pieds de sa fiancée, pour lire à voix haute, soit qu'elle se mît, elle, au piano, pour lui jouer un fragment d'un musicien préféré, soit qu'ils causassent tous trois lentement, tranquillement, intimement, toujours à une minute l'idée fixe reparaissait... Que faisait Adèle à ce même instant? Et il la voyait, comme il l'avait vue le matin, accourant auprès de Mme Raffraye, avant d'aller dormir, et regardant la malade avec de grands yeux d'ignorante où se lisait néanmoins la divination d'une mystérieuse menace. Pour que la petite fille pensât, même dans ses jeux, à la toux douloureuse de sa mère, il fallait que chacun des accès de cette toux lui résonnât trop avant dans le cœur. Pressentait-elle qu'à un jour prochain ce seul appui qu'elle eût au monde lui manquerait? Et son père le savait, lui. Son père vivait. Son père possédait les viriles énergies protectrices dont l'enfant aurait peut-être besoin bientôt, et ce père ne pouvait rien pour elle. Il devait multiplier les obstacles entre eux, pour continuer de s'estimer. L'honneur voulait qu'il se conduisît vis-à-vis de sa fille comme s'il ne soupçonnait même pas la vérité sur cette naissance. Dieu! la cruelle fin de cruelles amours!

Combien de temps aurait duré l'énergie de renoncement ainsi déployée par Francis? — Des mois peut-être, si un accident inattendu n'avait surgi pour bouleverser derechef l'édifice paradoxal de sa résolution. Il était de si bonne foi que pendant ces jours, les plus troublés qu'il eût connus depuis sa rupture, deux fois il se trouva face à face dans l'escalier avec M<sup>me</sup> Raffraye et l'enfant, — et deux fois, à peine la silhouette de son ancienne maîtresse reconnue, il eut le courage de détourner la tête et de ne pas regarder. Mais, s'il luttait avec une courageuse ténacité contre les faits, il n'en était pas de même dans l'ordre des sentiments. Car à travers tout cela, il n'essayait point, ce qui eût été plus sincère encore, de déraciner l'amour maladif qu'il sentait grandir en lui pour sa fille. Le pouvait-il, d'ailleurs? Il appartenait à cette race très particulière de passionnés à principes, qui se croient quittes avec leur conscience lorsqu'ils se sont imposé une certaine manière d'agir, et ils s'abandonnent intérieurement aux pires fantaisies, aux plus coupables frénésies de leurs émotions. Ces hommes-là sont capables de persévérer, comme avait fait Nayrac, des années durant, dans une rupture avec une femme qu'ils aiment à la folie, et ils sont incapables de do miner une minute les désordres mentaux que cet amour produit en eux. Ils ont la moralité de la vie sans avoir la moralité du cœur, — anomalie singulière qui, tôt ou tard, aboutit à l'égale immoralité du cœur et de la vie. Nos actions finissent toujours par ressembler à nos pensées, et ce sont ces dernières qu'il importe de gouverner d'abord. Si Francis avait procédé avec la petite Adèle, comme autrefois avec sa maîtresse, par la fuite et par l'absence, peut-être se fût-il abandonné sans danger au dérèglement de son cœur, sûr que nulle occasion ne viendrait tenter à nouveau ce cœur épuisé de trop sentir. Cette absence était rendue très difficile par les circonstances particulières où il se trouvait pris. Il ne se dissimulait pas qu'elle valait mieux pour la définitive exécution de son plan de conduite. Mais il se disait que son départ pour la France était fixé pour le 25 janvier, et n'aurait-il pas la force de supporter son chagrin jusque-là, d'autant plus que la fin de décembre approchait à travers ces désordres cachés de sa sensibilité, et déjà le futur Noël était annoncé dans toute la ville par des bandes de papier collées aux vitres des moindres boutiques, avec cette naïve inscription : *Viva Gesù bambino !...* C'était, pour le jeune homme, une nouvelle raison de mélancolie que les images réveillées par cette fête des enfants. Pouvait-il se douter qu'elle ne passerait pas sans qu'il eût manqué à l'engagement pris avec lui-même, et cela tout simplement à cause de l'Anglomane qui dirigeait le *Continental* et dont il se moquait si souvent? — « Si j'avais jamais eu le ridicule de me faire blanchir à Londres, quelle leçon et quel ilote!... » disait-il; mais cet ilote allait devenir, par une de ces ironies auxquelles il semble que se complaise parfois le sort, la cause déterminante d'une rechute terrible du malheureux dans le mensonge et la trahison. Le cavalier Francesco Renda avait en effet l'habitude de célébrer chaque année le *Christmas,* pour la joie de sa clientèle britannique et autrichienne, en faisant dresser dans le plus vaste de ses salons un colossal arbre de Noël, illuminé de ses plus basses branches à ses plus hautes. Une représentation d'un caractère plus ou moins local complétait la fête. Il avait, cette année-ci, engagé pour la circonstance une de ces troupes de chanteurs napolitains que connaissent trop ceux qui ont passé une saison à Sorrente ou aux Capucins d'Amalfi. Quand Henriette avait montré les trois billets que le diplomatique Don Ciccio avait apportés pendant l'absence du jeune homme, contre la moquerie duquel sa finesse méridionale le mettait en garde, Francis n'avait pu s'empêcher de dire :

— « Hé bien! nous allons encore entendre *funiculi, funicula*... Ce sera très gai!... »

— « Voulez-vous que nous ne descendions pas?... » avait répondu Henriette avec la câline soumission d'une femme aimante qui souffre de ne pouvoir épargner même le plus léger ennui à celui qu'elle chérit. Pourquoi Francis insista-t-il au contraire pour qu'ils se rendissent tous trois à l'invitation du gentleman-hôtelier? il devait cependant penser que cet arbre de Noël (X-*mas tree* sur l'affiche du vestibule!...) étant surtout préparé pour les enfants, M<sup>me</sup> Raffraye y conduirait sans doute Adèle. Il le pensa et il se crut assez fort pour que cette possibilité ne l'effrayât point. Il en serait quitte pour détourner de nouveau les yeux, et il ne priverait pas sa fiancée du pauvre plaisir qu'elle paraissait si disposée à lui sacrifier, mais qu'elle avait accepté si joyeusement. Quand donc il entra par ce soir de fête dans le petit salon rempli d'habits noirs et de toilettes cosmopolites, au centre duquel resplendissait l'arbre gigantesque parmi son auréole de bougies roses et vertes et de lanternes coloriées, il s'était disposé à souffrir de nouveau. Il ne prévoyait pas que le cavalier Renda, dans son désir de grouper ensemble des compatriotes, aurait placé les sièges réservés à M<sup>me</sup> Scilly précisément à côté des sièges réservés à qui? — à Pauline et à sa fille!... Oui, là-bas, dans le coin à gauche, à côté de ces trois fauteuils vides vers lesquels le rayonnant Don Ciccio, vêtu comme le plus correct des membres du *Carlton*, un bouquet de muguet et de fougères à la boutonnière, conduisait la comtesse et Henriette, une enfant était assise, tout hypnotisée par la vue de l'arbre grandiose, et à côté de cette enfant une femme de chambre endimanchée, la vieille et fidèle bonne que Francis avait vue tricotant au pied de l'eucalyptus, par la matinée inoubliable. Et la petite fille était Adèle Raffraye, son Adèle! Et déjà Henriette s'asseyait sur le fauteuil qui touchait celui de l'enfant; M<sup>me</sup> Scilly lui faisait signe, à lui, de s'asseoir à côté de sa fiancée; elle se mettait elle-même auprès de lui; — et Pauline, retenue sans doute dans sa chambre par une crise, n'était pas là pour lui donner, grâce à l'aversion de sa présence, la force de lutter contre la dangereuse, la terrible tentation que représentait ce voisinage.

## VI

## AUTOUR D'UN ARBRE DE NOEL

Le bruit que venaient de faire les nouveaux arrivés en s'installant n'avait pu détacher la petite Adèle du tableau merveilleux que formait pour sa jeune imagination l'arbre de Noël, avec les centaines de globes coloriés qui brillaient sur ses branches sombres et le groupe des Napolitains assis par terre. Les bonnets rayés des hommes, leurs ceintures rouges, jaunes et bleues, la fantaisie de leur accoutrement théâtral, la singularité de leurs instruments de musique, la coiffure des femmes, leurs énormes épingles de métal et leurs jupes de velours éclatant, tous ces détails d'un si conventionnel exotisme la ravissaient au même degré.

que sa bonne; et toutes les deux formaient à leur insu un tableau bien plus charmant encore, l'une, pauvre face ridée d'humble servante, l'autre, jeune et tendre visage si neuf à la vie. Une naïve extase les transportait qui eut pour la petite fille son soudain réveil et très pénible. A une minute, en effet, elle regarda autour d'elle, et de voir occupés les fauteuils qu'elle croyait vides, sans qu'elle eût entendu personne venir, lui causa un sursaut presque convulsif de timidité. Elle rougit et brusquement, involontairement, elle se retira vers sa bonne avec le geste de petit animal farouche qui lui était familier. Dans ces instants-là elle penchait sa jolie tête, ses grands yeux bruns exprimaient une crainte anxieuse sous leurs sourcils froncés. Il y avait dans ce recul hostile de son front un peu de la grâce sauvage d'une antilope qui va se défendre, et, devant cette défiance instinctive, M^{lle} Scilly, qui venait de faire à la vieille Annette un geste complaisant de demi-reconnaissance, se tourna vers Francis Nayrac pour lui dire :

— « Mais c'est ma petite amie de l'autre matin, vous savez, celle qui jouait si gentiment à la poupée malade... Regardez-la, sans trop en avoir l'air, pour ne pas la déconcerter tout à fait, et dites si elle ne ressemble pas au portrait de votre sœur enfant, d'une ressemblance surprenante?... Plus encore aujourd'hui qu'elle n'a pas de chapeau... »

— « Surprenante..., » répéta Francis d'une voix altérée. Irrésistiblement il avait tourné la tête du côté de sa fille. Hélas! Tant qu'il y aura des êtres qui aiment, quelle sagesse pourra prévaloir en eux contre ce besoin du regard, dont le plus tendre des poètes a fait le crime inexpiable de son Orphée? « Il se retourna, » dit ce plaintif Virgile, « le cœur vaincu... » et c'est le cœur vaincu, lui aussi, que Francis jeta les yeux sur l'enfant. L'émotion qui l'avait saisi dès l'entrée en constatant à quelle place dangereuse il allait passer la soirée eût dû paraître très étrange à ses deux compagnes. Mais Henriette et sa mère avaient été elles-mêmes comme étourdies dans ce premier moment par le brouhaha des conversations, l'éclat des lumières, le pittoresque aussi de cette salle de spectacle improvisée. Maintenant que M<sup>lle</sup> Scilly pouvait remarquer le trouble extraordinaire de son fiancé, il était trop naturel qu'elle l'expliquât par le souvenir de la chère morte. Et c'était bien vrai que ce souvenir le bouleversait de nouveau, tandis qu'il se laissait aller à cette douloureuse volupté de contemplation qu'il s'était si scrupuleusement interdite. Posée devant lui en profil perdu, la petite fille lui montrait la silhouette de son fin visage comme encadrée dans les annelures d'or de ses cheveux. Elle était vêtue de blanc, une étroite fraise de simple mousseline serrait son cou fragile et faisait encore ressortir la nuance si particulièrement délicate de ce teint qu'Henriette avait comparé le premier jour à la pâleur dorée de l'intérieur d'une rose blonde. Ce teint souffrant s'harmonisait d'une manière attendrissante avec l'expression rêveuse, presque amère de la bouche au repos. Il semblait, lorsque le rire n'animait pas ces lèvres si fraîches, qu'une inconsciente mélancolie sommeillait dans ce petit être. Les enfants nés de l'adultère portent souvent dans leur physionomie de ces expressions de détresse prématurée. Un reste de l'angoisse dans laquelle ils furent conçus, entre deux remords et sous la menace d'un danger, repose dans l'arrière-fond de leurs prunelles. On croirait parfois que leur instinct pressent, qu'il devine la tristesse cachée de leur coupable naissance et son mensonge. Et pourtant, avec cette profondeur quelquefois inquiétante de son regard, Adèle avait bien son âge, cette facilité à vibrer gaiement au moindre plaisir, cette joie de vivre irréfléchie, spontanée, presque animale. Car les musiciens napolitains n'eurent pas plus tôt commencé de jouer et de chanter, s'accompagnant, celui-ci du violon, cet autre de la mandoline, un troisième des castagnettes, un quatrième dansant, un cinquième grimaçant, — les joues de la petite commencèrent, elles aussi, de se roser, ses prunelles de briller, sa bouche de sourire, tout son être de frémir, de se transformer. A mesure qu'elle s'abandonnait de la sorte au passage de ses impressions, et que les faces diverses de sa jeune nature se révélaient en se succédant, Francis constatait davantage encore quelle analogie d'âme aussi bien que de visage unissait sa sœur enfant à cette petite. Cette ressemblance aboutissait à une espèce d'identité grâce au mirage du souvenir, et voici qu'il subissait de nouveau ce sentiment qui l'avait envahi dans le jardin, d'une apparition à demi fantastique Le fantôme de la morte, avec laquelle il avait joué doucement dans des soirs de Noël très lointains, lui revenait, pour se mêler, pour se juxtaposer à la forme vivante de la frêle et jolie créature qu'il continuait de contempler, qu'il étreignait du regard comme il eût voulu l'étreindre de ses bras. Mais entre elle et lui, entre cette étreinte et ce corps où coulait cependant un peu de son sang, il y avait matériellement à cette seconde une autre personne, — symbole exact jusqu'à la torture de sa destinée actuelle. Ce qu'il aimait le plus au monde était là auprès de lui, incarné dans deux têtes passionnément chéries. Que ne pouvait-il les pencher l'une vers l'autre, donner ces deux existences l'une à l'autre, unir ces deux cœurs, faire de l'une la fille de l'autre, et les aimer plus en les aimant ensemble de ce qu'elles s'aimeraient entre elles! Rêve insensé, à la fois si naïf et si coupable dans sa folie, qui avait déjà traversé son esprit en démence!... Il en fut hanté dans ce salon de fête avec une intensité accrue par son effort de ces dernières semaines, au point d'oublier où il se trouvait, quelle surveillance inquiète il avait à redouter, enfin qu'il était un fiancé assis entre sa fiancée et la mère de cette fiancée, et ce lui fut comme un réveil d'entendre la voix d'Henriette lui dire tout bas, tandis que ce pur visage de vierge où il avait si longtemps lu l'espérance d'une vie nouvelle se tournait vers lui :

— « Je vois bien que vous souffrez. Cette petite fille vous rappelle trop votre pauvre sœur. Voulez-vous que nous nous en allions ? »

— « Non, » répondit-il en se forçant à un sourire, « c'est déjà fini. Vous savez, c'est toujours une plaie un peu malade que ce souvenir... »

— « Cher Francis!... » dit Henriette, avec une pitié si délicate dans ses beaux yeux d'un bleu loyal, qu'il détourna les siens. Il était donc rentré, malgré ses résolutions, dans le chemin maudit du mensonge. Car c'était deux fois mentir que d'attribuer son trouble à la noble cause qu'Henriette croyait deviner, et d'accepter cette charité dont il eût dû avoir horreur, et qui pourtant lui fut douce. Il avait tant besoin d'être plaint, et tant besoin en même temps de s'abandonner aux sensations qui le remuaient, qu'il refusa une seconde fois l'offre de remonter dans l'appartement que M^me Scilly lui renouvela :

— « Ne restez pas pour moi, » fit-elle; « ces chansons de Naples m'amusent toujours, mais qui en a entendu une en a entendu cent... »

— « Celles-ci sont par extraordinaire à peu près inédites, » répondit le jeune homme, « et les musiciens sont assez bons, ce qui est plus extraordinaire encore. — Et puis quels mimes incomparables, il faut que je l'avoue moi-même!... Voyez ce gros, quelle bonne et large face d'honnête canaille, et ce maigre, quelle bouffonnerie dans le sérieux de son masque immobile!... Je suis sûr qu'ils ont chanté et dansé dans des hôtels semblables à celui-ci plusieurs milliers de fois, et ils s'amusent vraiment pour leur propre compte... Et le public vaut les acteurs... Des Anglais regardant parader des Napolitains, c'est toute l'admiration et tout le mépris à la fois que le Nord éprouve pour le Midi... Il y a une vieille lady en bonnet, là-bas, à droite, avec des joues où il tient quatre générations de buveurs de porto. Comme sa respectabilité s'épanouit au contact de ces bohémiens!... C'est délicieux... »

Il parla ainsi longtemps, avec une verve forcée, afin de bien prouver que son trouble de tout à l'heure était fini. Avec cette excitation de causerie, il essayait de tromper, non seulement ses confiantes voisines, mais lui-même, mais le battement de cœur qu'il continuait de subir. Sans cesse, cependant, et tandis qu'il causait, ses yeux se tournaient du côté de la petite fille, qui tout d'un coup, et par hasard, tourna aussi les yeux vers lui. Pour la première fois, ces prunelles d'un brun si frais dans ce teint si finement rosé le regardèrent, comme avait fait Pauline l'autre matin, — tout naturellement, tout tranquillement. Puis ce regard passa, avec le même naturel, avec la même tranquillité, sur la ligne des spectateurs rangés derrière eux, pour revenir à l'arbre de Noël et aux musiciens, toujours aussi tranquille, aussi naturel. Francis le savait trop, qu'il n'était que cela pour Adèle : une personne quelconque à laquelle la mémoire de l'enfant n'attachait, ne pouvait attacher aucune idée particulière. Pourquoi cette absolue indifférence lui serra-t-elle le cœur comme la plus triste des épreuves qu'il eût supportées depuis ces trois dures semaines ? Qu'espérait-il donc de cette pauvre petite fille, après avoir déployé une énergie de plusieurs années à la mettre systématiquement en dehors de sa vie ? S'imaginait-il qu'une suggestion de tendresse émanerait de son regard capable d'éveiller chez elle le cri du sang qu'il écoutait gronder plus fortement que jamais dans son cœur ? Son instinct de paternité, si violemment, si soudainement éveillé, venait de souffrir d'une souffrance presque physique. Il n'avait, sans doute il n'aurait jamais de sa fille même la sympathie d'étrangère apprivoisée qu'elle montrait maintenant à M^lle Scilly! Cette dernière avait eu raison de dire l'autre jour qu'elle possédait un sortilège pour se faire aimer des êtres simples. N'ayant pas commis la faute de la première rencontre dans le jardin, celle d'approcher trop vite l'enfant, elle avait laissé à la jolie sauvage le temps de l'examiner à la dérobée, de la juger et de subir ce charme souverain, insinuant tout ensemble et irrésistible, la grâce et la douceur dans la beauté. L'envahissement de ce charme fut rendu comme perceptible par la détente de la défiance physique qui s'accomplit dans Adèle. Peu à peu elle avait cessé de se replier vers le coin du fauteuil, où elle s'était, à l'entrée des dames Scilly, comme réfugiée sous la protection de sa bonne. Son petit corps avait repris la libre facilité de ses mouvements. On sentait qu'elle respirait plus à l'aise. Deux ou trois fois, devant quelque pantalonnade par trop drôlatique d'un des chanteurs, elle rit en même temps que riait sa voisine, et il vint une seconde où la jeune fille et l'enfant commencèrent de causer ensemble. Ce fut le simple mouvement par lequel une fine antilope d'abord épouvantée broute dans la main tendue qui la faisait fuir une verte poignée de feuillages. Quel bienfait cette mystérieuse magie de séduction eût été pour Francis si elle s'était exercée dans d'autres circonstances! Elle ne pouvait qu'augmenter sa misère en lui montrant ce qui aurait pu être, et en le précipitant davantage dans le gouffre des émotions contradictoires. Sentir à ce degré la grâce de cette enfant, c'était boire une dose nouvelle du poison qui enfiévrait déjà tout son être, c'était perdre de sa force morale, perdre de son honneur, — perdre de son amour aussi. C'était du moins laisser se diminuer encore en lui son pouvoir d'être heureux par cet amour. Et il écoutait, avec ravissement, avec désespoir, avec curiosité, avec épouvante, le dialogue plus familier à chaque réplique qui s'échangeait entre les deux voisines :

— « Est-ce que vous n'avez jamais vu un aussi bel arbre de Noël? » avait demandé M<sup>lle</sup> Scilly.

— « Oh! non! » s'était empressée de répondre la vieille Annette, qui demeura étonnée de constater que le mutisme habituel de sa petite maîtresse devant les étrangers cessait tout d'un coup, car Adèle répondait, elle aussi, au même moment :

— « Non. Pas d'aussi beau, mais j'en ai vu de bien beaux tout de même... L'année dernière, maman a fait un arbre pour cinquante petites filles. Je l'aimais encore mieux que celui-là... D'abord, » ajouta-t-elle en fixant un point imaginaire, « c'était chez nous, et il y avait de la neige... »

— « Et puis vous aviez vos petites amies..., » dit Henriette.

— « Oui, » répondit vivement l'enfant, « j'avais Françoise, la nièce d'Annette. »

— « Et les autres ? » interrogea M<sup>lle</sup> Scilly.

— « Les autres sont des amies pour jouer, » reprit la petite, « au lieu que Françoise, c'est comme maman et comme Annette... Elle n'a pas pu venir avec nous. Elle est si pauvre. Il faut qu'elle travaille aux champs... Quand elle sera grande, elle habitera au château et je la prendrai toujours en voyage. »

Ses yeux avaient brillé tandis que sa bouche rieuse prononçait ces mots puérils, mais tout remplis de la générosité naïve qui dans cette aube de la vie annonce les premiers linéaments d'une large manière de sentir, la magnanimité à venir d'un noble cœur. Henriette se retourna vers Francis pour lui dire à mi-voix : « Comme on voit bien que c'est la fille d'une bonne mère !... » et elle prit dans sa main la main de sa petite voisine qui rougit doucement à cette caresse. Elle sourit d'un sourire embarrassé toujours, mais si amical, et déjà Henriette lui demandait :

— « J'espère que, si votre maman n'est pas venue, elle n'est pas plus souffrante pour cela... »

Le sourire de la petite fille s'arrêta aussitôt à cette question. Une ombre passa sur son visage mobile où chaque pensée transparaissait, comme le sang à travers le réseau de veines bleuâtres dessiné au coin de sa fine tempe. Elle dit :

— « Je vous remercie, madame, maman était bien ces jours-ci. Elle a repris un peu froid hier et aujourd'hui elle s'est sentie fatiguée. Elle n'a pas voulu me garder auprès d'elle. Elle a toujours peur que je ne m'ennuie à Palerme et que je ne regrette Molamboz. C'est vrai. J'aime bien notre campagne, mais j'aime encore mieux être ici avec elle... »

— « Vous verrez comme ce beau soleil la guérira vite, » dit Henriette, qui regretta d'avoir évoqué l'image de M<sup>me</sup> Raffraye, en voyant comme ce cœur de neuf ans était sensible aux moindres nuances : « Maman était très malade aussi quand elle est venue. Maintenant, vous voyez, elle est tout à fait bien portante... » Puis elle voulut quitter ce sujet par peur de blesser à nouveau la petite, et elle ajouta : « Il faut aussi que je vous dise de ne pas m'appeler madame, mais mademoiselle Henriette. Voulez-vous ?... »

Adèle semblait ne pas avoir écouté la fin de la phrase, tant elle s'absorbait dans le visage de M<sup>me</sup> Scilly qu'elle regardait, qu'elle étudiait plutôt en ce moment avec une curiosité passionnée. Il était trop aisé de deviner pourquoi. Sa tête raisonneuse d'enfant comparait la physionomie de la comtesse à la physionomie de l'être qu'elle aimait le plus au monde. Son affection l'éclairait, comme il arrive quelquefois à cet âge, sur des périls de santé dont son intelligence ne pouvait pas se rendre compte. Pourtant elle avait bien tout entendu, car elle reprit, après un silence :

— « Pardon, mademoiselle, est-ce que votre maman a dû garder le lit longtemps?... »

— « Des semaines, » dit Henriette.

— « Pardon encore, » continua l'enfant, « c'était un froid ici?... » et elle montra sa poitrine.

— « Oui, » répondit Henriette.

— « Et elle toussait beaucoup la nuit? »

— « Beaucoup. »

— « Et elle est restée combien de temps à Palerme avant d'être guérie?... »

— « Mais il n'y a pas deux mois que nous avons quitté Paris... »

Une seconde fois Adèle se tut. A quel travail se livrait son imagination, tandis que les chanteurs continuaient de faire courir, sur cette banale assemblée de touristes, de désœuvrés et de malades, l'ardent frisson de vitalité populaire que dégagent, malgré tout, les moindres romances écloses dans le sable fumeux du Vésuve? La petite fille paraissait s'être en allée loin de cette salle, de ce spectacle, de ce public et de ces chanteurs. Mais comme c'est l'habitude lorsque nous entendons de la musique sans l'écouter, les mélodies se mélangeaient à sa rêverie, pour en redoubler l'inconsciente exaltation, comme elles redoublaient la pitié d'Henriette, tout émue d'avoir touché à une place trop tendre de cette sensibilité précocement vulnérable. Ces mélodies achevaient aussi de troubler profondément Francis. N'ayant pas perdu une syllabe de ce court entretien, il demeurait effrayé de constater chez cette enfant cette précocité de cœur. Il l'avait sentie sentir, et, dominé comme il était par les idées d'hérédité, comment n'aurait-il pas reconnu en elle le don fatal qu'il lui avait transmis avec les traits de sa famille, celui d'une morbide délicatesse de sentiment ? Sa sœur et lui en avaient tant souffert, quand ils avaient l'âge d'Adèle, mais pas plus l'âme de leur âge qu'elle n'avait, elle, l'âme du sien. Et vers qui allait-elle, cette tendresse prématurément maladive ? Vers une mère qui, pour être aimée de la sorte, avait dû vraiment le mériter. Francis le savait par sa propre expérience, les enfants les plus sensibles ne sont pas ceux qui s'attachent le plus. Ils sont si aisément froissés et blessés. Une parole vive, une injustice, une impatience suffisent à les faire se replier sur eux-mêmes, et, quand vous voulez vous rapprocher d'eux, votre présence leur renouvelant cette cruelle émotion, il vous devient presque impossible de les reconquérir. L'idolâtrie d'Adèle pour M<sup>me</sup> Raffraye était un témoignage de plus, et celui-là irréfutable, du dévouement que cette femme avait montré à sa fille. Francis n'aurait-il pas dû être heureux qu'il en fût ainsi? N'était-ce pas un soulagement pour sa conscience de constater que l'existence de la pauvre petite avait ranimé dans Pauline le sens aboli des devoirs et des responsabilités? S'il eût reconnu à l'attitude d'Adèle ce secret malaise des enfants très aimants et peu aimés, cette meurtrissure intime des mauvais traitements, qui déforme l'âme pour toujours, n'aurait-il pas maudit son ancienne maîtresse plus encore pour cette injustice dénaturée que pour les perfidies de jadis? Pourquoi donc, durant tout ce dialogue et pendant le silence qui suivit, restait-il si péniblement affecté, quand il venait d'avoir la seule évidence qui puisse consoler et rassurer un père, séparé à jamais d'avec sa fille? Et il écoutait cette torturante conversation recommencer :

— « Nous, » disait Adèle, « nous sommes ici depuis presque quatre semaines. En février cela fera deux mois. » Cette phrase était pour elle la visible traduction de cette autre : « En février maman sera guérie..., » car un éclair de joie s'était rallumé dans ses prunelles brunes, tandis qu'Henriette lui demandait :

— « C'est la première fois que vous voyagez? »

— « Non, » dit la petite, « je suis allée souvent à Besançon voir ma tante... »

— « Et à Paris?... »

— « Jamais. Nous avons dû y aller quand maman était si malade, pour consulter un autre médecin. Et puis elle n'a pas voulu... Annette m'a dit qu'elle déteste cette ville depuis que mon pauvre papa y est mort... Est-ce que le vôtre est à Palerme ?... » ajouta-t-elle.

— « J'ai perdu mon père, moi aussi, » répondit Henriette, « il y a bien longtemps... »

— « Mais vous l'avez vu, » interrogea l'enfant, « vous vous le rappelez ? »

— « Oui, » dit Henriette, « j'avais neuf ans... »

— « Juste comme moi maintenant, » reprit la petite. Elle regarda de nouveau M<sup>lle</sup> Scilly, avec le geste de quelqu'un qui va parler d'un sujet très intime et qui hésite.

— « Mademoiselle..., » et comme Henriette la regardait de ses beaux yeux si tendres, « je voudrais vous demander une chose... »

— « Laquelle ? » dit la jeune fille.

— « Lorsqu'on se retrouve au ciel, après la mort, et qu'on ne s'est jamais vus vivants, comment se reconnaît-on ? »

— « C'est le secret du bon Dieu, » répondit Henriette. Elle était trop ingénument pieuse elle-même pour sourire à la question de la petite fille, qu'elle répéta presque aussitôt à son fiancé, et elle ajouta : « Quelle étrange et touchante enfant !... » Elle ne se doutait pas que cette phrase d'Adèle ainsi transmise par elle à Francis prenait une signification bien plus étrange encore. Mais, comme elle se retournait pour continuer cette causerie qui l'intéressait déjà si particulièrement, elle put voir que, si sa petite amie de cette demi-heure était en effet très touchante, elle était aussi très enfant. Une expression nouvelle avait remplacé sur ce mobile visage les trop fortes anxiétés de tout à l'heure. Il avait suffi qu'un personnage inattendu entrât dans la salle, qui était simplement le concierge polyglotte, mais rendu presque méconnaissable par une perruque blanche et la poudre semée à profusion sur sa longue barbe. Grimé en Bonhomme Noël ou plutôt en représentant de la générosité de Don Ciccio, il portait dans sa hotte une collection de menus objets destinés à être offerts aux nombreux enfants épars de-ci de-là dans l'assemblée. Encore dans l'attente de cette simple surprise, l'excessive sensibilité d'Adèle devint trop visible. Ses yeux brillaient d'un éclat trop vif. Ses fines mains s'ouvraient d'un mouvement trop nerveux. Son sang courait trop vite sur ses joues maintenant pourpres d'espérance, et, quand elle reçut son cadeau des mains de l'hôtelier qui présidait lui-même à la distribution de ces *Christmas presents*, ses mains tremblaient d'un trop passionné plaisir. Pauvre cadeau et qui n'était qu'une toute petite poupée habillée en paysanne sicilienne! Mais l'enfant, après l'avoir regardée avec adoration, dit à sa bonne, pensant à sa grande poupée, à la préférée :

— « Tu comprends, ce sera la Françoise de l'autre. »

Elle se levait en prononçant ces mots, dont la puérilité contrastait comiquement avec ses phrases précoces de tout à l'heure. La vieille bonne avait consulté sa montre et avait fait signe qu'il était temps de remonter. Un peu intimidée, Adèle se tourna vers Henriette pour lui dire bonsoir, et la jeune fille ayant répondu à ce geste par une caresse sur la joue et les cheveux de l'enfant, cette dernière lui fit un sourire où se devinait toute l'amitié dont ces petits êtres sont capables, et qui leur envahit le cœur si promptement. Devant Francis et devant M<sup>me</sup> Scilly, elle passa avec la même grâce effarouchée qui lui était naturelle, puis elle disparut entre les fauteuils, tandis que, la hotte du concierge distributeur une fois épuisée, les musiciens reprenaient leurs mélodies interrompues et que M<sup>lle</sup> Scilly résumait d'une manière saisissante son impression de la soirée, en disant à sa mère et à son fiancé :

— « Quand on pense qu'avec cette sensibilité-là cette pauvre petite sera peut-être orpheline et seule dans la vie avant un an, c'est trop triste !... »

— « Henriette a raison, » se répétait Francis

à lui-même une heure plus tard. « C'est trop triste... » Seulement ces mots, qui pour la jeune fille ne représentaient rien de précis, se traduisaient pour lui en des images d'une affreuse netteté. Il voyait Pauline mourir. Quoique, depuis le moment où il s'était rencontré avec Adèle, son ancienne maîtresse eût reculé comme au second plan de ses préoccupations, cette idée lui donnait une sorte de frisson unique, celui qui nous prend devant l'agonie d'une chair que nous sentîmes palpiter contre notre chair avec les profondes énergies mystérieuses de l'amour. Oui, Pauline mourrait bientôt, très tôt, sans doute là-bas, à son retour au pays, après quelqu'une de ces fausses convalescences que le tiède soleil du Midi donne aux poitrinaires. La petite Adèle serait là, qui verrait, elle, réellement, ce spectacle horrible, qu'il avait contemplé lui aussi, encore si jeune, au chevet du lit de mort de sa mère. Comme elles sont courtes, ces heures où nous avons devant nos yeux le masque pâle, immobile, muet, de ce qui fut un visage vivant et tendre, le miroir pour nous d'une âme qui nous chérissait! Comme elles sont courtes, et quelle place elles prennent dans notre souvenir, dans cette légende de mélancolie qui nous accompagne ensuite à travers nos joies les plus heureuses! Qu'il est dur que cette légende commence si vite et par une vision semblable!... On ne laisserait certainement pas

Adèle seule dans cette campagne déserte avec sa vieille Annette et les autres domestiques. On l'emmènerait... Mais où, et qui ? Quels personnages inconnus se cachaient derrière cet « on, » indéfini et menaçant comme le sort ? Sans doute cette tante de Besançon, à laquelle la petite avait fait allusion, la recueillerait. Cette parente serait-elle une bonne seconde mère ? Même si elle était bonne, comprendrait-elle ce cœur d'enfant auquel les gâteries d'autrefois auraient donné un tel besoin d'une caresse continue, d'une atmosphère constamment douce et chaude ? Et si cette tante n'était pas bonne, si Adèle tombait tout à coup, du paradis d'affection où elle avait grandi, dans ce pire des enfers, l'hostilité de la famille ?... Francis venait de trop intimement, de trop profondément s'unir en pensée à la vibrante et passionnée nature de sa fille, il l'avait sentie trop pareille à lui, pour que toutes les souffrances probables d'une telle transplantation ne lui fussent pas rendues immédiatement perceptibles. Ce frêle organisme y résisterait-il ? Tout ne lui serait-il pas meurtrissure et blessure ? La petite irait et viendrait, gardant au fond de ses yeux bruns, agrandis encore par la maigreur de son pauvre visage, cette horrible expression de martyre qui devrait faire se relever de sa tombe une mère ou un père. Et la mère ne se relèverait pas !... — Et le père ?... — Si Adèle vivait malgré cette épreuve, si elle atteignait ainsi ses dix-huit ans, qui se chargerait de la marier, de lui choisir un compagnon d'avenir vraiment digne d'elle? En admettant que cette tante fût une bonne, une très bonne tutrice, elle n'aurait qu'une pensée, établir sa pupille le plus tôt possible. C'est une trop lourde responsabilité qu'une orpheline, et dont les meilleurs se débarrassent avec un tel soulagement. Adèle épouserait donc n'importe qui, un Raffraye peut-être, quelque homme brutal, cynique et dur, qui ferait d'elle ce que l'autre avait fait de sa mère... Cette suite d'imaginations fut si cruelle à Francis, qu'il se prit la tête dans ses mains, et il se mit à pleurer, à pleurer sa fille, à se pleurer, — elle d'être ainsi la victime exposée à de si tragiques hasards, l'enfant endormie sur le bord du redoutable abîme de la vie, — lui-même d'être son père, de le croire, de le savoir, de le sentir et de ne rien pouvoir pour elle.

Mais ne pouvait-il vraiment rien? Les nombreux raisonnements dont il s'était fortifié contre toutes ses tentations pendant sa nuit de Monreale et au cours de son pénible examen de conscience s'appuyaient sur un seul point, admis aussitôt : les devoirs que sa paternité soudain reconnue lui imposait envers l'enfant n'étaient pas conciliables avec les devoirs que ses fiançailles lui avaient fait contracter envers Henriette. Il fallait choisir. Il avait choisi ceux qui lui paraissaient emporter avec eux la moindre souffrance pour ces deux êtres si chers. Mais ces devoirs n'étaient-ils vraiment pas conciliables ? L'image lui revint du tableau qu'il avait eu sous les yeux ce soir même : Henriette prenant la main d'Adèle et leur sourire échangé. Que disait-il, ce sourire donné et rendu, sinon que ces deux créatures étaient faites pour s'aimer, ces deux âmes pour se comprendre, la jeune fille pour être la grande amie de la petite fille ? Elles s'étaient connues, et aussitôt elles avaient commencé de se plaire. Avait-il été coupable de ne pas se jeter immédiatement au travers de cette sympathie naissante, en demandant par exemple à Henriette de quitter le salon aussitôt, comme elle le lui avait offert ? Évidemment non. Serait-il coupable s'il ne s'opposait pas davantage à ce que cette sympathie grandît, s'il laissait les circonstances accomplir leur jeu inévitable ? La vie commune de l'hôtel ne manquerait pas d'amener d'autres rencontres. Henriette et Adèle se reverraient. Elles se plairaient plus encore. Durant sa nuit d'honnêteté intransigeante, Francis se fût dit qu'il devait à tout prix empêcher cette intimité. Maintenant qu'il s'était trop rapproché de l'enfant, il écoutait la voix du sophisme, toujours prête à plaider dans les intelligences incertaines. Cette voix dangereuse, la savante complice de nos faiblesses sentimentales, lui murmurait le terrible mot qui sert de prétexte à tant de lâchetés et d'hypocrisies : « Est-ce mentir que de se taire ?... » Ce silence suffisait cependant pour que des relations s'établissent entre sa fille et sa fiancée, où il n'entrerait pour rien et qui lui seraient d'une telle douceur. Il contemplerait l'enfant, il l'approcherait, il lui parlerait sans avoir à s'en cacher comme d'un crime!... Mais un pareil état de choses entraînait une autre conséquence nécessaire : si Adèle devenait, à un degré quelconque, la familière des dames Scilly, Pauline Raffraye les connaîtrait aussi... Quelle répulsion cette idée avait soulevée en lui la première fois qu'il avait imaginé ce spectacle pour lui monstrueux : cette criminelle complice de son adultère assise auprès d'Henriette et de la comtesse, ces deux honnêtes femmes s'intéressant à cette malheureuse, lui parlant, la plaignant, l'embrassant peut-être!... Fallait-il que cette soirée passée auprès de la petite Adèle eût jeté le désarroi dans tout son cœur, pour qu'il plaidât en ce moment contre cette répulsion, éprouvée encore tout à l'heure quand il avait constaté combien l'enfant chérissait sa mère! Mais Pauline, en effet, n'était-elle pas estimable en tant que mère? Sa tendresse de neuf années pour la douce petite fille ne méritait-elle point qu'il oubliât ses noires trahisons, qu'il les lui pardonnât enfin?... Ah! Que ne pardonnerait-il pas pour être certain qu'il acquerrait la possibilité de ne jamais perdre de vue l'enfant? C'était le résultat qu'il entrevoyait par delà toutes ces arguties de sa conscience. Si des relations se nouaient à Palerme entre les deux familles, ces relations continueraient, du moins par correspondance, une fois de retour en France. Il aurait une chance de savoir comment vivrait Adèle, quoi qu'il arrivât, une chance par conséquent de diminuer sa souffrance si elle souffrait, de l'aider si elle avait besoin d'aide. Il était si sûr d'avance que la noblesse de ce but excuserait aux yeux d'Henriette ce qu'il y aurait eu d'un peu incorrect dans les moyens, quand elle saurait la vérité. Car, une fois mariés, il la lui dirait, il se donnait sa parole de la lui dire, trouvant dans cette volonté bien arrêtée une absolution devant lui-même. S'il eût été moins enivré du roman insensé qu'il se racontait ainsi par avance, il aurait reconnu qu'il raisonnait comme ces infidèles dépositaires qui dépensent une somme prise dans une caisse en se jurant de la rendre ce soir, demain, dans huit jours. En toute matière, qu'il s'agisse d'argent ou de sentiment, la probité se reconnaît à ce signe qu'elle ne comporte ni les transactions ni les nuances. Il l'avait bien senti dans sa méditation du premier soir. Mais la fibre paternelle venait d'être touchée trop fortement, et cela, après des journées trop complaisamment passées à se regarder souffrir. Il n'avait plus la force de marcher dans le droit et simple chemin, et il s'en justifiait, comme nous nous justifions tous, avec cette excuse du moins qu'il était pris entre deux des plus puissants sentiments du cœur de l'homme, et qui ne s'excluent pas l'un l'autre : la paternité et l'amour. Et il continuait de caresser le projet chimérique qui devait lui permettre de les satisfaire tous les deux. Il se demandait ce que penserait M<sup>me</sup> Raffraye quand elle saurait qu'Adèle avait causé durant cette soirée avec Henriette. Il s'était à ce point livré aux folies de sa vision d'avenir, que ce lui fut comme le sursaut d'un réveil de se dire : « Pauline a déjà refusé de me répondre. Elle a interdit à ses femmes de chambre de dîner à la même table que les domestiques de M<sup>me</sup> Scilly. Elle ne veut aucune espèce de rapport avec nous. Elle défendra à la bonne de laisser la petite nous parler. » — Il disait déjà « nous, » en pensant aux relations possibles avec Adèle! — « Et puis, » ajouta-t-il, « si elle accepte de faire la connaissance de M<sup>me</sup> Scilly et si elle raconte, même sans mauvais calcul, qu'elle a été l'amie de ma sœur?... » Ces réflexions, la longue suite de ces rêveries, l'angoisse de perdre l'unique occasion qu'il eût de mieux revoir la petite fille, le désir de prouver à son ancienne maîtresse que sa rancune n'existait plus, les mille sentiments confus enfin qui l'agitaient se résolurent dans la décision qu'il eût certes prévue le moins, quelques heures plus tôt. Il voulut faire une nouvelle tentative pour se rapprocher, non plus de la femme qui lui avait fait si mal ou dont il redoutait la vengeance, mais de la mère inquiète et tendre qui ne pourrait pas refuser pour sa fille si jeune, si dépourvue de défense, le plus désintéressé, le plus sincère des dévouements, le plus légitime. Il essaya de mettre un peu de tout cela entre les lignes d'un billet adressé à Mᵐᵉ Raffraye, — billet plus difficile à composer que le premier, et il n'eut cependant aucun brouillon à déchirer ni à raturer. Un trop puissant désir le dominait à cette minute pour qu'il ne trouvât pas aussitôt le mot le plus juste, le plus capable de toucher celle à laquelle il avait la déraisonnable inconséquence d'écrire. Fallait-il que la démence de l'émotion ressentie eût été et fût profonde pour que sa main n'hésitât pas à tracer les phrases suivantes :

―――

« 24 décembre.

« *C'est encore moi qui vous écris, bien que le premier billet que je vous ai envoyé, voici des semaines, soit demeuré sans réponse. J'ai trop compris ce que signifiait ce silence, et vous savez avec quel scrupule* j'ai respecté votre volonté. Vous savez aussi, vous ne pouvez pas ne pas savoir qu'entre mon premier billet et celui-ci des rencontres ont survenu, dont je ne chercherai pas à vous cacher qu'elles m'ont profondément bouleversé. Vous avez été l'amie de ma chère Julie, et c'est au nom de cette douce morte que je me mettais si loyalement, si simplement l'autre jour à votre disposition pour vous épargner les menus soucis d'une arrivée en terre étrangère. C'est encore en son nom que je vous supplie de me recevoir, comme elle vous en supplierait elle-même, en son nom et en celui du charmant petit être en qui j'ai retrouvé sa grâce, sa délicatesse, sa sensibilité trop fine, toute son enfance, jusqu'à ses traits. — Ce que j'ai à vous dire, votre génie de mère l'a sans doute deviné déjà. Écoutez votre cœur qui vous affirme certainement que la pensée d'une fragile, d'une innocente et attendrissante créature comme est Adèle ne peut pas être mêlée à des souvenirs d'irritation et d'amertume. Les vrais dévouements sont toujours rares. Vous ne voudrez pas, en refusant de me voir, risquer d'en repousser un qui ne réclame aucun droit, sinon celui de vous assurer que sous les mots de ce billet il tient plus d'émotion que ne vous en exprime votre respectueux

« FRANCIS NAYRAC. »

Le jeune homme lut et relut cette page, énigmatique pour toute autre, mais dont chaque syllabe devait avoir pour la mère d'Adèle une signification aussi claire que s'il lui eût écrit en toutes lettres la vérité de leur situation réciproque. Ne connaissant plus rien de Pauline depuis des années que les sentiments d'amère rancune qu'il lui gardait, persuadé qu'elle l'avait trahi et qu'elle méritait les pires duretés, il se trouva naïvement très généreux d'effacer ainsi ses griefs, et il ne douta point qu'elle n'en fût touchée. Il relut ce billet le lendemain matin, en se réveillant d'un sommeil hanté par des rêves où il avait revu la petite fille mêlée à mille scènes inexprimablement troublées et confuses. Il eut de nouveau l'impression que sa démarche remuerait la mère, qu'elle en serait attendrie, vaincue, et, comme le remords de nos duplicités ne s'étourdit pas aussi vite que le voudrait notre conscience, il s'empressa de faire mettre l'enveloppe au nom de M$^{me}$ Raffraye chez le concierge du *Continental* avant d'avoir revu sa fiancée. Il avait cependant la conscience de ne rien lui prendre. Il ne l'avait jamais plus aimée que depuis qu'il l'avait vue qui regardait l'enfant avec des yeux si doux, si tendres. Ne lui pardonnaient-ils point, ces yeux, par avance, ce qu'il ferait pour être bon à cette pauvre petite, — qui n'avait pas demandé à vivre ?

## VII

## PAULINE RAFFRAYE

TANDIS que cette scène très simple dans ses détails, et presque tragique par son retentissement sur un cœur d'homme déjà si ébranlé, se jouait au rez-de-chaussée de l'hôtel, parmi le brouhaha des conversations, sous la lumière confondue des globes électriques et des innombrables bougies de l'arbre de Noël, chef-d'œuvre de Don Ciccio, Pauline Raffraye, couchée et plus souffrante qu'à l'ordinaire, attendait sa fille, sans se douter qu'un nouvel épisode actuellement imprévu s'ajoutait soudain à ce qui avait été, à ce qui restait le drame meurtrier de sa vie. Rien dans cette chambre de hasard ne dénonçait la terrible maladie contre laquelle la jeune femme était venue demander des forces au soleil africain de Palerme. La fine nature de la mourante, révélée déjà par les traits délicats de son visage, en ce moment immobiles de fatigue et de songerie au milieu de ses oreillers, se reconnaissait encore dans cet art de dissimuler l'odieux appareil de ses misères physiques. Bien qu'elle ne reçût aucune autre visite dans cette chambre que celles de sa petite Adèle et du docteur, elle gardait la coquetterie de ce qu'elle appelait en plaisantant « son coin d'hôpital. » Les tresses toujours épaisses de ses cheveux châtains, comme rayées par places de touffes blanches, étaient aussi soigneusement nattées et nouées de rubans, la transparente batiste de ses coussins se doublait d'une soie aussi joliment rose ou bleue, elle drapait ses maigres épaules d'un crêpe de Chine aussi souple, aussi parfumé, enfin la dentelle qui terminait ses manches retombait sur ses pauvres poignets fragiles en plis aussi coquettement disposés que si elle eût été, non plus la condamnée d'aujourd'hui, mais l'amoureuse et l'élégante d'autrefois. A la place du hideux déploiement de fioles et de linges souillés qui déshonore des chambres pareilles, le marbre de la table, auprès d'elle, se voilait d'un tapis de soie et montrait une lampe voilée elle-même d'un abat-jour souple. Une photographie d'Adèle dans un cadre d'émail était auprès, des anémones dans un vase d'argent ciselé et un vaporisateur à moitié vide, dont la présence expliquait le léger arome ambré de l'atmosphère. On eût deviné, à ces riens, un de ces tendres esprits de femme dont la résistance à la douleur se hausse jusqu'à l'héroïsme par le désir passionné de ne pas abdiquer la royauté du charme, — instinct si touchant, comme toutes les impuissantes protestations de la faiblesse et de la beauté contre la barbarie de la vie! Il l'était plus encore ici, car c'était la mère qui se sentait mortellement atteinte, et elle voulait laisser à son enfant, au lieu d'une vision de laideur et d'épouvante, cette image de souffrance et de grâce à la fois, le souvenir d'une femme pâlissante, consumée, mais sans dégradation. Et combien elle l'aimait, cette enfant, les cinq ou six portraits épars dans la chambre, sans compter celui qu'elle gardait près d'elle, le disaient assez. C'était encore de sa fille qu'elle s'occupait durant cette veillée de Noël employée en partie à préparer des cadeaux destinés aux petits souliers qu'à son retour Adèle poserait dans le coin de la cheminée. Elle venait d'envelopper ainsi et de confier à Catherine, celle des deux femmes de chambre demeurée auprès d'elle, toute une suite de menus paquets liés de faveurs. Ils contenaient à la fois des gâteries de jeune fille, telles qu'une pendule de voyage, et de toute petite fille, telles qu'une chaise à bascule pour une poupée. Mais Adèle, élevée dans des conditions si particulières, n'était-elle pas un peu une grande personne par sa sensibilité précocement éveillée et par ses soucis, qui la rendaient parfois trop pensive, en même temps que la spontanéité de son naturel y mélangeait l'enfantillage de la neuvième année? Sans doute, ces petits soins de tendresse avaient éveillé chez la mère une de ces crises du souvenir comme nous en subissons à de certaines dates, car elle avait demandé à Catherine un coffret qui ne la quittait jamais, et elle en avait tiré deux grandes enveloppes de cuir fermées avec une serrure. De feuilleter seulement les lettres que contenaient ces enveloppes avait fait passer dans ses beaux yeux gris cernés d'un tel halo de lassitude une tristesse plus grande, et elle avait refermé cette correspondance pour ouvrir tour à tour les deux volumes qu'elle gardait à son chevet, — et l'un était le *Nouveau Testament*, l'autre l'*Imitation!* Certes, Francis Nayrac, avec le mépris féroce qu'il se croyait le droit de porter à son ancienne maîtresse, eût été bien étonné de la voir en train de chercher dans ces pages d'austère consolation les phrases qui versent un baume sur les blessures saignantes du cœur. Elle relisait les versets divins : « Je vous ai dit ces choses, afin que vous ayez la paix en moi. Vous aurez des afflictions dans le monde, mais ayez confiance, j'ai vaincu le monde... » Elle se répétait avec le solitaire : « Les malheureux! Ils sentiront à la fin combien était vil, combien n'était rien ce qu'ils ont aimé !... » Elle les avait souvent redits, ces mots qui sonnent le glas de toutes les affections mortelles, depuis des années. Ce fut sur eux, ce soir encore, qu'elle posa le livre. L'écho lui en avait résonné trop avant dans le cœur. Elle y avait trouvé ramassées, en un cri trop aigu, les émotions de sa jeunesse si horriblement déçue, que lui infligeait toujours un simple coup d'œil jeté sur ces papiers d'autrefois. Elle ne pouvait cependant se décider ni à les détruire ni à les reléguer hors de sa portée ! Ah ! ces feuilles, si souvent maniées, avec leur écriture déjà jaunie, comme Francis fût demeuré épouvanté s'il en avait seulement lu quelques-unes, au hasard !... C'étaient d'abord ses lettres à lui, puis quelques mots d'Armand de Querne, enfin une longue correspondance avec François Vernantes, — bref toutes les pièces du procès d'infamie qu'il avait fait à la Pauline Raffraye de 1877. Mais ce dossier de leur commune histoire, au lieu de prouver les trahisons dont il s'était cru si sûr, attestait que l'imprudente et malheureuse femme ne lui avait jamais menti. Non, elle n'avait pas eu d'amant avant lui. Elle n'en avait pas eu d'autre pendant leur liaison. Elle n'en avait pas eu après leur rupture. Les sept ou huit billets d'Armand démontraient qu'il n'y avait eu réellement entre eux qu'une légère, qu'une innocente familiarité de monde. Les fréquentes et longues lettres de Vernantes révélaient une amitié romanesque, sans la moindre nuance de passion ou de galanterie, toute en estime et en tendres respects de la part de l'ami, en reconnaissance émue et en fine direction spirituelle de la part de l'amie. C'était la condamnation de Francis que ces pages, et la réhabilitation de Pauline, une preuve, hélas !. après tant d'autres, que la jalousie torturante d'un homme et la révolte d'une femme outragée sont de tout puissants artisans de malentendus entre les êtres les plus sincèrement épris. Elles disaient cela, ces lettres, et qu'en suppliciant cette femme par ses dégradantes défiances, en la soupçonnant sur des étourderies d'attitude, en l'outrageant sur des racontars de salon, en l'abandonnant enfin sur l'équivoque ressemblance d'une silhouette aperçue à une porte, Nayrac avait commis la plus atroce, la plus irréparable des iniquités. Si elle avait refusé de consigner de Querne à sa porte dès la première sommation, c'avait été par une trop naturelle ignorance du danger vers lequel elle courait. Si, plus tard, elle avait tenu tête à son amant à l'occasion de Vernantes, c'avait été par cette rancune exaspérée qu'un excès d'injustice éveille chez une créature passionnée. Si elle ne s'était défendue que par l'indignation et par le silence quand Francis était venu, l'insulte à la bouche, proclamer qu'il l'avait vue, la veille, entrer voilée chez ce même Vernantes, c'avait été par horreur contre cette cruelle, cette féroce partialité qui ne lui faisait pas une seconde le crédit d'admettre qu'elle pût être innocente. Elle l'était cependant. Elle avait dû, quoique indisposée, sortir ce jour-là qui s'était trouvé aussi celui où une maîtresse quelconque, à peu près de sa taille et portant comme elle le manteau de la saison, avait eu un rendez-vous dans le rez-de-chaussée de la rue Murillo. Une aussi misérable rencontre de circonstances, une analogie de lignes et de mise, — voilà donc d'où avaient dépendu son honneur et son bonheur! Oui, ce peu avait suffi pour que celui qui prétendait l'aimer s'avilît et l'avilît jusqu'à la frapper. Elle en frissonnait de haine en y pensant et en remettant dans leurs enveloppes ces feuillets, qu'il lui eût suffi de montrer pour se justifier. Pourquoi ne l'avait-elle pas fait? Pourquoi, si elle n'était pas coupable, l'avait-elle laissé partir, cet amant qu'elle aimait? Pourquoi ne l'avait-elle pas rappelé, alors que, devenue veuve, elle s'était trouvée enceinte, et sûre, bien sûre que la petite fille était de lui? Pourquoi n'avait-elle jamais, avec les années qui passaient, tenté une autre démarche qui lavât du moins son légitime orgueil d'amante des affronts qu'elle avait dû subir?...

Ah! Pourquoi? La réponse à cette question était tout entière dans les lettres de Francis, dans la frénésie de brutalité morale qu'elles manifestaient, dans l'injustice presque barbare qui s'y respirait à chaque ligne. S'il en eût relu quelques-unes seulement, comme Pauline venait de le faire, il eût compris par quels degrés cette femme, martyre de sa folle jalousie, en était arrivée à ce point de rébellion intérieure où l'on ne se défend plus. On n'en a plus ni la force ni même le désir. Il y a dans le soupçon, porté jusqu'à un certain point et prolongé pendant une certaine période, une sorte de puissance meurtrière et paralysante pour l'être qui en est l'objet. Ce n'était pas une fois, c'était vingt que Nayrac avait dit devant sa maîtresse des phrases telles que celles-ci : « Une correspondance? Qu'est-ce que cela prouve? Quel est l'homme qui refuse à une coquine de lui écrire une trentaine de pages plus ou moins antidatées, si elle les lui demande, pour un mari ou pour le prochain amant?... » Lorsqu'une femme conserve dans la place la plus douloureuse de sa mémoire la pointe empoisonnée de paroles semblables, lorsqu'elle a vu la source de la défiance jaillir sans cesse, aux moindres occasions, dans un cœur implacable, lorsqu'elle a constaté qu'elle ne gagnait aucun terrain sur cette défiance et que c'était toujours, toujours à recommencer, un infini découragement la terrasse, qui ne la quitte que pour céder le champ aux pires fureurs de la rancune et de l'indignation. Tel était le secret de l'imbrisable silence où se renfermait Pauline depuis la terrible dernière scène qui avait consommé une rupture commencée tant de jours auparavant. Elle ne s'était plus défendue. A quoi bon? Si elle gardait cette correspondance, si elle l'avait feuilletée par ce soir de Noël, c'était uniquement pour y retremper sa haine toujours vivante contre ce misérable qu'elle avait retrouvé sur son chemin, par le plus inattendu, par le plus dur des hasards. Et il allait se marier, prendre la vie de cette charmante M<sup>lle</sup> Scilly, qu'il suffisait presque d'avoir aperçue au passage pour l'aimer! Si pourtant cette jeune fille et sa mère savaient la vérité de ce caractère, si elles connaissaient l'infamie de sa conduite envers la pauvre maîtresse de sa vingt-cinquième année, et dans quelles conditions d'affreuse angoisse morale il l'avait abandonnée, à la veille d'accoucher, et si malheureuse, que penseraient ces deux femmes du cœur de cet homme? Il suffirait cependant, pour les éclairer, de leur montrer ces lettres qu'elle avait eu le tort de relire ce soir, non point qu'elle fût tentée une seconde par une si basse vengeance; mais, après des années, elle ne pouvait, sans un sursaut de dégoût, penser au traitement que lui avait infligé son bourreau, et elle redisait, en repoussant le coffret, la phrase amère :

— « Combien était vil, combien n'était rien ce qu'ils ont aimé!... » Elle ajoutait : « A quoi me sert de reprendre tous ces souvenirs?... C'est le voisinage de cet homme qui en est la cause. Heureusement, ce sont les tout derniers jours... »

Dès la première heure, en effet, où elle avait su la présence de son ancien amant dans l'hôtel, de rester sous le même toit lui avait paru insupportable. A ce moment même, — oh! la triste ironie des ignorances réciproques sur lesquelles se terminent presque tous les amours! — le jeune homme se demandait par quels procédés il déjouerait la scélératesse et les ruses qu'il appréhendait de sa part, à elle. Un sentiment avait empêché Pauline Raffraye de changer d'hôtel, qui s'expliquait par la suite entière de cette tragédie morale. Il se reproduit chez tous ceux qui ont subi comme elle une trop outrageante méconnaissance de leur caractère. Elle avait jugé qu'en s'en allant elle paraîtrait rougir devant celui qu'elle considérait comme son mortel ennemi. Il lui avait semblé que de se retirer ainsi constituait une espèce de honteux aveu, une lâche désertion, et elle était restée. Puis, la rencontre avec Francis dans le jardin du *Continental* et le regard jeté par lui sur l'enfant avaient fait peur à la mère. Elle n'avait pas douté une minute qu'il n'eût retrouvé sur le visage d'Adèle cette ressemblance effrayante qui faisait qu'elle-même enfermait sous clef les portraits de son amie morte. Devant une si indiscutable évidence d'hérédité, — une de ces évidences qui sont quelquefois le supplice d'une femme adultère durant une longue vie, — Francis avait dû reconnaître son sang. Il se savait le père de la petite fille. Pauline avait prévu, dès le premier jour, que cette confrontation aurait lieu. Puis elle avait conclu, avec une grande tristesse : « Cela non plus ne lui fera rien. » Elle n'avait échangé qu'un coup d'œil avec le jeune homme et elle avait compris qu'il était bouleversé. Une appréhension affreusement pénible l'avait saisie alors, à la pensée que ce trouble pouvait aboutir à une tentative de rapprochement. Quoique ni le lendemain de cette rencontre, ni pendant les jours qui suivirent, Nayrac n'eût manifesté par un signe quelconque une pareille intention, la mère s'était sentie si mal à l'aise sous le coup de cette menace, que la rancunière fierté de la femme avait cédé. Elle s'était résolue à quitter l'hôtel et à louer, pour le reste de l'hiver, une petite villa que son médecin, la seule personne qu'elle vît à Palerme, lui avait indiquée à une extrémité du Jardin Anglais, dans le quartier par conséquent le plus éloigné du bord de la mer et du *Continental*. La nécessité de quelques réparations indispensables et le renouvellement partiel du mobilier avaient seuls retardé son installation, qui aurait lieu avant la fin de la semaine. Une fois chez elle, gardée par ses deux servantes et par un ménage du pays que le docteur lui procurait pour la cuisine et la voiture, aucune sorte de rapports ne serait plus possible entre elle et Francis, elle en était bien certaine, ni surtout entre Francis et l'enfant. Sa crainte que le jeune homme parlât seulement à la petite fille était si forte, qu'empêchée par sa faiblesse d'accompagner cette dernière, elle avait hésité à la laisser descendre au *Christmas-tree* du cavalier Renda. Puis elle s'était dit que Francis Nayrac, s'il assistait aussi à cette réunion, s'y trouverait enchaîné par la présence de sa fiancée et de M$^{me}$ Scilly. Elle avait vu Adèle si désireuse de cette fête, et les occasions de divertissement étaient si rares dans leur mélancolique existence, qu'elle avait consenti à l'envoyer. Maintenant il était dix heures. L'enfant allait remonter et la mère souriait d'avance au plaisir qu'aurait goûté sa fille, en se répétant :

— « Nous aurons eu toutes les deux notre Noël, un peu de distraction pour elle, et pour moi sa gaieté... »

Elle en était là de ses rêveries, égarées entre les réminiscences de son triste passé et l'espoir d'un séjour plus calme dans la villa Cyané, — c'était le nom que le propriétaire avait donné à cette petite maison, par souvenir de Syracuse, sa patrie, et de la source dédiée à la nymphe aux yeux couleur du bleu des bluets, qui fut changée en fontaine pour avoir trop pleuré Proserpine.

Cette délicate légende de l'antiquité romanesque avait tant plu à Pauline Raffraye!... — Elle entendit la porte de l'étroit vestibule qui précédait sa chambre à coucher s'ouvrir de ce mouvement doux, si contraire à l'habituelle brusquerie des enfants, et elle y reconnut la manière d'Adèle. Une précoce sollicitude pour sa mère faisait de cette petite fille, dans cet âge de vivacité où le geste suit la pensée avec une violence toute spontanée, une mignonne fée silencieuse, une elfe au pas à peine appuyé, qui allait, qui venait, sans jamais révéler sa présence par un bruit trop fort et dont pussent souffrir les nerfs de la malade. Cette surveillance continue, presque involontaire, de ses moindres gestes, était une caresse déjà pour la mère. Il semblait que l'enfant prît comme un soin d'annoncer son approche par une grâce d'attention et de ménagement. Un coup presque timide frappé à la seconde porte, et Adèle entra dans la chambre à coucher, avec une tendresse que disaient et ses prunelles brunes et son fin visage, et son sourire et tout son être d'où il émanait comme une idolâtrie. A cette expression, dont elle s'illuminait chaque fois qu'elle revenait après une absence longue ou courte, il était visible qu'elle ne vivait pas seulement pour sa mère. Elle vivait de sa mère. Quoiqu'elle arrivât d'un spectacle qui l'avait intéressée sincèrement et qu'elle tînt dans ses bras la poupée sicilienne dont elle était amoureuse, son premier instinct ne fut pas de parler d'elle-même ni des sensations qu'elle venait d'éprouver. Elle alla droit au lit en courant à peine; elle prit la blanche main que M^me Raffraye lui tendait, — cette main comme vide de sang et si amaigrie que les bagues trop larges glissaient autour des doigts fluets, — elle y appuya un long, un passionné baiser, tandis que son regard aimant fixait, caressait le pâle visage où sa rentrée avait ramené comme un reflet de jeunesse, et elle interrogeait :

— « Nous ne sommes pas restées trop longtemps?... Tu ne t'es pas ennuyée après moi?... Demande à Annette si je ne suis pas partie aussitôt qu'elle m'a dit l'heure?... »

— « Aussitôt, » insista la vieille bonne qui était entrée avec l'enfant. Son immobilité familière prouvait qu'elle était habituée à passer des heures en tiers entre la mère et la fille, non pas comme une servante, mais comme une humble amie, comme le chien qui se couche à vos pieds sans que vous y fassiez presque attention. Ce droit à la présence est le seul prix du dévouement qui éclaire son obscur regard, — dévouement instinctif, animal, silencieux!... Ce sont les seuls que supportent auprès d'elles les destinées brisées. Et la petite continuait :

— « Dis, si tu te sens tout à fait bien? As-tu déjà dormi un peu?... »

— « Je suis très bien, » répondit la mère. « Que je t'embrasse d'abord, et puis assieds-toi là pour me raconter ta soirée. T'es-tu amusée?... »

— « Oh! beaucoup! beaucoup!... » reprit l'enfant, et ses yeux quittèrent la malade pour fixer dans l'espace l'image du tableau qu'elle venait de contempler en réalité, et qui se transformait déjà en une grandiose vision de féerie, grâce à la magie de son enfantine mémoire. « Figure-toi, » racontait-elle, « qu'il y avait une foule, mais une foule, mille personnes peut-être... et au milieu du salon un arbre aussi haut que le vieux sapin du parc à Molamboz, et des bougies sur cet arbre, je ne sais pas, moi, plus de mille aussi, et des musiciens, de vrais acteurs, mis comme des pantins, qui dansaient en chantant, et un bonhomme Noël qui ressemblait au père Jean-Claude de chez nous et qui m'a apporté cette fille... Je vais la mettre à dormir avec l'autre cette nuit. Comme cela je serai sûre qu'elles seront bonnes amies demain... Et puis... » Elle s'arrêta quelques secondes. Ce mot d'amie, par une naturelle association d'idées, lui rappelait tout à coup le souvenir de sa voisine. « J'oubliais de te dire, » ajouta-t-elle, « que j'étais à côté d'une demoiselle si gentille!... tu te souviendras, je t'en ai parlé l'autre jour, celle que j'avais vue dans le jardin... »

— « Oui, » interrompit Annette avec un léger

embarras. Elle savait trop que M^me Raffraye n'aimait guère les connaissances de hasard. « Madame l'a bien rencontrée aussi. C'est cette demoiselle de Paris qui passe l'hiver ici avec sa mère et son prétendu... On s'est trouvé placé à côté d'elle, parce qu'il faut dire à Madame qu'on vous donnait vos fauteuils et qu'on ne pouvait pas changer comme on voulait... »

— « J'espère que tu n'as pas été indiscrète ? » questionna Pauline en s'adressant à la petite fille. Elle venait de sentir comme une main lui serrer physiquement le cœur. L'image de la fiancée de Francis Nayrac, assise auprès d'Adèle, lui fut une impression si douloureuse et si imprévue, que sa voix trembla dans cette simple demande, et la petite fille répondit avec une soudaine rougeur à ses joues trop minces :

— « Je crois que non, maman. Mais... » Et elle s'arrêta, comme embarrassée.

— « Cette demoiselle t'a parlé ? » interrogea de nouveau la mère.

— « Oui, » dit Adèle, « je sais que ce n'est pas bien de causer avec des personnes que l'on ne connaît pas... Seulement, celle-là, c'est comme si on l'avait toujours connue... »

— « Et que t'a-t-elle demandé ? » continua M^me Raffraye.

— « Comment tu allais, d'abord, » dit l'enfant de plus en plus troublée. Par quelle mystérieuse correspondance éprouvait-elle, sans qu'elle s'en rendît compte, le contre-coup immédiat des moindres émotions que subissait sa mère ? Cette dernière la comparait souvent à ces larges anémones violettes qu'elle affectionnait entre toutes et dont elle avait un bouquet auprès de sa lampe en ce moment encore, frêles et vivantes fleurs ouvertes ou refermées selon que le soleil les enveloppe ou les abandonne. Elle était, elle, la lumière dont s'épanouissait son enfant. Sauf ce petit tremblement quasi imperceptible de la voix, rien n'avait trahi son déplaisir. Sa main avait continué de boucler les cheveux de la petite, sa bouche de lui sourire, ses yeux de la regarder avec leur tendresse accoutumée, et Adèle avait deviné que cette conversation avec sa voisine durant la fête d'en bas causait à la malade une contrariété profonde. Elle continuait cependant :

— « Et puis elle m'a parlé de Molamboz et de notre arbre de Noël, l'année passée, et puis de Françoise et d'Annette, et puis nous avons parlé de sa mère, à elle, qui était là. Elle m'a raconté qu'en deux mois Palerme l'avait guérie... » Elle se tut. Sa délicatesse lui faisait craindre d'en dire plus long, car le souvenir de son père — de celui qu'elle croyait son père — lui paraissait, dans ses timides divinations d'enfant trop tendre, devoir être de nouveau pénible à sa chère malade. Elle était trop franche cependant pour mentir, et elle ajouta, donnant, avec une câline finesse de petite femme, un tour plus touchant à une idée trop triste : « Nous avons aussi causé du paradis et de ceux qui nous y attendent... Tu comprends?... » Et, prenant de ses deux mains la main qui flattait toujours ses boucles : « Tu n'es pas fâchée, maman?... » conclut-elle.

— « Non, mon petit être..., » dit Pauline, et malgré son trouble elle se sentit prise de pitié pour l'anxiété de ces tendres yeux qui lui révélaient, une fois de plus, une âme visionnaire à force d'amour. Mais cette conversation avec M<sup>lle</sup> Scilly n'était rien encore à côté d'une autre qu'elle redoutait trop, et elle insista : « Tu n'as parlé qu'à cette demoiselle?... »

— « Rien qu'à elle, » répondit l'enfant. « Pourquoi me demandes-tu cela ? »

— « Pour être sûre que tu as été très sage, » fit la mère, « et maintenant va coucher ta nouvelle fille et te coucher toi-même... » Elle souriait de nouveau en renvoyant Adèle sur cette phrase de badinage. Aussitôt seule, l'émotion remplaça ce rire trompeur sur sa bouche redevenue amère, et elle dit presque à voix haute : « Allons, il n'a pas osé. Une fois de plus j'aurai eu peur pour rien... » Mais si elle avait pris, comme cela lui arrivait quelquefois, pour suivre les progrès de sa misère physique, le miroir à main caché sous les oreillers, elle y eût aperçu des traits décomposés qui démentaient ce soupir de soulagement et cette fausse sécurité. Pensive, elle éteignit sa lampe pour dormir, et à peine dans les ténèbres son imagination commença de travailler sur le simple récit qu'elle venait d'entendre, avec une intensité qui ne lui permit pas le sommeil. Ses dix années de solitude lui avaient trop supprimé cette sensation de l'événement inattendu, qui rend la vie sociale presque intolérable à ceux qui s'en sont une fois affranchis. Elle se démontra bien que ce nouveau hasard de rencontre n'était qu'une conséquence naturelle de cet autre hasard autrement extraordinaire, quoique au demeurant très naturel aussi : sa présence dans le même hôtel que son ancien amant, dans ce caravansérail cosmopolite où ils s'étaient retrouvés. Inquiète comme elle était depuis trois semaines sur les intentions possibles de Nayrac, au point de s'être décidée à ce fatigant déménagement, elle se demanda soudain si cette conversation de M<sup>lle</sup> Scilly avec Adèle ne marquait pas la première étape d'un plan de campagne calculé. Cet homme qui avait été son bourreau et qui la savait si révoltée contre lui, n'était-il pas capable d'avoir tout aménagé pour que M<sup>lle</sup> Scilly rencontrât la petite fille, — et dans quel but ?... Ici sa raison se confondait, pauvre raison troublée par le souvenir d'une injustice de tant d'années, envahie par la fièvre, épuisée par l'abus de la rêverie, ébranlée surtout par l'épouvante irritée que la présence de son ancien amant, presque à côté d'elle, lui infligeait depuis ces dernières semaines. Elle entrevoyait des complications de projets aussi extravagantes que ténébreuses, allant jusqu'à concevoir comme probable que Francis tenterait de lui enlever son enfant. Tel était l'excès de son anxiété, qu'elle ne put dompter qu'au matin, grâce à l'empoisonnement du chloral, honteux esclavage qu'elle avait subi autrefois, dans l'agonie de ses mauvais jours. Le passionné désir de vivre pour Adèle l'en avait arrachée, et elle s'y sentait retomber depuis que la cruauté de ce voisinage lui était imposée quotidiennement. Que devint-elle, lorsque, au sortir de cet obscur et presque douloureux sommeil, on lui remit son courrier du matin et qu'elle aperçut l'écriture de Francis sur une enveloppe? Par la fenêtre qu'une des femmes de chambre ouvrait en ce moment, le jour entrait et le soleil, et un morceau de l'azur du vaste ciel clair. Adèle se précipitait, elle aussi, portant dans ses bras, pêle-mêle, la pendule, la chaise, les dix petits cadeaux trouvés à côté de ses souliers. Elle riait de son joli rire, gai comme cette lumière et comme cette matinée. Que pouvaient et ce ciel bleu et ce radieux soleil, et la joie même de la petite fille, contre l'émotion à la fois effrayée et indignée qu'éprouvait la malade à la lecture de ce billet, où Nayrac avait cru mettre du tact et de la générosité?

— « Mon instinct de mère ne m'avait pas trompée, » pensa-t-elle. « Il veut se rapprocher de sa fille. Mais elle est à moi, à moi seule... Il ne l'aime pas. Il n'a pas le droit de l'aimer. Il ne s'en fera pas aimer. Je ne veux pas qu'il l'aime... » Et, prenant tout à coup Adèle dans ses bras, et la serrant contre son cœur d'une étreinte affolée, elle se mit à la couvrir de baisers, et elle lui disait: « Tu m'aimes, n'est-ce pas? Répète-le-moi. Répète que tu es heureuse d'être avec moi ici, que tu seras plus heureuse encore quand nous serons toutes deux seules, dans une maison rien qu'à nous, avec un jardin rien qu'à nous. Et puis, quand je serai guérie, n'est-ce pas que cela te fera plaisir de rentrer à Molamboz avec moi, toujours avec moi, rien qu'avec moi?... »

— « Toujours avec toi, » répondit l'enfant, dont le visage exprima une joie profonde, et qui, achevant de monter du fauteuil où elle s'était agenouillée jusqu'au lit de sa mère, s'y assit, et, tapie contre la maigre épaule de la malade, elle reprit à voix basse : — « Quand je serai grande, tu sais bien que je ne me marierai pas, pour rester avec toi toujours, rien qu'avec toi... » En répétant textuellement les paroles de sa mère, elle semblait comprendre ce qu'elle ne pouvait ni savoir, ni même soupçonner, que la pauvre femme redoutait une troisième présence entre elles deux. Jamais Pauline n'avait mieux senti par quel magnétisme cette précoce et singulière enfant lui était unie ni quel miracle d'amour faisait se répercuter les moindres mouvements de son cœur vieilli dans ce tout jeune cœur. Elle cessa de parler, mais elle pressa de nouveau Adèle d'une étreinte prolongée et passionnée qui embrassait à la fois, dans la grande fille d'aujourd'hui, tous les êtres qu'elle avait connus et aimés dans cet être si à elle. Oui, elle embrassait ainsi la chétive et misérable créature d'abord, triste rejeton d'un triste amour, dont elle s'était dit avant sa naissance qu'elle allait la haïr de la haine qu'elle portait au père. Puis elle avait entendu l'enfant gémir, elle lui avait donné son sein, et à la première goutte de son lait que cette petite bouche avait aspirée, elle avait senti une communion sacrée unir cette chair sortie d'elle à sa chair. Elle avait revécu pour pouvoir soutenir cette fragile vie !... Et elle embrassait encore, dans ce baiser du matin de Noël, l'Adèle de trois ans qui commençait de parler et de courir, et qui, jouant au printemps dans le vaste parc de Molamboz, avait toujours le gracieux instinct de tendre à sa mère les fraîches fleurs qu'elle cueillait, comme pour offrir, comme pour rendre à l'abandonnée, à la vaincue, la jeunesse, l'espérance, la joie, tout ce qui sourit, tout ce qui enchante, tout ce qui promet... Elle embrassait l'Adèle de six ans qui déjà priait auprès d'elle et pour elle, et qui, les mains jointes, le soir, à genoux dans sa longue chemise blanche, ressemblait à ces statuettes d'anges que la naïveté de la foi n'a jamais cessé d'évoquer sur les tombeaux. La douce petite n'était-elle pas agenouillée en effet sur le tombeau d'une Pauline Raffraye à jamais morte, de la femme qui avait cherché le bonheur dans la passion et qui n'avait rencontré sur les mauvais chemins que honte et que désespoir? Toutes ces filles qu'elle avait aimées l'une après l'autre dans sa fille, la malade les étreignait dans ce baiser, comme pour s'assurer que personne ne pouvait les lui prendre. Elle les serrait contre elle, avec cette plénitude de la complète possession d'une autre âme, — chimère que nous poursuivons tous à travers toutes les tendresses. La réalisons-nous jamais, sinon auprès de nos enfants lorsque nous ne les avons jamais quittés? De telles sensations sont trop puissantes pour ne pas nous donner le courage de défendre contre n'importe quel danger ces chères créatures pendant qu'elles sont à nous. Quand, après avoir encore causé quelques minutes, Adèle sortit de la chambre, Pauline avait reconquis le sang-froid qu'il lui fallait pour discuter la conduite à tenir envers Francis, longuement, précisément, lucidement.

— « Il ne peut rien faire, » conclut-elle après une méditation débarrassée cette fois de la fièvre hallucinante qui l'avait, durant la nuit, harcelée de folles hypothèses. « Ma fille est à moi de par les lois, comme ma maison, comme mon argent. Si cet homme est pris de remords maintenant, tant mieux. Qu'il souffre à son tour, ce n'est que justice. Je n'ai même pas à lui répondre. La vraie réponse c'est d'activer notre déménagement... Si celle-là ne suffit pas, s'il s'acharne à notre poursuite, je lui montrerai qu'il n'a plus devant lui la femme faible d'il y a neuf ans... C'est une mère contre laquelle il lui faudra lutter, et, s'il ne sait pas ce que vaut la volonté d'une mère, je le lui apprendrai... »

Le coup de fouet de cette résolution, où l'intensité de l'amour maternel avait pour auxiliaire les profondes rancunes de la femme autrefois outragée, rendit à la malade cette énergie physique qui lui manquait depuis des jours. Elle voulut, le matin même, aller en personne à la villa Cyané pour constater de ses yeux l'avancement des travaux. Elle eût pu s'y installer dans les vingt-quatre heures, n'était le retard de la fête. Après avoir parlé à l'homme chargé de la garde et lui avoir donné des instructions plus pressantes encore, elle rentra pour recommander aux femmes de chambre qu'elles préparassent les malles aussitôt, afin de n'attendre pas même une matinée de plus, même une heure dans cet hôtel maintenant détesté, quand la villa serait prête. Ni ce jour-là, ni le lendemain, elle ne quitta sa fille d'un pas, sous ce prétexte justement qu'Annette et Catherine se trouvaient occupées à ce hâtif emballage. Elle la conduisit elle-même à la promenade, bien sûre qu'en sa compagnie personne n'aborderait, ne regarderait seulement son enfant. Elle devait avoir trop vite la preuve que ses forces ne lui permettaient pas cette surveillance quotidienne, dont sa jalousie maternelle de ce moment lui faisait presque un besoin. Cette fête de Noël, dont les premières heures avaient été marquées pour elle d'une telle émotion, à cause de la lettre de Francis Nayrac, était tombée un mercredi. Elle devait entrer dans sa villa définitivement le samedi. D'être sortie, deux jours de suite, le matin et après le déjeuner, l'avait épuisée à un tel point que le vendredi elle se sentit trop faible, fût-ce pour une promenade en voiture, d'autant plus qu'un Sirocco s'était levé, un de ces vents que le voisinage trop proche de l'Afrique rend si cruels en Sicile. Ils semblent rouler avec eux toute l'asphyxie brûlante du désert. Après avoir gardé Adèle la matinée entière dans sa chambre, et la trouvant un peu pâle, elle pensa qu'elle ne l'exposerait à aucune rencontre si elle l'envoyait avec le coupé jusqu'à la villa sous la conduite des deux servantes, qui devaient y donner un dernier coup d'œil. Elle eut cependant la précaution de prévenir Annette, à qui elle dit son mécontentement pour la conversation de l'autre soir, et elle ajouta :

— « J'ai mes raisons pour que vous ne permettiez pas à ces dames en particulier de parler avec Adèle... »

— « J'obéirai à Madame, » répondit la vieille fille avec une physionomie de caniche grondé. L'appréhension d'une nouvelle faute à confesser se mélangeait dans la brave créature au regret de la première. « Mais alors, » continua-t-elle, « Madame sera peut-être fâchée. On ne savait pas. Ces dames avaient l'air si bien... Enfin il faut que je déclare à Madame que je n'ai pas cru mal faire en disant à la femme de chambre de ces dames que nous quittons demain... »

Quoique cet innocent bavardage lui fût en effet souverainement désagréable, parce que l'écho pouvait en parvenir jusqu'à Francis et lui apprendre trop tôt leur départ, Pauline calma de son mieux le remords de la fidèle bonne. Il révélait une si absolue soumission. Elle se reprocha de n'avoir point, dès le premier jour de son arrivée et par un morbide scrupule, donné cet ordre précis à la vieille fille. Elle était si sûre de ce dévouement qui ne discutait pas, qui ne cherchait pas de motifs aux instructions reçues. Mais quand il s'agit de volontés qui touchent de trop près aux mystères les plus douloureux de notre vie, de seulement les énoncer devient quelquefois un effort auquel nous ne nous résignons qu'à la dernière extrémité. Depuis la lettre reçue l'autre matin, Pauline était arrivée à cette extrémité. Du moins elle vit partir sa fille et ses deux gardiennes sans la moindre appréhension. Elle était bien certaine que son désir, cette fois, serait accompli, et que, dans une heure, la petite lui reviendrait, ayant pris un peu d'air dans l'assez vaste jardin attenant au villino. Et elle-même, elle commença d'utiliser cette heure de complète solitude, en procédant à de petits arrangements plus personnels. Elle allait, enveloppant des cadres, déchirant des factures, jetant au feu quelques papiers et ne s'apercevant pas du temps qui passait, quand il lui sembla entendre que l'on frappait à la porte du salon, puis que cette porte s'ouvrait et se refermait. Elle se dit que sans doute quelque domestique apportait un paquet ou bien une lettre. De sa chambre elle demanda qui était là, et, comme on ne répondait point, cette idée absurde lui traversa l'esprit, que Francis Nayrac, ne recevant pas de réponse à sa lettre et ayant appris qu'elle quittait l'hôtel, avait vu sortir la petite et les deux bonnes, puis qu'il avait voulu profiter de sa solitude pour la forcer à une explication. Mais non ! Une pareille audace et si contraire à ce que doit un homme bien élevé n'était pas possible, même de lui. Elle haussa les épaules à la chimère de sa propre imagination, et elle demanda de nouveau : « Qui est là ?... » Pas de réponse encore. Elle pensa que, bien plutôt, un des locataires de l'hôtel s'était, comme il arrive, trompé de chambre, et que, s'apercevant de son erreur, il avait refermé la porte aussitôt après l'avoir ouverte. A tout hasard, elle voulut vérifier par elle-même et elle passa dans le salon... — Francis Nayrac était devant elle !...

Le jeune homme se tenait debout, la main appuyée sur une table où la petite Adèle avait disposé les cadeaux reçus trois jours auparavant. Si Pauline avait gardé à travers le saisissement dont elle était secouée toute entière la force d'observer et de raisonner, elle aurait trouvé dans un détail bien vulgaire, mais bien significatif, la preuve du coup de folie qui l'avait précipité à cette démarche insensée. Il était monté chez elle sans chapeau. Évidemment il avait su le très prochain départ de M^me Raffraye. Il avait aperçu les deux femmes de chambre s'en allant avec la petite fille, et il était venu, sûr de la trouver seule, non pas pour la menacer, comme elle pouvait s'y attendre, et pas davantage pour engager avec elle une conversation d'habileté ou de diplomatie. Son visage contracté, ses yeux douloureux, ses lèvres tremblantes, tout dans sa personne disait qu'il ne voulait rien, qu'il ne projetait rien. Une irrésistible impulsion lui avait fait prendre le seul moyen d'obtenir, d'arracher à Pauline... quoi ? Un aveu, une promesse, une espérance ? Il l'ignorait lui-même. A un certain degré de fièvre intérieure, l'on devient malade si l'on n'agit point, si quelque démarche frénétique ne traduit point au dehors le mouvement d'idées dont on est comme dévoré. La passion paternelle, si étrangement entrée dans ce cœur par le coup de foudre d'une saisissante reconnaissance, l'avait déjà exalté jusqu'à ce degré-là. Mais cette passion soudaine et ses ravages, cette solitaire et silencieuse agonie d'une âme déchirée entre la plus chère espérance d'avenir et l'apparition d'un grand devoir méconnu dans le passé, tous les épisodes follement rapides de cette silencieuse tragédie intérieure, Pauline ne pouvait pas les deviner rien qu'à la vue de cet homme qu'elle avait tant appris à redouter. Elle comprit seulement qu'il se permettait la plus monstrueuse violation de sa liberté, et ce fut d'un accent où vibraient toutes les énergies de la colère et de la fierté qu'elle lui dit :

— « Vous allez sortir, monsieur, et tout de suite... Ou bien je sonne. Je suis ici chez moi et je ne veux pas vous recevoir... Allez-vous-en... »

Tandis qu'elle lançait cette brutale injonction qu'accompagnait un regard plus dur encore, Francis avait frissonné, comme si, arrivé dans cet appartement sous le coup d'un véritable accès de somnambulisme, cette violence l'eût soudain rappelé à la sensation de la réalité. Il serra le bord de la table sur laquelle il s'appuyait, pour s'empêcher de tomber. Mais il continua de se taire et il ne fit pas un mouvement du côté de la porte. Avec une énergie plus implacable, Pauline répéta : — « Vous allez sortir... » — et, sans le quitter de ses terribles yeux, la main tendue, d'un pas décidé, elle marcha vers le coin de la chambre où se trouvait le timbre électrique. Quelques secondes de plus, et elle sonnait. Cette fois, il ne lui laissa pas le temps d'agir, et, d'un geste tout ensemble brusque et suppliant, il lui prit le bras pour l'arrêter :

— « Non, » disait-il, « vous n'appellerez pas. Vous ne me défendrez pas de vous parler. De quoi avez-vous peur ?... Vous voyez bien que je ne suis pas venu ici dans des idées de vengeance... Cinq minutes seulement, je ne vous demande que cinq minutes et puis je m'en irai... Mais pas avant de vous avoir parlé !... C'est vrai que je n'avais pas le droit de forcer votre porte... Vous partez. Vous n'avez pas répondu à ma lettre. Je n'ai pas pu supporter de ne pas m'être expliqué avec vous avant ce départ. Il faut que vous m'écoutiez. Il le faut... Vous m'avez fait tant de mal dans ma vie. Vous ne me ferez pas encore celui de me refuser cet entretien... Vous me le devez, voyez-vous, quand ce ne serait que par justice et pour que je vous pardonne toutes mes misères... »

Au moment où le jeune homme avait saisi le bras de M^me Raffraye, cette dernière s'était dégagée, en reculant de quelques pas, comme si ce contact lui infligeait un trop douloureux frémissement d'horreur. Puis elle était demeurée immobile, sans plus essayer de couper court immédiatement à cette conversation. Elle avait pourtant été d'une entière bonne foi en menaçant Francis et en s'élançant pour sonner. Elle eût sans doute contraint le jeune homme à partir, comme elle le lui avait enjoint tout de suite, soit par quelque cri, soit en se retirant dans sa chambre, dont la porte restait ouverte derrière elle, s'il s'était contenté de la supplier. Mais il avait mêlé à cette supplication des phrases qui touchaient ce cœur de femme à une place trop ulcérée et depuis trop d'années. Il avait parlé comme une victime, lui, le bourreau; comme un juge, lui, le coupable! « Je ne viens pas avec des idées de vengeance!... Vous m'avez fait tant de mal!... Pour que je vous pardonne!... » Il avait osé proférer ces mots. A les entendre, Pauline avait senti tressaillir et palpiter en elle cet impérieux, cet irrésistible appétit d'équité qui soulève toute créature humaine contre la calomnie. Cette révolte fut plus forte en elle que la prudence et que le parti pris, et elle répondit :

— « Ainsi, vous en êtes encore là, à me parler de vengeance, du mal que je vous ai fait, de pardon, — de votre pardon !... Vous le voyez bien que nous n'avons rien à nous dire. Quand un homme a traité une femme comme vous m'avez traitée, il s'est pour toujours interdit tout rapport avec elle... Si je méritais vos outrages, je suis une misérable et vous n'avez rien à faire chez moi. Si je ne les méritais pas, c'est vous qui êtes un misérable, et je ne veux pas de vous ici. Mais allez-vous-en, monsieur. Je vous répète que je vous ordonne de vous en aller... »

Elle s'était animée en parlant, et un peu de sang avait rosé son pâle visage. L'éclat redoublé de ses yeux gris avait éclairé sa physionomie d'ordinaire comme ternie par la souffrance. Francis eut un instant l'hallucination d'avoir devant lui la Pauline Raffraye d'autrefois, dont l'orgueil affrontait si âprement le sien. Lui-même, le flot de haine qui l'inondait de fiel la veille encore, faillit lui rejaillir aux lèvres en paroles atroces. Mais sa pensée lui représenta l'enfant, et il répondit, il eut le courage de répondre :

— « Pardonnez-moi si je vous ai froissée en quelque chose. Dieu m'est témoin que je ne suis pas venu réveiller ce qui doit être mort pour nous deux. Ma lettre vous le disait, et je vous le répète. Ce n'est ni de vous ni de moi que je voulais vous entretenir. C'est d'une autre personne... » et il ajouta, presque à voix basse : « C'est d'Adèle, c'est de notre fille... »

Il n'eut pas le temps de finir sa phrase. Le cri de la mère l'interrompit. Elle s'avançait vers lui d'un mouvement si sauvage, qu'à son tour il recula, malgré lui.

— « Taisez-vous, » lui disait-elle, « taisez-vous. Ne prononcez pas ce nom. Je vous le défends. Ma fille est à moi, à moi seule, entendez-vous ? C'est moi qui l'ai nourrie, c'est moi qui l'ai élevée, c'est moi qu'elle aime... Est-ce qu'elle vous connaît, vous ? Est-ce qu'elle vous a vu seulement, vous ? Est-ce que pendant dix ans vous avez essayé une seule fois de vous rapprocher d'elle, vous ? Qu'est-ce que vous venez faire dans notre vie, maintenant ?... » Et, avec une ironie plus âpre encore : « Vous oubliez ce que vous avez cru, ce que vous croyez encore de moi, ce que vous m'offriez de me pardonner tout à l'heure avec tant de générosité. Quand une femme sort de chez un amant pour courir chez un autre, et quand on le sait comme vous l'avez su, de manière à la jeter là, comme une chose qui dégoûte, sans un regret, sans un remords, est-ce qu'on s'intéresse à l'enfant de cette femme ? On les laisse toutes deux dans la boue, comme vous m'avez écrit de Marseille. Et j'y reste, dans cette boue, mais avec ma fille... »

— « Ah ! » reprit Francis, d'une voix plus basse

encore et avec l'accent d'un infini découragement, « la haine encore, toujours la haine! Ah! Que c'est triste!... Et moi, j'arrive à vous le cœur plein de cette certitude que j'ai lue sur le visage de cette pauvre enfant qui devrait être en dehors de toutes ces rancunes, tout effacer entre nous, tout apaiser... Car c'est ma fille aussi, à moi. Je vous défie de le nier, et vous le nieriez que je saurais que vous mentez. Mais vous ne le nierez pas. Il y a des évidences qui ne permettent pas le doute. Et vous me parlez comme à un ennemi, comme à un bourreau!... Est-ce d'un méchant homme, cependant, je vous le demande, d'avoir cédé du premier jour à cette voix du sang contre laquelle je n'ai pas discuté une heure, je vous jure? Est-ce d'un homme cruel, d'avoir ouvert tout mon être à ce sentiment de paternité, lorsque, dans ce jardin, j'ai reconnu sur cette chère petite figure cette ressemblance, cette identité avec Julie?... Mon Dieu! Il eût été presque naturel que, dans les circonstances où je me trouvais, où je me trouve, je voulusse demeurer étranger, absolument étranger, à son avenir, même en la sachant ma fille. Je l'aurais dû, je crois. Je l'ai tenté... Je n'ai pas pu. Je ne peux pas. C'est cela que j'ai tenu à vous dire tout simplement... Et j'ajouterai : nous nous sommes bien misérablement aimés, nous nous sommes bien déchirés, bien détruits l'un l'autre. Si je vous ai fait souffrir, j'ai tant souffert par vous!... Oublions-le, pour ne plus rien savoir, sinon que vous avez été une très bonne mère et que je suis prêt, moi, non pas à revendiquer mes droits de père, mais à en accepter le plus humble devoir, celui de ne plus jamais perdre Adèle de vue. Si c'est un rêve que d'avoir souhaité des relations possibles entre nous, ce n'est pas celui d'un homme vindicatif, avouez-le... Oui, je rêvais que cette rencontre en Sicile, si étrange qu'elle m'a donné l'impression d'une destinée, d'une Providence, servît de point de départ à des rapports nouveaux entre nous et vraiment dignes de ce que doit apporter de réconciliation la présence innocente d'une enfant. Ce voisinage les rendait si faciles, ces rapports! Il m'aurait tout naturellement permis d'être là plus tard, dans l'ombre, si jamais Adèle avait besoin d'un protecteur... Sa grâce est si unique! N'avez-vous pas compris qu'elle n'a pas touché que mon cœur?... »

— « Ainsi, c'est vrai, c'est bien vrai, vous avez rêvé cela!... » fit Pauline. Elle avait maintenant dans la voix, non plus la colère de tout à l'heure, mais une amertume affreuse, et Francis y eût discerné, s'il eût pu lire jusqu'au fond de cette âme en détresse, la haine irréfléchie, instinctive, passionnée, qu'elle portait à son mariage, — la preuve, par conséquent, que tant de rancune accumulée ne l'avait pas guérie entièrement de lui. — « ... Vous avez osé rêver cela, cette monstruosité, ma fille et moi entre vous et... » Elle ne prononça pas de nom, mais, tragique, les coins de ses lèvres relevés et comme jouissant de venger ses propres blessures en enfonçant un couteau dans le cœur de son ancien amant : « Jamais, » insista-t-elle, « cela ne sera jamais, jamais, entendez-vous? Oui, elle est votre fille, et elle est morte pour vous. Oui, c'est le vivant portrait de Julie, je le sais comme vous, et je sais aussi que vous ne la reverrez plus jamais, jamais. Et tant mieux si vous êtes sincère, car vous souffrirez. Oui, il y a une destinée dans notre rencontre. Oui, la Providence a voulu que justice se fît. Comment! Vous auriez eu derrière vous, dans votre passé, ce crime d'avoir égorgé une malheureuse qui croyait en vous, elle, avec toute sa jeunesse, avec toute sa naïveté, de l'avoir séduite pour l'insulter ensuite, la brutaliser, la calomnier, l'abandonner. Vous auriez été l'assassin de ma vie, de mon bonheur, de ma conscience, de tout ce que j'avais en moi de noble et de tendre, et vous auriez été heureux!... Non! Non! cela ne sera pas. De nous deux c'est moi qui ai trop souffert, c'est à votre tour... »

— « Et moi je vais vous dire aussi de vous taire et que vous n'avez pas le droit de me parler de la sorte, » s'écria Francis. Cette attitude de martyre qu'il considérait comme la plus abominable des hypocrisies l'indignait de nouveau, au point de lui ôter la maîtrise de lui-même, et, mélangeant ses anciennes fureurs d'amant trahi à ses tendresses paternelles d'à présent, il continuait : « Ah! Que vous êtes bien la même que j'ai connue, toute en orgueil, et toute en mensonges! Et vous ne comprenez pas qu'en me repoussant de cette manière, c'est à l'enfant que vous risquez de faire du tort?... Vous lui en avez fait pourtant assez en la privant, par vos trahisons, d'un père qui n'eût été pour elle que dévouement et qu'amour. Et s'il ne l'a pas été, s'il lui a fallu pour reconnaître sa fille presque un miracle, à qui la faute?... »

— « A vous, » répondit Pauline, « à vous seul... Vous me dites que je suis toujours la même, et vous ne vous apercevez pas que c'est vous qui n'avez pas changé, vous dont l'infâme brutalité d'homme vient encore me martyriser, m'outrager, sans que vous ayez seulement pour excuse cette honteuse jalousie d'autrefois... Et j'aurai vécu dix ans comme j'ai vécu, abîmée de désespoir dans ma solitude, usant ma jeunesse à pleurer, pour retrouver devant moi cette même horrible calomnie... Non. Ce n'est pas vrai. Je ne vous ai pas trahi. Non, je n'ai pas mérité cette insulte!... Mais regardez-moi donc en face, si vous l'osez. Est-ce que j'ai les yeux, la voix, la figure d'une femme qui ment? Cela se reconnaît pourtant, la vérité. Cela doit se reconnaître, ou Dieu ne serait pas Dieu... Est-ce que j'ai intérêt à vous mentir, aujourd'hui, puisque c'est la dernière fois que nous nous serons parlé et que je vous chasse, entendez-vous, que je vous chasse?... Mais je la dirai, je la gémirai, je la crierai, cette vérité. Non, je ne vous ai jamais menti; non, je n'avais jamais été coquette même avec de Querne. Non, mon amitié pour ce pauvre Vernantes n'était pas coupable. Non, je ne suis pas allée chez lui comme vous m'en avez accusée. Non, non. Ce n'était pas moi la femme que vous avez vue descendre à sa porte. Ce n'était pas moi! Ce n'était pas moi!... » répéta-t-elle, et elle ajouta avec une sombre mélancolie : « Je suis bien malade. Je peux m'en aller demain, dans six mois, dans un an. On ne ment pas si près de la mort. Je vous le jure, j'étais innocente... »

Il y a dans les affirmations d'une créature humaine aussi voisine en effet de l'autre rivage, du mystérieux et redoutable pays où nous attend le Juge que l'on ne trompe pas, lui, une solennité et comme une force souveraine contre laquelle on peut se redresser plus tard. Sur le moment on la subit, quelque preuve qu'on ait à lui opposer. Francis venait tout à l'heure encore d'accabler Pauline sous le poids d'un mépris qu'il croyait absolument justifié. C'était l'honneur même de sa vie sentimentale qui était en jeu, et cependant la sincérité de cette femme lui apparut comme si évidente, comme si terrassante, qu'il ne trouva rien à répondre, sinon, avec une angoisse redoublée et qu'il ne dissimula point, ces quelques mots :

— « Si c'était vrai, comment m'avez-vous laissé partir ? Comment ne m'avez-vous pas répondu ? Comment ne m'avez-vous pas rappelé ? Comment ne m'avez-vous pas parlé il y a neuf ans comme vous me parlez aujourd'hui ?... »

— « Comment ? » gémit-elle. « Mais est-ce que je pouvais ? Mais vous avez donc tout oublié, et cet outrage quotidien de vos soupçons pendant des mois, et votre doute meurtrier, et le reste !... Vous avez oublié que vous m'avez frappée, oui, frappée comme une fille !... On perd courage devant un certain excès de cruauté. Et puis, est-ce que vous m'auriez crue ? Est-ce que vous me croyez ? Est-ce que vous me croirez dans une heure ? Est-ce qu'il y a des preuves ? Est-ce qu'on lutte contre des fatalités comme celle qui m'a fait sortir le jour même où vous avez vu cette créature entrer chez l'ami dont vous aviez la folie d'être jaloux ? Une ressemblance de démarche et un manteau !... Voilà les raisons qui vous ont suffi, à vous, pour m'accuser du plus ignoble dévergondage, pour mépriser, pour fouler aux pieds mon pauvre amour... J'ai désespéré, voilà tout. Et lorsque je me suis vue sur le point d'être mère, et seule, toute seule, à jamais seule, est-ce que je pouvais m'abaisser à vous rappeler? Vous n'auriez pas cru à votre sang... Vous y croyez, dites-vous aujourd'hui. Ah! C'est trop tard... Vous avez tout souillé, tout brisé, tout flétri, tout tué... Par pitié, allez-vous-en... Je vous en supplie, allez-vous-en. Je ne peux plus le supporter... »

Elle avait pâli en prononçant ces dernières paroles, d'une pâleur de morte. Elle mit les deux mains sur sa poitrine, comme si elle voulait en arracher réellement un couteau dont la pointe la déchirait. Elle dit : « Que je me sens mal!... » Francis n'eut que le temps de se précipiter pour la soutenir. Elle s'était évanouie. Les secousses de cet entretien avaient été trop fortes pour cet organisme épuisé. Le jeune homme affolé la prit dans ses bras pour la soulever de terre et la porter sur son lit. Même dans son trouble épouvanté, ce lui fut une impression navrante que de sentir le dépérissement de ce pauvre corps qu'il avait porté de la même manière à d'autres heures, si jeune alors, si souple, si frémissant de passion et de volupté. Il entra dans la chambre de la malade avec ce fardeau d'agonie, et il était dans l'alcôve à disposer des oreillers sous ces cheveux dont il maniait les masses pâlissantes, à battre les paumes de ces mains moites d'une humidité froide, à frotter ces tempes jaunies et maigries, quand il entendit, lui aussi, ce même bruit d'une porte ouverte et refermée dans le salon, qui à son entrée avait fait peur à Pauline et qui lui fit à lui une peur pire encore. Qui était-ce? Il avait vu Adèle et les deux femmes de chambre sortir, et la certitude de trouver M^{me} Raffraye seule l'avait décidé à l'audace de cette dangereuse démarche. Il eut une seconde cette affreuse inquiétude qu'Henriette avait su qu'il était là et qu'elle était montée. Il l'avait quittée sur le prétexte si gauche d'une lettre à écrire, et elle l'avait suivi d'un si étrange regard. Mais non, c'était la petite Adèle qui avait raccourci un peu sa promenade à cause de la violence du Sirocco et de la poussière aveuglante que ce vent soulève. Elle arrivait toute joyeuse de rentrer plus tôt, accompagnée d'Annette. Elle passa en courant du salon dans la chambre à coucher dont la porte était demeurée ouverte. Elle vit M^{me} Raffraye sur le lit, au chevet le jeune homme qu'elle reconnut pour l'avoir eu presque à côté d'elle dans la soirée de l'avant-veille. Elle jeta un cri de terreur et elle appela sa mère en se précipitant vers elle, avec des baisers passionnés que la malade sentit à travers sa défaillance, car ils lui rendirent la force de se relever à demi. Elle prit, elle aussi, sa fille entre ses bras, par un geste de protection jalouse, et ce réveil de la maternité fut si puissant qu'il lui donna l'énergie de sauver ce qu'elle pouvait sauver d'une situation tragique. Car, regardant en face Francis, dont les traits décomposés trahissaient l'angoisse, elle lui dit, pour lui donner la force de se dominer et lui fournir un prétexte qui expliquât sa présence :

— « Je vous remercie, monsieur, de m'avoir aidée à rentrer. Sans votre aide je n'aurais jamais pu remonter cet escalier... Annette, voulez-vous reconduire Monsieur?... »

Et elle eut l'énergie de sourire et d'incliner sa tête en signe de remerciement et d'adieu, — quel sourire, quel remerciement et quel adieu!

## VIII

LES DIVINATIONS D'UNE JEUNE FILLE

Quand Francis était entré dans l'appartement de M<sup>me</sup> Raffraye, il comprenait bien qu'il marchait au-devant d'une scène terrible, et il n'espérait guère que cette scène s'achevât sur cette réconciliation qu'avait proposée sa lettre. Il s'était décidé à cette démarche, instinctivement, follement, un peu comme un duelliste qui, lassé d'une attente trop longue, fonce en avant au risque de se clouer lui-même au fer de son ennemi, beaucoup comme un malade d'esprit qui veut, coûte que coûte, secouer une intolérable obsession. Il traversait une de ces crises où l'on étouffe de silence, où l'âme et presque le corps éprouvent une soif de parole égale à cette soif d'air, angoisse horrible des commencements d'asphyxie. Quoiqu'il ne doutât pas que la petite Adèle ne fût sa fille, un impérieux besoin le consumait de se le faire dire par celle qui, seule, le savait absolument, et peut-être cet autre besoin contradictoire d'infliger à cette femme, dont il n'avait jamais vaincu l'orgueil, l'aveu des anciennes trahisons. Et puis, qui sait? A voir combien il était sincère, quel dévouement il apportait à la petite fille, combien discret, combien résigné à l'effacement, la mère ne se laisserait-elle pas toucher? Or voici qu'il sortait de cet entretien, blessé, lui, d'une nouvelle blessure. Voici que cette porte de la chambre de Pauline se refermait sur une évidence plus douloureuse que celle de l'autre jour, lorsqu'il était venu dans le jardin regarder Adèle et qu'une ressemblance aussi effrayante qu'inattendue lui avait arraché ce cri intérieur : « C'est ma fille!... » Certes, il avait alors senti comme un poids de fatalité s'abattre sur lui, mais sa conscience ne lui avait rien reproché. Il avait eu, il s'était cru du moins le droit de rejeter sur sa perfide maîtresse l'entière responsabilité de l'abandon où il avait laissé leur enfant. Si, au contraire, Pauline était réellement innocente, s'il l'avait accusée, jugée, exécutée en se trompant, qu'était-il lui-même? Quelle besogne de bourreau accomplissait-il depuis tant d'années, avec cette excuse sans doute que, bourreau de sa propre destinée d'abord, il ne frappait sa victime qu'à travers son propre cœur? Est-ce une excuse quand on assassine? C'était cette impression d'un assassinat que lui donnait le souvenir de ce corps détruit qu'il avait tenu entre ses bras si affreusement léger et consumé, — squelette misérable en qui palpitait encore juste assez d'existence pour souffrir et pour agoniser! Cette image allait devenir la forme vivante de son remords. Elle l'était déjà tandis qu'il descendait l'escalier du côté de l'étage d'en bas, la tête nue, les jambes flageolantes, et les conditions particulièrement cruelles où se jouait cette tragédie intime voulaient qu'il fût à peine à deux pas de sa fiancée, que cette fiancée l'attendît à ce moment même. Cette fois l'épreuve était trop forte. Cette conversation avec Pauline ne lui avait pas laissé une énergie qui lui permît de dissimuler. Il lui sembla que la jeune fille, si naïve fût-elle, lirait dans tout son être le bouleversement dont il était secoué, que M<sup>me</sup> Scilly le devinerait aussi. Échapper aux interrogations pressantes de ces deux femmes, à cette minute, il ne le pouvait plus. Il eût été bien simple de leur répéter le récit que Pauline avait eu la présence d'esprit, presque héroïque, d'imaginer par amour pour sa fille. N'avait-il pas accumulé de nouveau, depuis ces quelques jours, trahisons sur trahisons, réticences sur réticences? Il faut rendre à ce malheureux homme, perfide par faiblesse, mais loyal par nature, cette justice que ce dernier mensonge lui fit horreur. C'eût été mêler d'une manière trop honteuse les relations qu'il venait de reprendre avec son ancienne maîtresse au roman trop flétri, trop souillé déjà de son nouvel amour. Hélas! Cette délicatesse devait être la cause de sa perte, tant il est vrai qu'une fois entré dans les chemins de la ruse, on ne s'arrête pas à moitié route. Il faut ou ne tromper jamais ou tromper toujours et partout. Pour l'instant il préféra avoir recours au procédé le moins courageux, le plus naturel aussi à une âme épuisée d'émotions comme était la sienne. Il s'enfuit, afin de reculer l'inévitable explication. Le temps de gagner sa chambre, d'y prendre son chapeau, de descendre l'escalier du premier étage, et il était déjà hors de l'hôtel. Il trouverait un motif plausible à son absence dans une heure, dans deux heures, quand il rentrerait, maître enfin de sa sensibilité. Tout lui semblait préférable à une confrontation immédiate avec sa fiancée, alors qu'il avait la voix de l'autre dans les oreilles, devant les yeux ce pâle visage, dans ses bras le frisson de l'étreinte par laquelle il avait soutenu la pauvre créature, et dans son âme cette épouvante d'un irrésistible, d'un violent assaut de remords.

Tandis qu'il s'en allait, par cette après-midi, le long des rues de la ville si lumineuse d'ordinaire, et qu'enveloppait en ce moment un aveuglant et mobile nuage de chaleur poussiéreuse, l'inquiétude grandissait de minute en minute dans le cœur de celle qu'il fuyait de cette fuite imprudente et passionnée. Il ne s'était pas trompé en croyant observer que M^lle Scilly le suivait, lors de sa sortie du salon, avec une expression étrange dans son ardent regard. Mais, si l'idée fixe l'eût moins absorbé depuis le fatal matin où il avait lu le nom de M^me Raffraye sur la liste des voyageurs dans le vestibule du *Continental,* ce n'est pas un regard pareil à celui-là, c'est vingt, c'est trente qu'il aurait surpris dans les prunelles bleues d'Henriette. Ces beaux yeux si clairs, si transparents, lui eussent été un douloureux miroir où il aurait lu l'éveil progressif d'un sentiment si nouveau pour celle qui l'éprouvait, qu'elle le subissait sans l'admettre. Il s'était calomnié en s'applaudissant durant ces derniers jours pour son triste talent à jouer la comédie devant cette chère âme à lui. Il n'était pas plus capable d'une pareille perfection d'hypocrisie, qu'elle n'était capable de ce complet aveuglement. Il l'aimait trop et elle l'aimait trop. Ce sentiment qui grandissait en elle depuis ces quelques semaines, ce n'était pas le soupçon. Elle était simple et droite. Elle avait toujours vécu dans un milieu simple et droit. Où aurait-elle appris à se défier? Non. C'était une épouvante anxieuse devant une altération de ses rapports avec son fiancé si réelle et si indéfinissable à la fois! Elle en demeurait douloureusement confondue et déconcertée, comme il arrive dans les crises d'amour aux vraies jeunes filles, chez lesquelles la sensibilité est aussi vive que celle d'une femme, et l'ignorance des dessous de la vie aussi totale que celle d'un enfant. Mais est-il besoin de comprendre quelles causes profondes changent le cœur de ce que l'on aime pour souffrir de cette métamorphose? Henriette Scilly ne savait pas que la jeunesse de presque tout homme a subi l'épreuve de quelque passion coupable, elle ignorait que les plus délicats sont justement ceux qui engagent dans leurs fautes le plus d'eux-mêmes et qui gardent les cicatrices les plus profondes, les plus aisées à se rouvrir. Mais elle savait que, durant des mois, elle avait vu la physionomie de Francis rayonnante de sincérité heureuse, et que maintenant il flottait sans cesse dans son regard une flamme de fièvre, dans son sourire une inquiétude et dans tout son être une visible souffrance. Elle ne savait pas qu'un homme peut mentir à une femme qu'il aime et l'aimer autant, l'aimer davantage, avec une ardeur avivée par le remords. Mais elle savait que depuis quelque temps la tendresse de son ami n'avait plus cette douceur égale, cette manifestation harmonieuse, ce je ne sais quoi de constant et de paisible qui l'enveloppait comme une atmosphère. Il lui semblait que, depuis ces dernières semaines, tantôt il était absent d'elle auprès d'elle, et tantôt préoccupé d'elle avec une frénésie qui lui faisait presque peur. C'étaient les moments où le malheureux essayait, avec le plus de bonne foi, de mettre sa douce fiancée entre lui et ses fantômes, en se la rendant plus présente, plus vivante encore, par des serrements de mains plus prolongés, par une contemplation plus fixe, par une caresse plus enveloppante. Henriette ne savait pas non plus qu'une certaine amertume de langage, une certaine cruauté de jugement dans l'interprétation des caractères veulent que l'on plaigne celui qui cause et qui pense ainsi, parce qu'elles attestent d'ordinaire l'élancement caché d'une plaie intérieure. Mais elle savait que l'adorable communauté d'idées et d'impressions, dont elle et Francis avaient parlé durant leur dernière promenade heureuse de la villa Tasca, était comme suspendue. Ils ne pensaient plus, ils ne sentaient plus à l'unisson. Sans cesse maintenant elle discernait dans sa manière de plaisanter, quand il se forçait à jouer la gaieté, un filet d'ironie qui lui faisait mal. Autrefois, quand le nom d'une de leurs connaissances parisiennes tombait dans la conversation, il l'accueillait avec une indulgence qu'elle avait prise pour un signe d'infinie bonté, quoique ce n'eût jamais été que la souriante indifférence habituelle aux heureux et aux amoureux. Aujourd'hui les mots persifleurs ou sévères lui arrivaient naturellement, et dans sa façon aiguë de souligner, ici un ridicule, là une équivoque d'intention, il laissait transparaître le libertin désenchanté qu'il était avant le renouveau de son pur amour, qu'il redevenait par un rappel trop puissant de Pauline et des anciennes douleurs. Il semblait alors à Henriette que derrière le Francis Nayrac qu'elle connaissait, qu'elle aimait, en se complaisant dans cet amour, en s'y caressant toute l'âme, un autre Francis se dissimulait qu'elle ne connaissait pas, et contre le cœur de qui elle allait se meurtrir, elle se meurtrissait déjà... Mais toutes ces menues impressions étaient restées des impressions. Elles n'avaient pas dépassé ce vague et incertain domaine des nuances du cœur, dont nous ne saurions affirmer qu'il n'est pas imaginaire. Aucun fait concret n'était survenu que la jeune fille eût pu articuler s'il lui avait fallu dire à son fiancé qu'il avait changé pour elle et en quoi. Aussi, dans sa grande loyauté, s'appliquait-elle à se démontrer qu'elle avait tort de sentir comme elle sentait, que cette impression de changement était une chimère maladive et produite par l'excès de son amour. Il y a une cause à tous les effets, et elle n'en voyait aucune à une pareille modification de ses rapports avec Francis. Il ne pouvait pas avoir d'inquiétudes secrètes sur la santé de M^me Scilly, qui s'améliorait visiblement. Elle-même ne s'était jamais aussi bien portée. Quant à lui, le médecin qu'elle avait consulté en secret, dans une heure d'inquiétude, l'avait pleinement rassurée. Il n'avait laissé en France ni parents très proches, ni amis trop chers desquels il dût se préoccuper. Quelques conversations d'intérêt, tenues devant elle ces derniers temps encore, prouvaient que le jeune homme n'était tourmenté par aucun souci du côté de sa fortune. Il n'était pas moins épris d'elle, pas moins désireux de voir s'approcher l'époque de leur mariage. Ses moindres paroles l'attestaient. Tout cela était indiscutable. Henriette se le répétait, obstinément, résolument. Elle appliquait sa force d'esprit à réduire à néant ses folles craintes. Puis, quand elle avait exécuté ce travail avec la plus entière bonne foi, elle retombait dans une invincible mélancolie devant l'évidence d'une métamorphose qu'elle ne pouvait ni définir, ni expliquer, ni comprendre, et qui était cependant.

Dans une pareille disposition d'âme, et quand nous nous rongeons ainsi d'anxiété à vide, le moindre événement positif et indiscutable tend à prendre des proportions presque tragiques. C'est la pointe de bistouri qui ouvre le libre passage à l'humeur accumulée dans l'abcès, — comparaison cruellement vulgaire, mais trop juste. Rien ne ressemble au travail fiévreux de tout un corps autour d'un point malade, comme le travail douloureux de toute une pensée autour d'une idée fixe. La conduite singulière de Francis durant cette après-midi de la terrible scène avec M^me Raffraye, fut cet événement décisif pour la pauvre Henriette, tendre enfant, qui devait payer si cher les mois d'extase presque surhumaine traversés depuis ses fiançailles! Dieu juste! Est-il vrai cependant que trop de bonheur soit un péché, quand c'est un bonheur permis, un bonheur dont on accepte par avance chaque devoir? Tout nous atteste pourtant qu'il en est ainsi dans ce monde de la chute où même les plus purs semblent porter dès leur naissance le poids d'une expiation. Quoique la jeune fille fût habituée depuis ces dernières semaines aux inégalités de son fiancé, elle avait d'abord été bouleversée de le voir entrer brusquement dans le salon commun, aller et venir, sans presque répondre à ce qu'elle lui disait, le visage contracté, les yeux comme hagards. Il venait de rencontrer Adèle Raffraye et les deux bonnes dans le vestibule, et il se demandait s'il monterait ou non chez Pauline. — Puis il était parti aussi brusquement, en alléguant une correspondance en retard, d'une telle manière qu'Henriette avait senti qu'il lui mentait. Une demi-heure s'était passée, une heure, une heure et demie, deux heures. Il ne rentrait pas. Elle pria Vincent d'aller l'appeler. Le valet de chambre revint dire que M. Nayrac était sorti. L'inquiétude d'Henriette s'exalta au point qu'elle envoya demander au concierge depuis combien de temps. Elle espérait que Francis, en s'en allant, aurait laissé une recommandation peut-être oubliée. Non. Il avait quitté l'hôtel à pied, sans rien dire, dans la direction de la ville, vers les deux heures et demie, et il en était plus de quatre. Ce qui ajoutait à l'inquiétude de la jeune fille, c'était de voir cette inquiétude partagée par sa mère, qui avait demandé à plusieurs reprises déjà ce que faisait Francis. Même à travers son trouble, la gracieuse enfant chérissait trop passionnément son fiancé pour ne pas souffrir une souffrance de plus à l'idée qu'il aurait à subir un interrogatoire de M<sup>me</sup> Scilly, et son amour lui suggéra de répondre enfin :

— « Nous sommes à la veille du jour de l'an... Il aura sans doute voulu nous préparer quelque surprise... » Puis, caressante : « Je vous en prie, mère, ne lui laissez pas voir que nous avons été tourmentées. Vous savez comme il en serait peiné... »

— « Sois tranquille, » répondit M<sup>me</sup> Scilly, « je ne le gronderai pas, bien qu'il le mérite, avec ou sans surprise... Ah! » dit-elle encore sans se douter de l'ironie contenue dans ces derniers mots, « comme tu l'aimes, et que c'est heureux qu'il t'aime aussi ! Tu souffrirais trop !... »

Grâce à ce délicat dévouement de sa fiancée, qu'il ne devait jamais savoir, une scène pénible fut donc épargnée à Nayrac, quand vers les six heures il se retrouva dans le petit salon où tout son bonheur avait tenu si longtemps. Rien n'avait changé du tableau d'intimité qui suffisait, quelques semaines plus tôt, à exorciser les funestes images soulevées par l'arrivée de Pauline Raffraye à Palerme. Les mêmes lampes posées aux mêmes places éclairaient de leur clarté doucement atténuée le même retrait en rotonde protégé par le haut paravent, et ce décor d'étoffes aux nuances passées, de plantes vertes, de fleurs méridionales, encadrait les deux mêmes visages de femme, sur lesquels le jeune homme pouvait lire la même tendre sollicitude. Mais le charme n'était plus assez fort pour triompher maintenant de ses tumultes intérieurs. Hélas ! Il ne la sentit même pas en ce moment-là, cette magie de sa récente et déjà si lointaine félicité. Il revenait de sa longue et folle promenade à travers la ville et la campagne, ayant pris une résolution qui lui interdisait ces attendrissements. Il avait compris que, s'il voulait échapper à ce cauchemar dont la fièvre augmentait pour lui à chaque journée, il devait quitter Palerme, et tout de suite. Il ne pouvait plus, honnêtement, sincèrement, répondre de lui-même après sa démarche de l'après-midi, et, surtout, ayant entendu le cri de révolte qu'il avait entendu. Ce cri lui avait percé le cœur trop avant pour qu'il n'éprouvât pas ce besoin de souffrir seul et en liberté, — unique soulagement de certaines misères morales qui sont sans remède. Lors de son arrivée en Sicile, il avait été à peu près convenu que son séjour se prolongerait jusqu'au 20 ou 25 janvier. On était au 27 décembre. Il fallait que le 2 janvier, aussitôt la fête du nouvel an passée, il fût en mer, et arraché à une situation aussi dégradante que douloureuse, en attendant qu'elle devînt tragique. Une fois loin, les choses reprendraient leur place naturelle dans sa pensée. C'en était du moins la seule chance. Cette nécessité d'un départ immédiat lui était apparue si évidente, qu'il avait donné à ce projet un commencement d'exécution, en allant aussitôt chez le médecin de M^{me} Scilly arracher à cet homme un ordre de changement de climat, si c'était possible. Il avait raconté là les quelques symptômes qu'il avait jugés les plus propres à déterminer une indication pareille. Le docteur avait-il été sa dupe? C'est ce qu'il ne devait jamais savoir, ce personnage étant un de ces Siciliens à l'énigmatique et subtil visage, où le flegme oriental se mélange à toute la finesse italienne. Mais il frémit d'entendre cette phrase par laquelle se termina cette mensongère consultation : — « Vous aurez d'autant moins de peine à faire accepter à ces dames la nécessité de votre départ, que M$^{lle}$ Scilly était très inquiète de votre santé. Elle m'en a parlé encore l'autre matin... »

Ainsi Henriette s'apercevait des crises d'agitation qu'il subissait. Il n'était que temps d'abandonner Palerme, avant qu'elle songeât à les expliquer par leur véritable cause ou par une cause seulement approchante. Pour le moment, cette observation de la jeune fille avait l'avantage de faciliter la mise en œuvre de sa ruse. Il avait donc pleine confiance dans la réussite lorsque, à son arrivée dans le salon, où l'attendaient ces deux femmes dont il se savait tant aimé, il commença :

— « Vous avez dû être bien inquiètes de moi? Il faut me pardonner... Je me suis senti très souffrant, j'ai cru que l'air me remettrait, j'ai voulu marcher. J'ai marché, marché... Mon malaise ne passait pas, et comme il dure depuis plusieurs jours, je vous ai obéi. » Il se tourna vers Henriette pour dire cette fin de phrase : « Je suis allé chez le professeur Teresi. Il devait rentrer, m'a dit son domestique, d'un moment à l'autre, et puis je l'ai attendu plus d'une heure... »

— « Avez-vous pu le voir, au moins, et bien causer avec lui ? » demanda M$^{me}$ Scilly.

— « Heureusement, » reprit le jeune homme, « ou plutôt, » ajouta-t-il, « malheureusement!... » La mère et la fille levèrent toutes deux la tête avec une appréhension qui augmenta son remords, et il continuait, s'adressant cette fois à la comtesse :

— « Tranquillisez-vous, il ne m'a pas trouvé de maladie grave... Mais je crois bien que c'est pire... Il paraît que je suis seulement sous une mauvaise influence, comme ils disent ici, et que, dans ces climats, il ne faut pas trop jouer avec cela de peur de prendre les fièvres. Enfin, le docteur est d'avis que je devrais abréger plutôt mon séjour ici... »

— « Vous allez partir!... » s'écria Henriette.

— « Je crois qu'il le faut..., » répondit-il.

— « Et quand ? » demanda-t-elle.

— « Naturellement pas avant le 1$^{er}$ janvier, je n'ai pas voulu entendre parler de commencer cette année sans vous ; mais le médecin pense que le 2, le 3 au plus tard, ce serait sage de me décider, plus que sage, indispensable... »

La jeune fille le regardait tandis qu'il parlait. Il ne put soutenir la plainte muette de ces deux beaux yeux où il n'avait jamais lu tant d'angoisse. Ce fut une impression physique, pareille à celle qu'il eût éprouvée s'il avait tordu le bras de la délicate créature, et si l'os avait crié en se brisant. Cette volonté de départ, qui, tout à l'heure et dans le tourbillonnement de sa pensée solitaire, lui était apparue comme le devoir même, lui sembla cette fois si dure, si cruelle, qu'il se fit horreur. Mais le coup était porté, il ne pouvait plus reculer. Il ne lui restait qu'à rassurer de son mieux les inquiétudes d'Henriette. Que serait-il devenu s'il avait deviné que ces inquiétudes n'étaient pas causées par une crainte au sujet de sa santé? Pour la première fois depuis qu'il avait passé à cette main confiante la bague de fiancée, elle venait de douter de lui. Elle ne le croyait pas, et il était cependant bien sincère en insistant :

— « C'est si triste pour moi de perdre ces quelques beaux jours. Ce n'est qu'une séparation de deux mois. Comme elle est dure!... »

Non, Henriette ne le croyait pas. Il eut beau prodiguer durant toute la soirée des phrases pareilles et lui témoigner une tendresse qui, elle du moins, n'était pas feinte, il n'arriva pas à dissiper le reflet de mélancolie dont ce transparent visage s'était comme teinté à la nouvelle de ce départ inattendu. Il n'arriva pas davantage à éteindre la première petite flamme de lucidité qui s'était allumée dans ce cœur et qui allait s'y développer en un incendie soudain de passion et de jalousie. Et, durant toute cette soirée, il continua de ne pas s'apercevoir qu'il avait devant lui le premier soupçon et le premier silence de la jeune fille. L'instinct de l'amour est si fort, ses intuitions irraisonnées sont si puissantes, qu'Henriette avait lu le mensonge dans la physionomie et sur les lèvres de Francis aussi certainement que si elle avait assisté à sa délibération intime de toute l'après-midi. Elle savait qu'il ne lui disait pas la vérité. Elle savait qu'il s'en allait de Palerme pour un motif tout autre que cette prétendue maladie. Mais lequel? Quand elle fut rentrée dans sa chambre, livrée à elle-même, avec toute sa nuit pour tourner et retourner ce problème qui venait de s'imposer à son cœur d'une manière si foudroyante, comme elle pleura! Comme elle lutta contre ce qui était déjà pour elle une irréfutable évidence! Comme elle voulut se persuader qu'elle calomniait son aimé en le supposant capable d'une telle duplicité! Ah! Ces révoltes contre le soupçon, qui a pu aimer et ne pas les connaître? Elles n'empêchent pas que l'on ne continue à soupçonner une fois que l'on a été conduit de déceptions en déceptions sur la route de la défiance, à ce carrefour fatal où l'on *sait* que l'on est trompé. Et quand nous savons cela, par cette divination qui ressemble au flair d'un animal, tant elle est inconsciente et irrésistible, il nous faut à tout prix savoir aussi *comment* nous sommes trompés, dussions-nous en mourir. Certes, l'innocente et candide jeune fille était entièrement dépourvue des armes qu'une telle défiance trouve d'ordinaire à son service. L'art des questions adroites et des savantes enquêtes n'était pas le sien, et elle était encore moins capable de ces procédés brutaux qui déshonorent la passion en assouvissant du moins cette frénésie de vérité : épier des démarches, violer le secret d'une correspondance, faire parler des inférieurs. Elle n'avait pour servir sa jalousie que cette sensibilité déjà si vive, avivée encore par de longues journées de malaise, cet art douloureux de percevoir par le cœur des nuances que son esprit n'eût pas discernées, qu'il était impuissant à interpréter et à même admettre. La nuit qui suivit l'annonce du tout prochain départ de son fiancé se passa donc pour elle à se démontrer que, dans l'espace de cette après-midi, aucun événement nouveau n'avait pu décider Francis à ce départ, à moins qu'il n'eût été rappelé par une dépêche dont il n'avait point parlé. Les lettres, en effet, étaient arrivées le matin. On les avait apportées comme d'habitude pêle-mêle au salon. Comme d'habitude, le jeune homme avait ouvert les siennes aussitôt, et visiblement sans y prendre le moindre intérêt. Visiblement aussi, ce matin-là, il était, sinon gai, du moins très calme. Il avait changé dans l'éclair d'un instant que le souvenir d'Henriette précisait à cinq minutes près, comme si, dans l'intervalle qui avait séparé leur déjeuner et sa rentrée au commun salon, le coup d'une nouvelle inattendue l'avait bouleversé. Cette hypothèse d'un télégramme était si logique, elle cadrait si complètement avec les autres données, que la jeune fille s'y était arrêtée malgré elle. Francis était ressorti pour répondre. Il avait voulu porter lui-même cette réponse au bureau de la via Macqueda. C'était justement dans cette rue que demeurait le professeur Teresi, ce même docteur qui quelques jours auparavant la rassurait sur la santé de son fiancé, avec une bonne humeur si confiante. Et en deux fois quarante-huit heures, sans qu'aucun symptôme nouveau se fût produit, il déclarait que le jeune homme devait quitter Palerme immédiatement! Était-ce possible cependant qu'une semblable entente eût eu lieu entre deux personnes qu'elle était habituée à tant estimer ? Henriette eut beau se répondre : « Non, » avec l'énergie d'une créature jeune et sincère, pour qui le doute sur une âme humaine quelconque est une douleur et un désespoir le doute sur une âme aimée, elle ne triompha point de cette souveraine évidence du cœur qui lui avait fait se dire à l'entrée de Francis dans le salon : « Il va mentir, » et à sa première phrase : « Il ment. » Lorsqu'elle le retrouva le lendemain, après cette nuit de torturante insomnie, le premier regard qu'ils échangèrent lui renouvela cette évidence de la trahison de son fiancé avec une intensité plus cruelle encore. Il lui mentait. Comment? En quoi? Pourquoi? Cette seconde intuition lui devint si affreuse qu'elle eût certainement dit son agonie à Francis s'il ne se fût pas appliqué toute la journée à éviter le tête-à-tête avec elle. La malheureuse enfant se borna donc, durant les longues heures de ce jour, à étudier le visage de celui qu'elle aimait tant, avec cette attention passionnée d'une femme qui se sent trompée. Elle avait cette surexcitation de tout l'être qui erre, pour ainsi dire, sur le bord de la vérité, qui la devine, qui la respire, qui n'aura de repos qu'après l'avoir vue, après l'avoir palpée. Il semble que dans des moments pareils la délicatesse des sens soit portée à un degré presque surnaturel, tant ils sont aigus. Une jeune fille alors, et la plus ignorante, a le coup d'œil d'un observateur professionnel, d'un physiologiste ou d'un confesseur, pour saisir le moindre passage d'idée ou d'émotion sur le masque de la personne qu'elle observe ainsi. Mais jusqu'à l'instant où ils s'assirent tous les trois, sa mère, Francis et elle, à la table du dîner, Henriette n'avait rien surpris dans l'attitude et sur la physionomie de son fiancé, sinon un souci constant de lui adoucir l'amertume de la brutale séparation, et voici que, vers le milieu de ce dîner, commencé, pour elle, dans la persistante angoisse de cette énigme qui la fuyait, la fuyait toujours, un incident se produisit, très simple, très naturel, dont la portée devait être incalculable. Il venait de passer entre les trois convives quelques minutes d'un de ces silences comme il en était tant tombé sur leur intimité depuis ces quelques jours. La comtesse le rompit en disant :

— « Il paraît que la mère de cette jolie petite Adèle est au plus mal... Elle avait loué une villa au Jardin Anglais, et elle devait s'y installer aujourd'hui... Elle n'a pas pu... »

A toute autre minute, le tressaillement dont Francis fut secoué à cette phrase n'eût probablement pas été remarqué de la jeune fille. Mais dans la disposition nerveuse où elle se trouvait, il était impossible que ce signe d'un trouble profond lui échappât. Les mains du jeune homme avaient tremblé. Les traits de son visage s'étaient comme crispés. Il avait fixé M<sup>me</sup> Scilly d'un regard étrangement scrutateur. Enfin, pour ceux qui connaissaient comme Henriette les moindres inflexions de sa voix, il y avait un étouffement d'émotion dans l'accent dont il répondit. Car il voulut répondre, tant il lui importait de couper court au moindre éveil de soupçon, quelque invraisemblable que fût cet éveil. Il était si sûr que Pauline, telle qu'il la connaissait, s'était arrangée pour que sa femme de chambre ne racontât devant personne l'événement de la veille. Mais, c'est une remarque banale, depuis qu'il y a des coupables et qu'ils se cachent, la conscience de la faute pousse celui qui l'a commise à des excès de dissimulation toujours voisins de l'imprudence. Qu'il eût mieux valu pour Francis se taire que de prononcer, avec l'accent dont il les prononça, ces mots insignifiants : — « Pauvre femme ! Est-ce qu'on vous a dit quand elle a été reprise ?... La petite fille n'avait-elle pas prétendu l'autre jour que sa mère allait mieux ?... »

— « Au degré où elle est malade, » fit la comtesse, « quelques jours suffisent pour tout changer... »

— « A-t-elle du moins un bon médecin ? » interrogea-t-il encore.

— « Je ne sais pas, » reprit M<sup>me</sup> Scilly, « elle a eu Teresi dans les tout premiers commencements de son séjour. Puis elle l'a quitté brusquement pour l'Anglais que recommande votre ennemi Don Ciccio... »

Ce nom de l'hôtelier anglomane servit de prétexte à Francis pour détourner d'un autre côté cette conversation dont chaque mot, presque chaque syllabe, lui était cruelle. Il avait repris la pleine possession de lui-même. Mais l'ombre projetée soudain sur tout son être par la phrase de la comtesse, avait été aussi visible à Henriette que l'était, sur la blanche nappe brillante de cristaux, l'ombre du bras de Vincent en train de faire le service de la table. D'entendre mentionner M^me Raffraye et sa maladie avait bouleversé le jeune homme. C'était là pourtant un fait si nouveau, si peu en rapport avec ses plus folles pensées des derniers temps, que la jeune fille l'observa sans en rien conclure. Si elle avait été une femme, cette remarque se fût aussitôt associée au souvenir de la ressemblance singulière constatée dès le premier jour entre la petite Adèle et le portrait de Julie Nayrac au même âge. Une étincelle eût sans doute jailli de ce rapprochement qui lui eût illuminé les ténébreux dessous de la tragédie où elle jouait à son insu le rôle d'une innocente victime, d'une Iphigénie vouée au martyre pour l'expiation de fautes qui n'ont pas été les siennes! Mais elle n'était femme encore que par sa délicate susceptibilité d'impression, et, si l'émoi où le nom de leur voisine inconnue avait jeté Francis lui parut un mystère à joindre aux autres mystères dont elle se sentait enveloppée, oppressée plutôt et accablée, il n'en fut pas davantage pour ce soir-là.

Le lendemain elle se leva après une autre nuit d'anxiété, si péniblement troublée de nouveau qu'elle se résolut d'employer le seul remède que sa pieuse naïveté imaginât au chagrin dont elle était remplie. Elle voulut se confesser et communier. Elle avait pour directeur à Palerme un missionnaire français qui se trouvait à la cathédrale chaque matin. Elle se rendit donc au Dôme avec sa femme de chambre dès les sept heures et demie, comptant être rentrée assez tôt pour le réveil de sa mère. Dans son désarroi intérieur, elle n'avait pas réfléchi que c'était le dimanche, et le seul jour où le père Mongeron ne fût pas là. Cette contrariété fut assez forte pour qu'elle assistât à la messe dans des dispositions qui ne lui procurèrent pas la tranquillité habituelle dont s'accompagnait l'accomplissement de ses devoirs religieux. Elle revenait donc, peu contente d'elle-même, et, afin de tromper par un peu d'air l'énervement qui la gagnait, elle s'était décidée à marcher, d'autant plus que le vent de ces derniers jours ayant nettoyé le ciel de ses nuages, le commencement de cette matinée s'annonçait comme splendide. La jeune fille suivait le bord de la Marina et elle regardait l'horizon du golfe qui, encore bouleversé de la veille, crispait ses innombrables vagues crêtées d'écume. Mais elle ne pouvait pas plus s'absorber dans ce paysage qu'elle n'avait pu tout à l'heure s'absorber dans sa prière. La naïve facilité qu'elle avait à l'ordinaire de s'harmoniser avec les choses, de ne faire qu'un, pour ainsi dire, avec elles, était comme paralysée par cette préoccupation continue de son fiancé, de ce changement inexplicable d'humeur, de ce départ. Aussi fut-elle réveillée comme d'un songe par la voix de la vieille Marguerite, qui lui dit tout d'un coup :

— « Nous allons avoir des nouvelles de cette pauvre M^me Raffraye. Voici M^lle Adèle qui vient sur notre trottoir avec Annette... »

Henriette aperçut en effet l'enfant qui était environ à trente pas, et aussitôt elle vit avec stupeur la bonne prendre la main de la petite et l'entraîner à travers la chaussée sur l'autre trottoir, celui qui longe la divine terrasse du palais Butera. Ce mouvement si brusque avait une si indiscutable signification, que Marguerite s'arrêta une seconde comme stupéfiée, et elle dit à sa maîtresse :

— « On croirait qu'elles ont peur de nous... »

— « Es-tu sûre qu'elles nous aient vues ?... » dit Henriette.

— « Sûre comme vous êtes là, mademoiselle, » répondit la femme de chambre, qui ajouta : « Peut-être que M^me Raffraye est plus mal et que ça les ennuie de donner des nouvelles, ou qu'elles sont pressées d'arriver pour leur messe... »

Quoique ni l'une ni l'autre de ces deux raisons ne parût valable à Henriette, elle ne les releva point. Déjà si péniblement disposée, elle avait éprouvé devant l'étrange procédé de la bonne d'Adèle Raffraye une surprise qui tout de suite lui avait suggéré cette idée : « Cette fille n'agirait pas ainsi d'elle-même. Elle obéit à des ordres...

Mme Raffraye serait donc mécontente que l'enfant ait causé avec nous l'autre soir?... » Elle tomba alors dans une de ces profondes rêveries où il s'élabore dans notre esprit d'inconscients raisonnements fondés sur d'inconscientes mais invincibles associations d'idées. L'observation de la veille sur le trouble où le nom de cette femme avait jeté Francis lui revint à la mémoire. Quoiqu'elle n'imaginât en aucune manière quel lien pouvait unir ces deux faits, leur coexistence dans son esprit aboutit à un accroissement bien particulier de son malaise moral. Car une fois revenue auprès de sa mère et de son fiancé, elle n'osa pas mentionner ce petit épisode comme elle eût fait dans toute autre circonstance. Si on l'avait interrogée, elle n'eût peut-être pas su dire devant quoi elle reculait. En réalité, il lui eût été presque insupportable de surprendre, à cette occasion, un nouveau tressaillement de Francis, et, sans s'expliquer pourquoi, elle était sûre qu'elle le surprendrait. Cette matinée se passa pour elle ainsi, jusque vers les onze heures et demie, à lutter contre la déraisonnable obsession des indistinctes, des confuses méfiances soulevées dans sa pensée. Vers ce moment, comme elle se trouvait seule, Mme Scilly étant allée de son côté à la messe accompagnée de Francis, il lui arriva, tout naturellement, de mettre le front pour rêver contre celle des fenêtres du salon qui donnait sur le jardin. Elle aperçut dans une des allées la petite Adèle qui jouait, selon son habitude des belles matinées. Les boucles des cheveux de l'enfant brillaient sous le clair soleil qui souriait sur les palmiers toujours verts et sur les roses toujours nouvelles du verdoyant enclos. Comme Henriette avait aimé ce pur rayonnement de lumière autour de son bonheur, comme elle en sentait déjà l'ironie indifférente autour de son inquiétude! Mais ce n'est pas à la mélancolie de ce contraste qu'elle s'arrêta à cette minute. Tandis qu'elle suivait d'un regard distrait les mouvements de la petite fille, cette idée la saisit subitement qu'elle pouvait du moins vérifier une de ses impressions pénibles, celle de ce matin, si singulière et qui l'avait tant troublée. Elle n'avait qu'à descendre dans ce jardin pour savoir aussitôt si elle s'était trompée ou si réellement M<sup>me</sup> Raffraye avait défendu à sa fille de lui parler. Le simple fait qu'un pareil projet se présentât de lui-même à cet esprit, instinctivement très réservé et très calme, témoignait du travail accompli déjà par cette imagination de l'inconnu, parmi toutes les douleurs de l'amour la plus meurtrière. Peut-être aussi Henriette se sentait-elle dévorée par cet impérieux besoin d'agir, qui à de certains moments d'extrême tension nerveuse nous précipite vers n'importe quelle démarche, comme si l'application de toute notre volonté sur un point quelconque, mais positif et précis, devait soulager notre angoisse. A coup sûr, si elle n'eût pas été entraînée par un intime mouvement d'une grande violence, elle eût hésité très longtemps avant de se hasarder, comme elle fit tout d'un coup, à descendre seule en bas. Comme si elle avait voulu se donner une excuse à elle-même, elle prit sur un rayon de l'étagère un volume de roman anglais emprunté à la bibliothèque de l'hôtel. Deux minutes plus tard, elle entrait dans le grand salon vide, où se trouvait cette bibliothèque. Dans un des coins, l'arbre de Noël tendait ses branches aujourd'hui éteintes. Le temps de poser le livre sur un rayon et elle franchit la porte-fenêtre qui donnait sur le jardin. Adèle était justement dans la grande allée en face, occupée à un jeu qui l'absorbait si complètement, qu'elle n'entendit pas cette approche. Henriette, elle aussi, se rappela s'être amusée avec la même folle ardeur à ce jeu « des épingles » connu de toutes les petites filles, et qui consiste à les chasser, ces épingles, hors d'un cercle tracé par terre, à coups de balle élastique. La balle rebondissait, leste et agile, sous la paume de la main ouverte d'Adèle, et la petite suivait cette balle de tout son joli corps, et ses yeux brillaient, ses minces narines s'ouvraient, tout son visage exprimait une joie de vivre qui se changea en un sursaut de demiterreur lorsqu'elle aperçut M^lle Scilly debout devant elle. Très rouge et sans rien dire, elle se baissa pour ramasser les divers outils de son jeu, en jetant un regard afin d'implorer une protection du côté de sa bonne, qui n'était pas la fidèle Annette, malheureusement, — car celle-là eût certes empêché le dangereux entretien qui se préparait, au lieu que Catherine n'avait reçu de M^me Raffraye aucune recommandation spéciale. Un peu sourde d'ailleurs et abîmée comme elle l'était dans son ouvrage, elle n'observait même pas que sa petite maîtresse causait avec Henriette, et cette dernière disait :

— « Bonjour, mademoiselle Adèle. J'ai su que votre maman avait été plus souffrante. J'espère qu'elle est mieux aujourd'hui... »

— « Beaucoup mieux, je vous remercie, mademoiselle, » dit l'enfant. Le souvenir du mécontentement de sa mère l'autre soir et des admonestations d'Annette le matin l'auraient empêchée de répondre, si elle n'avait pas ressenti pour la jeune fille cette sympathie d'admiration qui lui rendait la froideur trop difficile. Son embarras était tel que les épingles échappaient de ses petits doigts tremblants à mesure qu'elle les saisissait.

— « Voulez-vous que je vous aide? » reprit Henriette. « A moins que vous n'ayez encore peur de moi. Je croyais que nous étions devenues amies le soir de Noël... »

Sa voix s'était faite si douce que l'enfant ne put se retenir de lever les yeux. Son tendre petit cœur était visiblement remué de sentiments contradictoires, et comme elle ne savait pas mentir, elle répondit avec une simplicité touchante :

— « C'est que je serai grondée quand je raconterai que nous nous sommes parlé... Maman n'aime pas que je cause comme l'autre soir... »

— « Hé bien! » dit Henriette, « il faut obéir à votre maman... Adieu! » Elle savait ce qu'elle voulait savoir et elle n'était pas plus avancée! Que M<sup>me</sup> Raffraye interdît à sa fille toute familiarité avec des étrangers, quel rapport y avait-il entre cette défense trop naturelle et le départ de Francis? Elle ne se doutait guère qu'elle avait été trop bien servie par son funeste instinct en voulant à tout prix se rapprocher d'Adèle. Elle allait l'apprendre trop tôt. Comme elle faisait mine de s'en aller après avoir répété : « Adieu! » la douce petite lui prit la main comme pour la retenir quelques secondes encore, et elle lui dit avec une insistance câline :

— « Vous êtes fâchée?... »

— « Pas du tout, » répondit Henriette avec un sourire un peu forcé.

— « Si, vous êtes fâchée, » insista l'enfant. Puis, après une hésitation, elle ajouta : « Il ne faut pas en vouloir à maman. Elle ne vous connaissait pas... Maintenant ce sera peut-être changé, » et tendrement : « alors j'aimerais bien être votre amie... »

Il y avait dans cette phrase un tour trop énigmatique pour que la jeune fille n'en fût point frappée. Elle répondit :

— « Pourquoi changé? Votre maman ne nous connaît pas davantage, et comme vous vous en allez?... »

— « Oui, » dit finement Adèle, « mais maman sait bien que vous êtes sa fiancée... » Le souvenir du jeune homme qu'elle avait vu penché sur le lit de sa mère évanouie et que cette dernière avait remercié comme un sauveur ne quittait plus sa pensée depuis ces deux derniers jours, et dans son ingénuité confiante elle demanda : « Est-ce que vous l'attendez? Il va venir?... »

Il y a pour toute âme délicate un scrupule insurmontable à surprendre sur la bouche d'un enfant des secrets dont cette innocence ne soupçonne pas la portée. Mais, si Henriette Scilly était d'une nature trop fine pour ne pas éprouver ce scrupule, elle était aussi trop tourmentée d'incertitudes depuis des jours et des jours, et il lui était impossible de ne pas désirer connaître, n'importe comment, à quelles circonstances, d'elle ignorées, la petite venait de faire allusion.

— « Je ne sais pas bien de qui vous voulez parler, » dit-elle : « vous me demandez si j'attends mon fiancé, M. Francis Nayrac?... »

— « Oui, » répliqua la petite fille, qui se répéta deux ou trois fois à elle-même tout bas comme pour se graver ces syllabes dans la tête : « Francis Nayrac, Francis Nayrac... »

— « Je ne l'attends pas, » reprit Henriette, et elle ajouta, le cœur déchiré par sa propre question : « Alors vous avez fait sa connaissance? Vous lui avez parlé?... »

— « Oh! non, » dit Adèle, « j'ai été trop effrayée quand je suis rentrée et que j'ai vu maman sur son lit, si pâle, si pâle, comme ceci... » et elle abaissa ses paupières sur ses jolis yeux qui avaient vu cette scène dont la révélation bouleversait celle qui l'écoutait, et elle continuait avec l'inconsciente cruauté de son ignorance et de son âge : « Et lui, il était aussi effrayé que moi, il tremblait comme ceci... Il doit être bien bon... »

— « C'était avant-hier, n'est-ce pas?... » demanda Henriette.

— « Oui, avant-hier, » dit la petite fille, qui, toute saisie de la voix altérée avec laquelle cette question lui fut posée, reprit à son tour : « Vous êtes encore fâchée, et contre moi?... »

— « Vers deux heures?... » continua M<sup>lle</sup> Scilly.

— « Puisque vous le savez, pourquoi me le demandez-vous?... Maintenant vous me faites peur..., » dit Adèle de plus en plus étonnée par l'inexplicable trouble où son récit jetait la fiancée de Francis. Malgré l'intensité de ce trouble, cette dernière eut le sentiment que la conversation ne pouvait se prolonger. Elle allait, ou fondre en larmes, là, devant la petite, ou lui poser des questions honteuses. Elle eut l'énergie de se dominer, et doucement :

— « Non, je ne suis pas fâchée... Si on vous gronde, dites bien que c'est moi qui vous ai parlé... Et puis profitez de ce beau matin... »

Elle ne put pas prononcer une parole de plus. Elle avait trop mal. Ce qu'elle venait d'apprendre sur Francis dépassait trop follement toutes ses imaginations. L'idée qu'il s'était trouvé au chevet de M<sup>me</sup> Raffraye évanouie, tremblant d'épouvante, et qu'il s'en était tu, lui paraissait si invraisemblable, si monstrueuse plutôt, enfin la coïncidence entre cette aventure qu'il avait tenue si étrangement cachée et son départ subit l'angoissait d'une manière si pénible, qu'elle fut sur le point de sortir, d'aller au-devant de lui, pour provoquer une explication tout de suite. Et cependant, cette explication dont elle avait besoin comme de respirer, elle l'attendit jusqu'à deux heures, par cet instinct de délicatesse qui atteste, dans les crises de passion, une naturelle magnanimité. Tout inintelligible, toute douloureuse que lui fût la dissimulation de son fiancé, dont elle venait d'acquérir une preuve aussi soudaine qu'irréfutable, elle l'estimait trop complètement pour croire qu'il eût eu de coupables raisons de se taire. Une créature jeune et vraie comme elle était, porte en elle-même une vertu de confiance qui la rend quelquefois dupe, mais cette confiance la préserve des vilenies et la revêt d'une beauté morale si supérieure aux misères de la prudence humaine, qu'il vaut mieux être trompé ainsi. Durant le temps qui s'écoula entre sa rentrée dans le salon et celle de Francis, Henriette réfléchit que le motif qu'il avait eu de se taire devait tenir à des fibres bien intimes de son cœur. Elle le chérissait, ce cœur, autant qu'elle l'estimait. Elle sentit que ce serait une dureté affreuse de forcer le jeune homme à parler devant la comtesse. Elle eut le courage de contenir sa fièvre intérieure quand elle le vit, et elle s'assit à table comme tous les jours, avec un visage qu'elle s'efforça de rendre paisible, et elle dut subir de la part de son fiancé et de sa mère ces petites gronderies amicales sur un plat refusé ou un verre de vin non touché, qui sont le tendre enfantillage des intimités de ce genre. — Quelle ironie encore quand on a sur l'âme le poids qu'elle y avait! — Elle dut surtout écouter, sans crier, ce dialogue échangé à une certaine minute, à côté d'elle qui savait ce qu'elle savait : — « Marguerite m'a donné de meilleures nouvelles de notre pauvre voisine..., » disait M$^{me}$ Scilly.

— « Est-ce qu'elle pourra s'installer bientôt dans sa villa?... » demandait Francis. Que cette indifférence avec laquelle il parlait de cette femme, comme si elle lui eût été absolument inconnue, déchira le cœur d'Henriette! Une pareille comédie est le pire des mensonges, le mensonge en actions, le mensonge de tout l'être. Et regarder mentir ce qu'on aime, savoir que derrière ces yeux idolâtrés habite une pensée que l'on vous cache, derrière ce front adoré une âme qui vous trahit, et assister à cette hypocrisie sans un mot de protestation, quel martyre! Ce ne fut que bien tard après le déjeuner et quand sa mère se fut retirée pour mettre sa correspondance au courant, qu'elle put enfin donner libre cours à sa passion, et elle dit à Francis qui se préparait, lui aussi, à sortir :

— « Restez, j'ai à vous parler... »

## IX

### LES DIVINATIONS D'UNE JEUNE FILLE (Suite)

La passion avec laquelle Henriette venait de prononcer ces mots l'avait secouée tout entière. Elle dut s'asseoir, tant ses pauvres jambes tremblaient. Francis, debout devant elle, la regardait, en proie lui-même à la sensation la plus amère pour les hommes comme lui, pour ces êtres faibles et tendres qui n'ont ni le courage des entières loyautés, ni celui des trahisons sans remords. Il voyait, il sentait souffrir un cœur dévoué, un cœur percé par lui et qui allait se montrer, il le comprenait, dans la sincérité ingénue de cette souffrance. Lorsque cette sensation nous vient d'une femme que nous n'aimons plus, elle est déjà si intolérable que beaucoup, parmi les amants de cette race, ont reculé des années une rupture qu'ils désiraient avec les cruelles énergies de la jeunesse, plutôt que d'entendre ce cri d'une agonie dont ils étaient les bourreaux. Mais quand nous l'aimons, cette femme qui souffre par nous, et d'un amour passionné, quand la voix qui gémit vers nous est celle d'une créature idolâtrée, cette plainte va chercher dans l'arrière-fond de notre personne la plus secrète fibre et la plus blessable. Il n'est pas de résolution alors, si raisonnée soit-elle, qui tienne contre le besoin fou d'apaiser ce soupir, d'essuyer ces larmes, de panser cette plaie que nous ne pouvons pas supporter de voir saigner. Ce ne fut qu'une minute, et déjà Francis s'était mis à genoux devant sa fiancée, il lui prenait les mains, il les lui serrait, il la suppliait :

— « Calmez-vous, Henriette, » disait-il, « si vous m'aimez. Vous me faites trop de mal... Mon Dieu ! Comme je vous sens tremblante et tourmentée et à cause de moi !... Regardez-moi, voyez comme je vous aime cependant. Écoutez comme je vous parle avec tout mon cœur. Parlez-moi aussi avec le vôtre... C'est mon départ qui vous désespère ? Mais croyez-vous qu'il ne me désespère pas moi-même ? D'être loin de vous me sera si dur, que je ne pourrai jamais m'y décider si je dois penser que je vous laisse dans un pareil chagrin... Mon Dieu ! Elle ne me répond pas ! » s'écria-t-il comme elle continuait de se taire et qu'elle tremblait davantage encore. Et oubliant ses réflexions de la veille, oubliant ses conflits intimes, ses combats, son martyre, oubliant ses récentes fautes et la certitude de ses fautes prochaines pour ne plus apercevoir que la possibilité de rallumer dans ces prunelles douloureusement fixes un éclair de joie : « Voulez-vous que je ne parte pas, » reprit-il, « que je demeure avec vous jusqu'à la date que nous avions fixée ?... Après tout, je ne suis pas malade. Je ne le serai pas. Pourvu que vous soyez heureuse, que vous me souriiez comme autrefois, je retrouverai toute ma force, toute ma santé... Si c'est cela que vous vouliez me demander, prononcez un mot, un seul, et c'est promis. Je reste... Mais ne tremblez plus, ne souffrez plus. Ne souffre plus, mon unique amour... »

Il avait parlé, non pas avec tout son cœur comme il avait dit, mais avec les parties les plus humaines de son cœur et les plus nobles. Spontanément, presque involontairement, follement, il s'était jeté au-devant de la prière qu'il avait cru lire sur la bouche d'Henriette sans même qu'elle l'eût formulée. Délicate et frémissante bouche et qui lui donna le sourire qu'il implorait, il ne soupçonnait pas quelle réponse allait en sortir ! Les deux mains d'Henriette se dégagèrent. A son tour elle saisit Francis, lui prenant la tête et se penchant sur lui pour le regarder, elle aussi, avec la sauvage ardeur que les premières souffrances et l'éveil de la passion avaient allumée dans son être, jusque-là si équilibré, si harmonieux. Une infinie reconnaissance émanait de son visage ému pour la preuve qu'elle recevait et que sa naïveté prenait pour une preuve de tendresse. Puis avec la douceur de cette gratitude dans sa voix et dans son geste :

— « Merci, Francis, mon Francis, » dit-elle enfin. « Ah ! Quel poids vous m'avez enlevé de là. » Et elle montra sa poitrine. « Comme vous êtes bon pour moi ! Comme vous m'aimez ! C'est donc vrai ? Vous n'aviez pas pour me quitter une autre raison que vous ne vouliez pas que je sache ?... Mais vous partirez comme le docteur vous a prescrit de partir, » insista-t-elle en souriant de nouveau, et, avec un rien de coquetterie fière, elle ajouta : « Je ne suis pas une femme si peu courageuse, et du moment que votre santé exige que vous vous en alliez, je me croirais bien lâche de ne pas accepter bravement cette séparation... Vous vous êtes trompé sur moi si vous avez pensé que je vous ai retenu pour vous demander de vous sacrifier à ce qui serait le plus misérable des égoïsmes... Ce n'est pas tant de ce départ que je souffrais. C'était surtout de ne pas en savoir le vrai motif, de croire du moins que je ne le savais pas. C'était surtout de ne pas vous comprendre... C'est trop affreux de douter quand on aime!... »

— « A mon tour je ne vous comprends pas, » interrompit le jeune homme. L'évidence venait de s'imposer à lui que des soupçons avaient traversé l'esprit d'Henriette. Il en frémit tout d'un coup jusque dans la racine de son être. Il n'eut pas le temps, d'ailleurs, d'hésiter sur la nature de ces soupçons, car la loyale jeune fille, et qui n'avait jamais menti, n'essaya pas une seconde de ruser avec son fiancé.

— « Naturellement vous ne pouvez pas me comprendre, » répondit-elle à l'interjection de Francis avec un nouveau sourire, « j'ai été folle... Je le sens maintenant que je vous ai retrouvé. Car je vous ai retrouvé... Vous m'avez fait chaud à tout le cœur en me parlant comme vous m'avez parlé. Vous avez déchiré ce voile que je sentais flotter entre nous depuis quelques jours. C'est si étrange à dire : il me semblait que vous n'étiez plus vous. Enfin, je savais que vous ne me disiez pas toute la vérité, mais vous me la direz maintenant, n'est-ce pas? Vous m'expliquerez ce que vous m'avez caché et pourquoi vous me l'avez caché? Et c'en sera fini de ce cauchemar... Il m'a tant tourmenté ces derniers jours, que si vous aviez dû vous en aller sans que nous eussions eu cette conversation, je ne sais ce que je serais devenue. Je souffrais trop!... »

— « Que faut-il que je vous explique ? » dit Francis d'une voix presque éteinte, et il ajouta : « Interrogez-moi, » avec un trouble trop significatif pour que la jeune fille ne sentît pas se briser du coup l'élan passionné qui l'avait soulevée vers l'espérance d'un complet renouveau de leur intimité.

— « Comme vous venez encore de me parler autrement ! » dit-elle. « Puisque vous m'aimez, ne pouviez-vous m'épargner cette douleur de vous questionner ?... C'est si dur d'avoir l'air de se défier... » Et, mettant à ce discours une énergie où se révélait la force de caractère que les êtres très droits trouvent toujours à leur service dans les moments difficiles : « Mais c'est vrai que je me suis défiée. J'ai passé la journée d'hier à vous regarder comme je ne vous avais jamais regardé, tant cette idée que vous n'étiez pas sincère avec moi me bouleversait ! Vous m'aviez quittée si mal ce vendredi. Vous étiez rentré si tard avec un visage... qui mentait... » Sa voix se fit forte pour prononcer le mot terrible et pour continuer : « Ah ! pardonnez-moi, il faut que je vous dise tout ce que j'ai là, toutes les misères auxquelles cette impression m'a entraînée... Tout d'un coup maman a parlé devant vous de notre voisine d'en haut..., de cette M<sup>me</sup> Raffraye, la mère de notre adorable petite amie. J'ai cru vous voir tressaillir. Vous savez, j'étais dans une de ces dispositions où les moindres choses vous semblent des signes et grandissent, grandissent... Je suis demeurée très étonnée que vous parussiez troublé par le nom de cette femme que vous ne connaissiez pas. Je n'y aurais pourtant pas pensé davantage si je n'avais, ce matin, rencontré cette petite Adèle avec sa bonne. Il m'a semblé cette fois qu'elle m'évitait, comme si M^me Raffraye avait recommandé que son enfant ne me parlât point... C'était une idée insensée. Je ne sais pas comment j'ai mis ensemble cette défense et l'émotion que j'avais observée ou cru observer en vous... Enfin, tout à l'heure j'étais seule... J'ai vu cette enfant qui jouait dans le jardin et je n'ai pas pu me retenir de descendre afin de lui parler, afin de savoir... Dieu! Que j'ai honte! » ajouta-t-elle en se prenant le front dans ses deux mains. « Oui, je suis descendue, je lui ai parlé, et ce qu'elle m'a dit a fini de m'affoler au point que j'ai voulu avoir cette conversation avec vous, là, tout de suite. Je vous en conjure, Francis, ne me laissez pas dans cette angoisse! Quelle que soit la raison que vous ayez eue pour nous cacher, à maman et à moi, que vous connaissiez M^me Raffraye, que vous l'aviez secourue dans sa crise, dites-la-moi, cette raison... Pensez que je suis votre fiancée, que je vais être votre femme, que j'ai le droit de tout savoir de vous, comme vous avez celui de tout savoir de moi... Mais ce n'est pas au nom de ce droit que je vous parle, c'est au nom de notre amour, au nom de notre chère intimité, au nom de ma peine... Je vous le répète, j'en ai eu trop quand je vous ai soupçonné de me mentir... »

A mesure qu'elle racontait, avec cette éloquence de l'accent qui prête de l'éloquence aussi aux termes les plus simples, cette touchante et naïve histoire, ses douloureuses susceptibilités de cœur, ses luttes, ses trop perspicaces divinations, cette démarche pour elle presque coupable, elle pouvait voir la pâleur de la mort envahir le visage de Francis et une invincible terreur décomposer ses traits si contractés depuis quelques jours. Ce qu'il avait le plus redouté, la découverte par Henriette d'une relation quelconque entre lui et Pauline, s'était donc réalisé. Et cette découverte, si périlleuse pour l'avenir de son bonheur, quel en avait été l'instrument ? Cette innocente enfant, abandonnée par lui depuis tant d'années, cette gracieuse et tendre petite fille, — sa fille, — dont la seule présence sous le même toit que lui l'avait bouleversé, dont la seule vue l'avait comme déraciné de la résolution à laquelle il se tenait si énergiquement attaché depuis tant d'années. Qu'elle fût encore la cause inconsciente de cet épisode décisif dans la tragédie où il se trouvait engagé, c'était de quoi lui infliger d'une manière trop forte ce frisson d'une fatalité expiatrice qui le remuait à chaque nouvel incident depuis plusieurs semaines. — Ah! Jamais comme aujourd'hui! — Non, jamais il n'avait senti à ce degré son impuissance à s'échapper de ce passé qui refluait sur lui toujours, comme la marée reflue sur le malheureux qu'elle a une fois surpris, le renversant d'un coup de lame quand il se relève, l'enveloppant de houle quand il court, l'aveuglant d'écume quand il cherche un rocher où s'appuyer, l'assourdissant de clameurs quand il appelle. Fut-ce l'impression subie ainsi d'une inévitable destinée, qui paralysa chez le jeune homme l'énergie d'une dernière défense? Fut-ce la mortelle lassitude de l'hypocrisie, qui, devant certaines enquêtes trop pressantes, nous fait renoncer en quelques minutes au bénéfice de longs et savants mensonges? Fut-ce l'horreur de tromper davantage un être aussi droit, aussi loyal, aussi désarmé que venait de se montrer Henriette? Fut-ce l'impossibilité de se défendre sans mêler Pauline à cette défense? Fut-ce enfin l'évidence d'une catastrophe certaine et dans laquelle il pouvait du moins sauver, par un suprême retour de franchise, ce qui lui restait d'honneur sentimental? Toujours est-il qu'au lieu de s'acharner à d'inutiles et dégradantes protestations, il répondit d'une voix devenue sourde, âpre et brève :

— « Il est parfaitement vrai que je connais la personne dont vous venez de me parler, parfaitement vrai que je me suis trouvé dans sa chambre avant-hier, occupé à la secourir, et parfaitement vrai aussi que je devais vous le dire, à votre mère et à vous... Quant à la raison qui m'en a empêché, n'insistez pas pour que je vous la donne. Je ne vous la donnerai pas. Je ne peux pas vous la donner... »

— « Vous ne pouvez pas !... » répéta Henriette. « Et c'est vous qui tremblez maintenant, vous qui pâlissez, vous qui avez peur !... Il faut donc qu'elle soit bien grave, cette raison ? Elle vous touche de bien près pour que je vous voie dans cet état ?... Mon Dieu ! » ajouta-t-elle, « cette folie me reprend. Je vous en supplie, Francis, à mains jointes !... Jurez-moi du moins que vous ne connaissiez pas cette personne avant ce jour-là, que vous ne l'aviez pas rencontrée autrefois. Jurez-le-moi. Je vous croirai. Je ne vous demanderai plus rien... Je supporterai tout, mais pas cette idée... »

— « Je vous ai déjà dit que je ne pouvais pas vous répondre, » fit le jeune homme.

— « Ainsi, vous la connaissiez !... » continua Henriette avec égarement. « Elle est arrivée ici. Nous en avons parlé devant vous et vous vous êtes tu. Nous avons rencontré sa fille, j'ai causé de sa mère avec cette enfant devant vous et vous vous êtes tu... Je me le rappelle maintenant, c'est depuis le séjour de cette femme à Palerme que vous avez commencé de changer... Ah ! mon bon Dieu, » s'écria-t-elle en serrant ses mains l'une contre l'autre dans un geste de désespoir, « faites-moi la grâce que je ne devienne pas jalouse... C'est trop honteux... »

— « Dominez-vous, Henriette, » interrompit le jeune homme avec épouvante, « je vous en supplie. J'entends votre mère qui ouvre la porte. Je ferai tout mon possible pour vous parler, je vous le promets... Mais, par grâce, pas devant elle !... »

Ce coupable cri par lequel il invitait la jeune fille à se cacher de sa mère, fut la dernière lâcheté que Francis devait avoir à se reprocher. Il faut dire, à son excuse, qu'il était physiquement et moralement à bout de forces et qu'il se sentait incapable de repousser en ce moment l'inquisition de la comtesse ajoutée à celle d'Henriette. Il ne s'était pas trompé, c'était bien Mme Scilly qui entrait, tenant à la main une lettre qu'elle venait d'écrire. Elle croyait Francis et sa fille retirés chacun dans sa chambre, comme c'était l'habitude, presque la règle de leur intimité à cet instant de la journée. Elle demeura donc surprise de les trouver silencieux en face l'un de l'autre, visiblement gênés par elle, et haletants sous l'émotion de leur entretien brisé. Elle n'avait pas entendu leurs dernières paroles, mais leur attitude suffisait pour lui faire comprendre qu'elle arrivait au milieu d'une scène. Et quel motif avait pu la provoquer, cette scène, sinon une plainte d'Henriette sur le départ précipité de Francis? Mme Scilly les en gronda tous les deux, et aussitôt, avec d'autant plus de tendresse qu'elle avait, dans son caressant esprit de mère indulgente, imaginé un moyen de rendre à sa fille ces deux ou trois semaines qu'elle semblait tant regretter:

— « Je vois que mes deux enfants n'ont pas été sages, » dit-elle en secouant sa tête grisonnante. « Dans quel état je vous retrouve, pour un quart d'heure que je vous ai laissés, et vous saviez que vous ne deviez pas rester seuls. Votre punition sera de vous confesser... De quoi parliez-vous, ou plutôt sur quoi vous querelliez-vous?... Tu ne réponds pas, Henriette, et vous, Francis, vous vous taisez... Comme si je n'avais pas déjà deviné ce que vous n'osez pas me dire! Toi, Henriette, tu faisais ce que je t'ai tant défendu l'autre jour. Tu n'étais pas raisonnable et tu lui reprochais son départ, et lui, il te désespérait davantage en se désespérant de son côté, et vous aviez tort tous les deux... Je voulais vous faire une petite surprise, » continua-t-elle en montrant sa lettre, « et je venais d'écrire à Girgenti afin d'y retenir un appartement pour le 3... Vous ne comprenez point? Quand je vous ai vus tous deux si malheureux de ce départ, dès avant-hier, j'ai voulu parler, moi aussi, au docteur Teresi. Je l'ai fait causer ce matin même. Il m'a dit que vous étiez souffrant, mon pauvre Francis, mais que l'imagination entrait pour la moitié dans votre souffrance. Il est d'avis qu'un déplacement, quel qu'il soit, suffira amplement pour vous remettre. Au lieu de vous laisser partir seul pour Paris, c'est nous qui partons avec vous pour ce tour de Sicile qui nous a déjà tentés et que le docteur me permet. Nous voyons Girgenti, Catane, Taormina, Syracuse, et nous gagnons de la sorte le 20 ou le 25. Vous ne serez ni l'un ni l'autre frustrés d'un jour. Si cette combinaison ne remet pas un peu de gaieté sur ces deux figures d'enterrement, c'est que vous avez bien envie de vous faire souffrir l'un l'autre. Allons, souriez-vous en me souriant et que ce soit fini... »

Le contraste était trop poignant entre l'état moral des deux fiancés et le ton de simple bonhomie avec lequel la comtesse avait formulé cette proposition d'un voyage, autrefois leur secret désir, puis dont ils n'avaient pas voulu parler par égard pour la santé de leur chère malade. Pour Francis surtout, ce discours de celle qui l'appelait son enfant fut trop cruel à écouter. Il venait d'y retrouver cette simplicité familiale d'esprit, de cœur et d'existence qui lui était, depuis six mois, un enchantement; comme il retrouva tous les dangers de sa situation présente dans l'accès de sensibilité nerveuse par laquelle Henriette répondit aux phrases si tendres de sa mère. Elles avaient touché trop profondément la pauvre fille, encore affolée par la conversation de tout à l'heure. Elle se prit soudain à éclater en sanglots, et elle se jeta dans les bras de la comtesse en criant de désespoir à travers ses brûlantes larmes :

— « Que vous êtes bonne, maman, et que je vous aime !... Mais je ne peux pas supporter plus longtemps ce chagrin... Ah! je suis trop, trop malheureuse... »

— « Quel chagrin ? » disait la mère. « Trop malheureuse ? Qu'as-tu donc ? Francis, qu'a-t-elle donc ?... » Et elle pressait, elle berçait sa fille contre son cœur. Elle lui prodiguait les mots de tendresse, jusqu'à ce qu'elle vit que cette crise de larmes et de douleur menaçait de se prolonger. Elle dit alors à Nayrac, en forçant Henriette à marcher, en la portant plutôt qu'elle ne la soutenait : « Ouvrez-moi, mon ami. Je vais la conduire à sa chambre et la faire un peu reposer sur son lit... Vous m'attendez, n'est-ce pas ?... »

Quand il eut refermé la porte qui du salon conduisait à la chambre de M<sup>me</sup> Scilly, laquelle communiquait elle-même avec la chambre d'Henriette, le jeune homme se laissa tomber comme vaincu sur une chaise, et il songea, le coude appuyé à la table où tant de fois il avait contemplé Henriette en train de se pencher sur un billet ou sur un livre, avec l'or de ses beaux cheveux blonds qui brillait dans le soleil. Et maintenant elle était dans une pièce toute voisine, qui se serrait sans doute avec plus de tendresse qu'elle n'avait fait en sa présence contre le cœur de sa mère, et elle lui racontait, à cette mère soudain épouvantée, à la suite de quel entretien d'un si étrange mystère ce désespoir l'avait prise. Encore quelques battements de la pendule que Francis entendait en ce moment remplir de son bruit régulier le silence du salon, et la comtesse serait là devant lui qui l'interrogerait comme Henriette l'avait interrogé. Que répondrait-il ? Refuserait-il une seconde fois de s'expliquer ou bien imaginerait-il un nouveau mensonge ? Il y en avait un qui le sauverait, mais bien infâme. Il pouvait dire qu'il avait connu M<sup>me</sup> Raffraye autrefois, qu'il la savait une femme peu recommandable, qu'il n'avait jamais voulu renouer ses relations avec elle à cause de cela, et pour ne point lui permettre d'entrer elle-même en relations avec M<sup>me</sup> Scilly. Il accuserait ainsi Pauline, alors précisément qu'il venait d'être bouleversé jusqu'au fond de son être par son cri de révolte et d'innocence ! Et serait-il seulement sauvé ? Ne devrait-il pas, et tout de suite, greffer sur ce mensonge un autre mensonge ? Il faudrait expliquer pourquoi et comment il s'était trouvé dans la chambre de la malade. Qu'il était las de ces tromperies dont chacune produisait à son tour une nouvelle nécessité de tromper encore ! Qu'il était las surtout de sentir qu'il ne doublerait ce cap dangereux, s'il le doublait, que pour retrouver de l'autre côté la tempête de son propre cœur! Depuis qu'il avait pris sa résolution de partir, il l'avait trop éprouvé, la plaie dont il souffrait ne se fermerait pas par la distance, cette plaie ouverte en lui par la subite et foudroyante sensation de sa paternité. Il avait déjà en pensée, et dès la première minute de cette résolution, amèrement souffert à l'idée qu'il ne reverrait plus jamais la petite Adèle, comme il avait souffert, comme il souffrait, de l'étrange remords dont l'avait accablé la protestation d'innocence si poignante de son ancienne maîtresse. On dit cependant que tout s'abolit dans un cœur qui aime, — oui, tout, excepté cet amour. Il l'avait cru, lui aussi, autrefois, dans la période enivrée de ses chères fiançailles, et voici qu'à cet instant même où il se demandait, avec une angoisse affolée, comment il allait défendre son amour, il ne pouvait s'empêcher de tenir compte d'autres émotions, inconciliables avec cet amour. Il eut alors, devant l'évidence du désarroi de son être moral, un sursaut d'horreur pour lui-même. Il se rappela qu'à quarante-huit heures de distance il avait vu pleurer avec un désespoir pareil Pauline et Henriette, la misérable complice de ses égarements d'autrefois et la virginale amie de ses nouveaux jours. Et il gémit en se prenant le visage dans ses mains : « Je ne sais donc que faire souffrir!... » Quelles conditions pour se débattre et dissimuler quand la comtesse reviendrait lui poser les inévitables questions qui mettraient au jour l'incohérence douloureuse de ces dernières semaines! Mais déjà le temps avait marché. La porte du salon se rouvrait et Mme Scilly était devant le jeune homme qui relevait la tête pour l'écouter parler de sa voix toujours indulgente et si confiante, encore à ce moment :

— « Henriette est plus calme. J'ai pu la laisser seule... Mais, Francis, comme je vous gronderais, si je ne vous voyais pas si remué vous-même! Je vous l'ai répété souvent : vous ne la ménagerez jamais assez. Elle est si follement sensible, et pas très forte... Que lui aviez-vous dit qui ait pu la mettre dans cet état?... »

— « Elle ne vous l'a donc pas raconté elle-même?... » interrogea Francis.

— « Non, » répondit la mère. « Je n'ai pas obtenu d'elle un seul mot, sinon parmi des sanglots, à croire qu'elle allait être brisée, cette phrase toujours et toujours : — C'est fini. Mon Dieu! c'est fini... — Qu'est-ce qui est fini? questionnais-je, et pourquoi? — Alors elle s'arrêtait de me parler. Je voyais qu'elle faisait un effort surhumain pour se dominer, et, quand je l'ai quittée, toute sa pensée n'était que pour vous. Elle m'a suppliée de ne rien vous reprocher, de ne rien vous demander... Comme elle vous aime et comme vous seriez coupable si vous la rendiez malheureuse!... »

Ainsi, même dans cette agonie de son chagrin, la tendre enfant avait trouvé la force de se préoccuper de lui. Elle avait obéi à son injonction de ne pas livrer son secret à sa mère. Et cette mère, quelle inépuisable bonté, quelle croyance en lui elle lui montrait, quand il méritait si peu l'une et l'autre! Aucun soupçon qu'il pût être coupable d'une faute un peu grave n'avait seulement effleuré son esprit, et il était si coupable cependant, il avait manqué d'une manière si perfide au pacte de loyauté conclu entre eux par ses fiançailles! Mais elle continuait tout simplement :

— « Voyons, Francis, vous ne devez pas tous les deux finir cette année, votre première année, sur des scènes semblables... S'il y a un malentendu de vous à elle, il faut qu'il s'efface... Il le faut aussi pour moi. » ajouta-t-elle d'une voix plus émue. « De voir Henriette comme je l'ai laissée et de vous voir comme je vous retrouve m'aurait bien vite fait perdre ce que j'ai repris de force par vous autant que par ce soleil, parce que je vous savais, que je vous sentais heureux. Je vous aime tant, elle et vous. Je vous unis dans une affection si vraie. J'ai un peu droit à votre bonheur... Allons, confessez-vous, » conclut-elle en prenant la main du jeune homme et en la lui serrant.

— « Si je pouvais!... » s'écria-t-il avec un accent déchirant. Lorsqu'on étouffe de silence comme lui et depuis des jours, une sympathie exprimée avec cette délicatesse nous remue trop profondément! Elle nous entre trop avant dans le cœur. Nous avons un tel besoin d'être plaints, que ce cœur s'ouvre tout entier pour recevoir cette pitié qui lui arrive, et, ainsi ouvert, l'aveu que nous voulions le plus retenir s'en échappe, comme les larmes tombent des yeux, irrésistiblement. Quant à M^me Scilly, ce cri jeté par Francis acheva de lui faire comprendre qu'il ne s'agissait pas entre les deux jeunes gens d'une de ces querelles d'amoureux, dont les chagrins puérils font sourire et soupirer à la fois les personnes de son âge. Un drame intime se jouait entre eux, qu'elle ne soupçonnait même pas. Elle s'assit auprès du jeune homme sans lâcher sa main et elle insista, car elle sentait, avec son instinct de femme, qu'il allait s'abandonner, à condition qu'elle trouvât, pour lui prendre son secret, les mots vraiment justes :

— « Si vous pouviez!... Mais n'êtes-vous pas mon fils? Ne suis-je pas votre mère?... J'en ai pour vous toute la tendresse. J'en aurai pour vous toute l'indulgence. Si elle était là, votre véritable mère, garderiez-vous ce pli sur votre front, cette tristesse dans vos yeux, ce silence sur votre bouche, ce poids sur votre cœur?... Non, vous lui diriez : Mère, je souffre, et elle vous panserait, elle vous bercerait, elle vous guérirait. »

— « Ne me parlez pas ainsi, » dit le jeune homme en se levant et en dégageant sa main, « cela me fait trop de mal. Vous ne savez pas ce que vous me demandez. Vous ne me connaissez pas, ni la nature de ces secrets que vous croyez pouvoir plaindre... Laissez-moi m'en aller, fuir Palerme, fuir Henriette, vous fuir, tout fuir. C'est ma seule chance de rester un homme d'honneur... »

— « Non, » répondit la comtesse en se levant à son tour, « vous n'agiriez pas en homme d'honneur si vous ne me parliez pas maintenant avec franchise. Et moi aussi j'ai trop mal, et vous ne pouvez pas me laisser avec cette inquiétude que vous venez d'éveiller en moi... Quand vous m'avez demandé la main d'Henriette et que je vous ai dit oui, rappelez-vous avec quelle estime je vous ai accueilli, avec quelle confiance. Vous ai-je questionné sur quoi que ce soit? J'étais sûre, comme je suis sûre maintenant, que s'il y avait eu quelque obstacle à l'honnêteté absolue de votre mariage, vous me l'auriez dit. Si un événement quelconque est survenu, capable de vous arracher des cris comme celui que vous avez jeté, vous devez le déclarer aujourd'hui à la mère de votre fiancée. On ne se marie pas avec des secrets sur la conscience d'une si douloureuse gravité...

Vous parlez d'honneur. Il est tout entier, cet honneur, dans la franchise absolue à certaines heures et dans certaines situations. C'est cette franchise que j'ai le droit de réclamer de vous et je la réclame... »

Elle avait parlé avec l'autorité d'une mère soudainement atteinte dans ce qu'elle a de plus précieux au monde, l'avenir de sa fille. Car les paroles insensées de Francis avaient fini de l'épouvanter. Le rappel qu'elle avait fait de leur entretien six mois auparavant, à l'époque de la demande en mariage, alla frapper le jeune homme dans les portions les plus délicates de son sens moral. Cette âme, obsédée de sentiments contradictoires, agonisante d'incertitude, bourrelée de remords, se retourna tout entière d'un coup, comme il arrive aux caractères à portions faibles et à portions nobles dont ces volte-face subites sont la dernière fierté. Tandis que M$^{me}$ Scilly parlait, il s'était mis à marcher dans le salon. Il s'arrêta tout d'un coup, et tristement :

— « Vous avez raison, » dit-il, « l'honneur est tout entier dans la franchise, et voilà près d'un mois que j'y manque vis-à-vis de vous et d'Henriette. C'est pour n'y pas manquer davantage que je voulais partir. Mais aujourd'hui c'est vrai, vous ne pouvez pas me laisser m'en aller et je ne peux pas m'en aller ainsi. Vous venez de me parler d'un jour sacré pour moi, celui où je vous ai demandé Henriette. Ce jour-là, du moins, sachez-le, je n'ai pas manqué à cet honneur. Je l'aimais. Elle m'aimait. Je sentais palpiter en moi toutes les forces de l'espérance et du dévouement. Je me croyais libre de recommencer ma vie. » Il ajouta, avec un visible et douloureux effort : « Je ne l'étais pas... » Il se tut, puis sur un geste de M^me Scilly : « Oh! » continua-t-il, « je ne trahissais, je n'abandonnais personne en voulant me marier. Croyez que je me suis trop respecté, que j'ai trop respecté votre fille pour avoir, dans un si court espace de temps, passé d'une rupture à des fiançailles... Je n'avais eu dans ma vie, avant de rencontrer Henriette, qu'un seul sentiment digne de ce nom d'amour. Oui, j'avais aimé passionnément, follement, une femme qui ne m'était plus de rien, que je croyais ne m'être plus de rien. Il y avait des années entre cette passion et moi... J'étais sincère, bien sincère, en me croyant dégagé de tout devoir envers elle, surtout après ce qu'elle m'avait fait souffrir... »

— « Ne continuez pas, » interrompit la comtesse, « c'est l'éternelle histoire des jeunes gens. Vous avez eu une liaison indigne de vous. Cette créature a su que vous alliez vous marier. Elle avait des lettres de vous entre les mains. Elle vous a menacé de me les envoyer, de les envoyer à Henriette. Vous savez cette chère petite infiniment sensible. Vous me croyez très sévère. Vous avez pris peur. Vous avez perdu la tête et vous avez voulu courir à Paris lui racheter votre correspondance... Vous ai-je raconté votre histoire, ou presque?... Ce sont de tristes faiblesses que celles de la vingt-cinquième année, pour vous autres hommes. Mais vous n'aviez ni votre mère, ni votre père, et du moment qu'il n'y a pas d'enfant, pas d'être innocent qui porte le poids de cette faute... Car s'il y avait eu un enfant, vous me l'auriez dit, cela je le sais... »

Elle affirmait ainsi, la noble femme, une certitude qu'elle était loin d'avoir à ce degré, car elle avait fixé Francis avec angoisse en prononçant ces derniers mots. Il secoua la tête avec une mélancolie plus grande encore, et il reprit :

— « Vous voudriez m'éviter le chagrin d'un aveu détaillé, je vous en remercie. Mais j'ai commencé, j'irai jusqu'au bout. Il y a un enfant, une petite fille, et la mère était mariée .. Vous voyez bien que j'avais raison de vous dire tout à l'heure que vous ne soupçonniez pas la nature du secret que vous me demandiez. Vous voyez bien que vous ne me connaissiez pas, ni mon passé. Une pareille aventure est simple et banale dans le monde où j'ai vécu. Je comprends que les mensonges et les trahisons qu'elle suppose fassent horreur à une sainte comme vous l'êtes. Et pourtant si je pouvais vous raconter par le détail ces funestes amours, leurs amertumes, les défiances et les jalousies dont j'ai été empoisonné pendant des années, les scènes sur lesquelles ma maîtresse et moi nous sommes séparés, je vous le jure, vous me plaindriez plus encore que vous ne me condamneriez. J'ai douté d'elle. Je suis arrivé à la persuasion qu'elle m'avait trahi. Je l'ai quittée. Je vous le répète, des années étaient tombées sur cette passion. Je ne dirai pas que je l'avais oubliée, mais certes j'étais de bien bonne foi en la croyant pour toujours finie... »

— « Et vous venez de dire qu'il y a une enfant? » interrompit la comtesse.

— « Je vous ai dit que j'avais douté de la mère, » répondit-il, « j'ai douté de l'enfant, ou plutôt non, j'ai été persuadé que je n'étais pas son père. »

— « Et maintenant?... »

— « Maintenant, je sais que je suis son père... »

— « Et c'est dernièrement que vous avez acquis la preuve de cette paternité?... »

— « Il y a quelques semaines. »

— « Ici, alors?... »

— « Ici... »

— « Vous êtes donc entré de nouveau en relations avec cette femme?... »

— « Oui, » répondit le jeune homme.

— « Et vous avez pu faire cela! » s'écria M<sup>me</sup> Scilly en joignant ses mains, « quand vous viviez auprès de nous, auprès de moi qui vous ai donné ce que j'ai de plus cher au monde, auprès de cet ange de pureté qui vous a donné, elle, tout son cœur!... Mais quel homme êtes-vous en effet pour n'avoir pas compris qu'à la première lettre reçue de cette femme vous deviez me parler?... »

— « Elle ne m'a pas écrit, » dit Francis.

— « Alors... elle est venue à Palerme... Vous l'avez vue?... »

— « Oui, » répondit-il.

— « Dans cet hôtel?... »

— « Dans cet hôtel... »

Ils se regardèrent une minute de nouveau, sans plus parler, lui, avec des yeux presque suppliants, qui lui demandaient de deviner ce qu'il souffrait trop de dire, elle, avec un regard épouvanté de deviner réellement. La comtesse rompit la première ce cruel silence :

— « Non, » dit-elle, « ce n'est pourtant pas possible... Vous n'auriez pas laissé Henriette parler à cette petite comme elle a fait, si ç'avait été votre fille... » Et comme Francis baissait la tête, elle s'écria : « Ainsi, cette femme, c'est M^me Raffraye. Cette enfant, c'est... Ah! la malheureuse!... »

— « Vous savez tout maintenant, » répondit le jeune homme, « et vous pouvez comprendre mon agonie de ces dernières semaines. Quand j'ai vu ce nom : Pauline Raffraye, sur la liste des étrangers affichés dans le vestibule de l'hôtel, j'ai pensé devenir fou de terreur. J'ai cru qu'elle venait ici pour se jeter entre Henriette et moi, pour m'arracher à mes saintes, à mes pures amours, au nom de ce triste passé. Après tout, elle avait été ma maîtresse et je l'avais quittée brutalement... Elle pouvait vouloir se venger. J'ai eu l'idée de vous parler alors comme je vous parle aujourd'hui. Je n'ai pas osé. Vous me disiez tout à l'heure que je vous croyais sévère. C'est vrai, et c'est vrai surtout que je vous respectais trop profondément. La pensée seule de vous raconter l'histoire de cet horrible adultère me répugnait tant!... Puis j'ai vu que M<sup>me</sup> Raffraye vous évitait. J'ai compris qu'elle se trouvait à Palerme et dans notre hôtel par un de ces invraisemblables hasards qui vous font croire à une destinée. Elle en souffrait évidemment autant que moi. J'ai jugé l'aveu inutile. Je me sentais si fort de mon culte pour Henriette! D'ailleurs, je n'avais jamais vu l'enfant. Cette petite fille était née après notre rupture. Je vous répète que je ne me croyais pas son père. Toutefois, c'est vrai, je n'étais pas absolument sûr que je ne l'étais pas... Et voici qu'un jour j'ai su, par Henriette même, que cette petite fille, dont je n'avais jamais voulu m'occuper, à cause de ce doute et de cette horrible possibilité, ressemblait à ma sœur d'une ressemblance frappante. Vous pensez si j'ai été remué.

Je l'ai vue, cette petite fille. J'ai vu mon sang. Ç'a été une de ces révélations foudroyantes qui envahissent d'un coup tout le cœur. Vous ne pouvez pas vous rappeler. Je vous avais quittées sur le prétexte d'aller à la Banque, je me suis fait conduire droit au jardin de l'hôtel en bas... J'y suis entré haletant d'une curiosité défiante, j'en suis sorti convaincu. C'était ma fille!... Depuis ce moment, c'en a été fait de mon bonheur. J'ai lutté, lutté afin de ne pas revoir cette enfant, pour qui je ne pouvais rien. Je l'ai revue. J'ai voulu revoir la mère. Quelle scène et dans laquelle j'ai entendu, avec une agonie de remords qui a fini de m'affoler, cette femme que j'ai aimée, ah! éperdument, protester de son innocence, avec quel accent!... Si elle n'a pas été coupable, si je l'ai condamnée sur des apparences, qu'ai-je fait?... Cette idée m'a été un nouveau couteau enfoncé dans la place la plus blessée de mon cœur... C'est alors que je me suis décidé à m'en aller. Et je serais parti, et sauvé peut-être, si cette inévitable destinée n'avait voulu que ce matin même Henriette, pendant que nous étions à la messe, causât, avec qui? avec la petite Adèle qui lui a tout naïvement révélé ma présence chez sa mère... Quand je l'ai entendue là, tout à l'heure, qui me demandait pourquoi je lui ai caché cette visite, quand j'ai vu que l'instinct de son amour avait pénétré mon trouble de ces cinq affreuses semaines, quand j'ai constaté que tous ces mensonges, tous ces débats intérieurs, toutes ces luttes n'avaient pas empêché la rencontre fatale et irréparable entre mon présent et mon passé, entre ma chère fiancée et celle que vous appelez si bien la malheureuse, alors j'ai perdu la force de me défendre davantage... J'ai encore eu le courage, par dernière honnêteté, de ne pas mentir tout en refusant de répondre... Ah! madame, aidez-moi. Maintenant que vous savez toutes mes fautes et toutes mes douleurs, que votre génie de mère empêche du moins que le contre-coup n'arrive jusqu'à Henriette!... »

— « Hélas! est-ce que je le peux? » répondit M<sup>me</sup> Scilly avec un véritable désespoir, elle aussi. « Quand elle m'interrogera, que trouverai-je à lui répondre? Et vous n'avez pas compris cela, que votre premier devoir, dans une pareille situation, était justement de tout faire pour que votre fiancée l'ignorât, que moi seule j'avais qualité pour vous y aider... Seigneur! Que vous êtes coupable! Ah! ma pauvre, ma pauvre enfant!... »

Tandis qu'elle traduisait par ces mots entrecoupés, — elle si décidée d'ordinaire, si maîtresse d'elle-même et si énergique quand il s'agissait des choses essentielles, — le bouleversement où l'avait jetée cette atroce et si soudaine confession, elle vit que la physionomie de Francis se décomposait, que ses yeux devenaient fixes et que de la main il lui montrait un objet d'épouvante. Elle se retourna dans la direction de ce geste, et elle s'aperçut que la porte qui séparait sa chambre du salon était entr'ouverte. Elle se souvint distinctement de l'avoir refermée en entrant, avec le soin d'une personne qui se prépare à un entretien confidentiel. Puis cet entretien avait commencé, et ils avaient été enveloppés, elle et Francis, dans un de ces tourbillons d'émotion qui abolissent presque l'usage des sens. Quelle main avait ouvert cette porte pendant qu'ils prononçaient des phrases dont la moindre pouvait être meurtrière pour une personne à laquelle ils pensèrent tous deux en se regardant, mais sans dire son nom? Tous deux avaient eu au même moment cette même imagination sinistre... Henriette arrivant pour empêcher tout reproche trop sévère de la comtesse à Francis, tournant le bouton de cette porte, et puis entendant les terribles aveux de son fiancé. Mais si elle les avait écoutés, ces aveux, elle, la délicatesse même, et à qui un pareil procédé pour savoir la vérité faisait certainement horreur, c'est que le saisissement des premiers mots surpris de la sorte l'avait frappée au point de lui interdire le moindre cri, le moindre geste, et tous deux, la mère innocente et le fiancé coupable, aperçurent, dans un même éclair, la possibilité d'un tragique dénouement qui les fit frémir d'une inexprimable angoisse. Cela arrive pourtant dans la réalité, qu'une certaine phrase vous tue d'un coup, aussi sûrement qu'une balle de pistolet ou qu'une pointe de poignard. Enfin, la pauvre mère fut la plus courageuse. Elle dit : « J'y vais, » et elle marcha vers cette porte. Elle la tira d'une main qui tremblait, comme si elle avait eu quatre-vingts ans, et elle vit l'image de la douleur, de l'épouvante, presque de la folie, dans la jeune fille qui se tenait appuyée contre le mur, comme paralysée d'horreur, incapable de bouger, de parler, les yeux hagards et fixes, la bouche ouverte. La mère jeta un cri et, la saisissant dans ses bras, elle l'emporta dans sa chambre avec une force soudain revenue et décuplée par l'amour. Au premier moment, le jeune homme n'essaya pas de les suivre. Il était lui-même comme rendu insensible par l'excès de son anxiété. Il entendit des bruits de sonnette, des portes ouvertes puis fermées, des pas rapides. Il ne reprit la pleine conscience de ce qui se passait qu'en voyant entrer dans le salon la femme de chambre affolée et qui cherchait un flacon de sels. Il demanda :

— « Que se passe-t-il ?... »

— « Mademoiselle est bien souffrante et Vincent vient de courir chez le médecin, » lui répondit-on.

Dieu juste !... Elle n'était pas morte !

## X

### UNE CONSCIENCE PURE

Il y a dans la survenue d'un terrible accident, lorsqu'on y avait trop pensé, comme une stupeur et une sorte d'apaisement. Francis l'avait éprouvé à cette minute où il voyait disparaître le groupe de ces deux femmes initiées d'une manière si cruelle et si soudaine aux chagrins et aux fautes de son passé. Cette étrange impression de détente, presque de repos dans l'extrême malheur, est tellement inhérente à la nature humaine qu'elle se retrouve dans les plus illustres catastrophes de l'histoire, comme dans les plus humbles misères des destinées privées. L'empereur n'en a-t-il pas donné un exemple aussi saisissant que le comportait sa magnifique personnalité, en dormant comme il fit et de si longues heures après Waterloo ? C'est que l'âme la plus forte ne peut supporter indéfiniment l'agonie de l'incertitude, et les irrémédiables désastres ont ce bienfait momentané qu'ils nous en affranchissent. A quel prix ? hélas! Plus tard, demain, dans quelques instants, nous la regretterons, cette incertitude qui laissait place à l'espoir. Nous dirons avec d'autres mots ce que disait ce même empereur, assis sur le rocher de Sainte-Hélène : — « Il y a tant d'années, à pareil jour, je débarquais de l'île d'Elbe. Il y avait des nuages au ciel... Je guérirais si je voyais ces nuages. » Cri sublime où s'exhale toute l'amertume et toute l'impuissance de la plus grande nostalgie qui fut jamais!... Francis, lui aussi, toutes proportions gardées entre l'écroulement du César colossal et la chute d'un modeste songe de bonheur intime, devait plus tard regretter bien souvent les âcres journées au terme desquelles il entrevoyait la possibilité au moins de garder pour lui seul le secret de ses remords et de ses angoisses. Sur le moment même il se sentit soulagé d'un poids immense. Il ne mentirait plus. Il avait quitté, pour n'y plus rentrer, le labyrinthe des honteuses hypocrisies. Il n'avait plus rien à cacher ni à la comtesse, ni à sa fiancée. Resté seul dans le salon, il se promenait de long en large et il s'étonnait du calme subit avec lequel il regardait en face une situation affreuse, mais qui avait cela pour elle d'être nette et franche. L'arrivée du professeur Teresi, qui dut traverser le salon avant d'être introduit dans la chambre d'Henriette, commença de le rendre au sentiment aigu des nouveaux dangers dont il était menacé maintenant. Le regard pénétrant du docteur Sicilien lui fut une gêne presque insupportable dès le premier abord et davantage au sortir de la consultation. Cet homme était trop fin, et trop d'indices l'avaient averti déjà pour qu'il n'eût pas deviné qu'un drame se jouait entre les deux fiancés.

— « Comment avez-vous trouvé M$^{lle}$ Scilly ? » lui demanda Francis afin de devancer toute question, « elle est seulement indisposée, n'est-ce pas ?... »

— « Je ne pourrai me prononcer que demain, » dit le docteur. « Il y a là un état nerveux qui me déconcerte... Sur ces natures qui sont toute sensibilité, les secousses morales trop fortes agissent comme un véritable poison. M$^{me}$ la comtesse m'a dit que la crise présente avait été déterminée par une mauvaise nouvelle annoncée inopinément. J'insiste auprès de vous, monsieur, comme j'ai insisté auprès de sa mère. Il faut épargner à cette enfant les plus légères émotions, s'il est possible. Sinon, vous la verriez s'en aller, jour par jour, heure par heure, je vous le répète, comme si vous l'empoisonniez... »

Ce n'étaient, ces mots, qu'une allusion vague, et ils ne dépassaient pas la limite des avertissements qu'un docteur intéressé par une malade peut se permettre de donner aux personnes appelées à surveiller cette malade. La physionomie et l'accent dont ils furent prononcés ne laissèrent aucun doute à Francis. Le médecin le croyait la cause de cette crise contre laquelle se débattait Henriette et il jugeait sa conduite avec sévérité, sans même bien la connaître. Que serait-ce de M$^{me}$ Scilly qui, elle, savait exactement à quoi s'en tenir ? Quelle scène allait avoir à soutenir le fiancé félon qui s'était engagé, en demandant la jeune fille, à la rendre heureuse, et il avait déjà percé le cœur de cette pauvre créature. Cette mère si tendre qui lui avait dit une heure plus tôt qu'elle était aussi sa mère à lui, par affection, presque par reconnaissance pour les sentiments qu'il inspirait à sa fille, avec quelles paroles lui parlerait-elle maintenant et de quel visage ? Il n'eut pas longtemps à se poser cette redoutable question. Le professeur Teresi n'était pas sorti du salon depuis un quart d'heure que la comtesse y rentrait. Ce fut pour Nayrac la première impression douce qu'il lui eût été donné de recevoir depuis ces douloureuses semaines. Ce qu'il lut en effet sur ce visage pourtant bien soucieux, ce fut, à travers ce souci, une pitié, une profonde et généreuse pitié de femme pour l'homme coupable, mais malheureux, qu'elle avait devant elle. Non, elle n'avait pas menti en lui disant qu'elle l'aimait vraiment comme une mère aime son fils, puisque ayant le droit, presque le devoir, de le condamner d'une manière si implacable, elle trouvait encore en elle de quoi lui faire la charité, si ce n'est d'un pardon, au moins d'une sympathie, et son premier mot la lui annonçait, cette sympathie, tout simplement, tout délicatement.

— « J'ai quitté Henriette pour quelques minutes, » dit-elle, « parce que j'ai pensé que vous deviez être bien tourmenté, et que cela me faisait mal, même dans mon inquiétude... Et puis il faut que j'obtienne de vous une promesse... »

— « Ah! tout ce que vous demanderez, tout ce qu'elle demandera!... » répondit le jeune homme. « Je suis prêt à vous obéir en tout. J'y étais prêt avant que vous m'eussiez parlé comme vous venez de faire, avec cette bonté dont je vous serai reconnaissant toute ma vie... » Il prit la main de M<sup>me</sup> Scilly pour la baiser, et, sur cette blanche et sainte main, ses larmes tombèrent, tandis qu'il continuait : « Je vous en conjure, soyez bonne encore davantage. Ne me cachez rien. Dites-moi tout ce qu'elle vous a dit. Qu'a-t-elle entendu? Que sait-elle? Que pense-t-elle? »

— « Hélas! » répliqua la mère, « je voudrais

bien qu'elle m'eût parlé. Je ne serais pas en proie moi-même à cette fièvre d'inquiétude... Qu'a-t-elle entendu de votre confession? Assez pour tout savoir, j'en suis sûre. Le tremblement de tout son corps qui n'a pas cessé depuis que je l'ai prise là, dans mes bras, me le prouve trop... Que pense-t-elle? Dieu! si je le savais moi-même!... Quand j'ai essayé de l'interroger avant l'arrivée de Teresi, elle s'est mise à sangloter au lieu de me répondre, avec une telle exaltation que je me suis arrêtée, et cet excellent homme a mis tant d'insistance à prescrire le calme le plus absolu autour d'elle que je n'ai plus osé faire seulement la plus légère allusion à ce qu'elle a compris... Il n'y a que moi, voyez-vous, qui connaisse la profondeur de son innocence. Telle elle était au matin de sa première communion, telle elle était, ce matin, il y a deux heures, avant que nous eussions le malheur, vous de vous confesser à moi, et moi de vous écouter, sans nous souvenir que nous étions trop voisins d'elle... J'étais si fière de cette innocence, si fière de l'avoir gardée si blanche, si pure, si digne d'être aimée pieusement. Et quand je songe que la révélation des plus cruelles réalités de la vie lui a été infligée ainsi, quels reproches je me fais de ne pas avoir deviné qu'elle voudrait à tout prix empêcher que je ne vous questionne, et qu'elle viendrait... Ah! je la verrai toujours, comme je l'ai vue, derrière cette porte qu'elle n'avait pas eu la force de franchir après l'avoir ouverte... Nous l'aurions seulement entendue l'ouvrir! Mais non. C'eût été déjà trop tard. Un mot, un seul mot suffit pour qu'une âme soit troublée jusque dans son fond. Et je vous le répète, c'est toute votre confession qu'elle a entendue. Je l'ai lu dans ses yeux. Seigneur! Qu'en a-t-elle compris?... »

— « Mais quand vous avez prononcé mon nom, elle a répondu, cependant?... » demanda le jeune homme timidement. Cette plainte de la comtesse lui était un reproche plus cruel que si elle lui avait prodigué les pires affronts, et il essayait de l'interrompre en même temps qu'il essayait de savoir quels sentiments Henriette gardait pour lui. Tout son avenir de cœur n'en dépendait-il pas?

— « Ce qu'elle m'a répondu quand j'ai prononcé votre nom? » répéta la mère. « Rien non plus. Elle a seulement fermé les yeux avec une expression de souffrance qui ne m'a pas davantage permis d'insister... Et c'est à cause de cela, » continua-t-elle avec une visible gêne, « à cause des émotions dont votre présence serait le principe dans la crise actuelle, que je voudrais vous voir prendre une résolution momentanée... »

— « Laquelle? » interrompit Francis en tressaillant. « Vous ne me demandez pas de partir, n'est-il pas vrai ? Rentrer à Paris et vous laisser dans cette situation me serait trop pénible... »

— « A Paris, non, » dit la comtesse. « Mais il faut que vous quittiez Palerme et que vous attendiez ailleurs le résultat de l'entretien que j'aurai avec Henriette. Ici nous ne pouvons ni changer nos habitudes, ni les continuer dans les conditions où nous nous trouvons aujourd'hui. Gagnez Catane demain par le premier express. Vous êtes à quelques heures. Je puis vous faire revenir du matin au soir. Voyez-vous Henriette vous sachant à deux pas d'elle, exposée à vous rencontrer si elle vient dans ce salon, préoccupée peut-être de l'idée que vous avez revu cette femme ?... Pardon de vous parler si franchement, mais nous devons tout prévoir. Jamais elle ne reprendrait son équilibre. Faites ce que mon instinct de mère m'inspire de vous demander. Partez... Je n'ignore pas que c'est un grand, un dur sacrifice, mais vous y consentirez par amour pour elle... »

— « Ainsi vous espérez me rappeler, » répondit-il, « vous espérez qu'elle me pardonnera, vous ne croyez pas que j'aie perdu tous mes droits sur son cœur ?... Avec cette idée, moi aussi, j'aurai la force de tout supporter. Je partirai demain, bien triste, bien anxieux, mais confiant tout de même dans ce pardon possible, puisque vous, sa mère, vous ne m'avez pas condamné... »

— « Non, mon pauvre ami, » reprit la comtesse en secouant sa tête blanchie, « ne vous faites pas de chimère et ne jugez pas ma fille d'après moi. Je n'ai ni à vous condamner, ni à vous absoudre. Je mentirais si je ne vous disais pas que vous me semblez bien coupable. Mais je vous ai trop senti souffrir pour ne pas croire que vous vous repentez d'abord, et puis que vous aimez Henriette. Qu'elle vous aime aussi avec une passion qui intéresse l'essence même de sa vie, je viens d'en avoir encore la preuve. C'est pour cela que je ne peux pas, si graves qu'aient été vos confidences, non, je ne peux pas prendre sur moi de rompre votre mariage... Par tout ce que vous m'avez dit, j'ai dû constater avec bien de la tristesse, je vous l'avoue encore, qu'en effet je ne vous connaissais pas tout entier. Si j'avais su ce que je sais, la veille du jour où vous m'avez demandé Henriette, je vous aurais répondu sans doute alors plus sévèrement qu'aujourd'hui, où ma pauvre fille vous a donné toute son âme avec une ardeur qu'elle ne soupçonne pas elle-même... Tout à l'heure, quand je la regardais en attendant le médecin, je l'ai trop compris, je l'ai trop vu... S'il y avait un devoir entre vous, » continua-t-elle après un silence, « je crois que cette douleur de ma fille ne m'empêcherait pas de vous dire à tous deux : il faut que ce devoir s'accomplisse, — et j'userais de toute mon autorité pour vous séparer. Mais ce devoir, j'avoue que je ne l'aperçois pas. Vous ne pouvez rien pour cette pauvre petite Adèle, que d'empêcher à tout prix qu'elle ne soupçonne un jour la faute de sa mère. Cette mère l'a senti comme moi, puisqu'elle ne veut plus rien savoir de vous. Il ne reste donc de ce passé que le souvenir des fautes très graves que vous avez commises, autrefois par passion et tout récemment par faiblesse. Je crois que votre sentiment pour Henriette est assez vrai, assez fort, assez noble pour racheter ces fautes et faire de vous un loyal, un honnête mari... Je le crois, mais je ne suis pas elle. Quand je vous disais tout à l'heure de ne pas vous forger de chimère, de ne pas juger ma fille d'après moi-même, je vous exprimais d'un mot tout ce que je viens d'essayer de vous faire comprendre sans vous blesser. Des fautes comme les vôtres, une femme de mon âge a trop vécu pour ne pas savoir qu'elles restent conciliables avec de belles qualités de cœur, dans notre triste société et avec l'éducation d'aujourd'hui... Henriette n'a pas mon âge...»

— « Alors, vous pensez qu'elle ne me pardonnera pas? » interrogea Francis en tremblant.

— « Je n'ai pas dit cela, » répondit la comtesse, « et j'espère au contraire que si... Mais je dois, pour être loyale avec vous, prévoir aussi le cas où il se serait fait dans ce jeune cœur un revirement irréparable, une de ces désillusions dans lesquelles tout sombre. Si elle me disait d'une certaine manière qu'elle ne veut plus être votre femme, je sens que je ne pourrais rien sur cette résolution... »

— « Mais vous me rappelleriez, » s'écria Francis, « pour me permettre de plaider ma cause, pour que je lui explique... »

— « C'est mon rôle de mère que cette explication, » interrompit M<sup>me</sup> Scilly. « Je vous ai montré assez de sympathie et je vous en montre encore assez en ce moment pour que vous soyez bien sûr de ma sincérité quand je vous affirme que je lui dirai en votre faveur tout ce qui peut, tout ce qui doit être dit, et que vous ne pouvez pas, que vous ne devez pas dire vous-même. De vous à elle, il ne saurait y avoir que son pardon et que votre repentir, sans une parole... »

— « Je vous obéirai, » fit le jeune homme après un silence. Il reprit la main de la noble femme et il ajouta en la lui baisant de nouveau : « En vous confiant toutes mes chances de bonheur, je les confie à ce que je respecte le plus au monde... »

— « Ah! » s'écria la mère, « si vous l'aviez eue plus tôt, cette confiance, si vous m'aviez parlé dès le premier jour, que de douleurs vous auraient été épargnées, mes pauvres enfants!... »

Un pareil entretien n'était pas pour rendre facile ce départ que le jeune homme avait promis. Si entière que fût sa foi dans l'affection éloquente de M^me Scilly, il lui était bien dur de laisser ainsi se jouer la partie dont le résultat menaçait d'être pour lui si tragique, sans agir lui-même. Mais les raisons que lui avait données la comtesse exprimaient trop évidemment les nécessités de sa situation pour qu'il ne s'y soumît point. En préparant sa valise, seul, afin d'éviter les commentaires déjà trop certains du fidèle Vincent et des autres domestiques, il creusait dans sa pensée les phrases essentielles de cette conversation, et plus il les creusait, plus il en reconnaissait la vérité absolue. Non, les habitudes matérielles de leur vie commune ne lui permettaient pas de rester sous le même toit qu'Henriette malade, sans qu'il risquât de la rendre plus malade encore. Non, il ne pouvait pas plaider sa cause auprès d'elle sans prononcer des mots que sa bouche se refuserait à dire à cet être, devant l'innocence duquel il avait toujours éprouvé un religieux tremblement. M^me Scilly avait vu juste sur ces deux points et aussi sur cet autre, que ses sentiments à elle n'avaient rien de commun avec ceux qui agitaient Henriette. Dans cette âme virginale et farouche, une fois blessée à une certaine profondeur, l'amour devait plaider contre le pardon, au lieu que la comtesse avait trouvé en elle, toute chaude et jaillissante, cette source d'indulgence que les mères gardent en réserve pour ceux qu'elles savent profondément dévoués à leur fille. C'étaient ces côtés inconnus dans les sentiments de sa fiancée qui rendaient plus impossible encore la présence de Francis en ce moment. Mais c'étaient eux aussi qui achevaient de désespérer son départ. — Et puis, ce départ ne le séparait pas que d'Henriette. Assis dans sa chambre, une fois ses préparatifs finis, il songea qu'il ne reverrait sans doute plus jamais l'enfant qui venait d'être l'occasion de sa dernière et plus douloureuse faiblesse. Si M<sup>lle</sup> Scilly lui pardonnait, l'inévitable condition de ce pardon serait assurément qu'ils quittassent Palerme tous ensemble et qu'il considérât Pauline Raffraye ainsi que la petite Adèle comme mortes pour lui. La comtesse le lui avait dit assez clairement, et que le devoir était là dans cette rupture absolue des moindres relations avec son ancienne maîtresse. Hélas! cette même voix du sang, qui avait parlé si haut en lui dans le jardin lorsqu'il avait subi l'évidence effrayante de sa paternité, protestait de nouveau à cette heure même. Il y avait place dans son cœur pour le chagrin de ne plus voir son enfant, à côté de celui de ne plus voir sa fiancée, et quand, le lendemain matin, vers les cinq heures, la voiture qui l'emportait vers la gare doubla au trot lent de ses deux chevaux la tour du *Continental*, le jeune homme sentit qu'aucune n'était changée parmi les émotions contradictoires qui l'avaient acculé à cette tragique impasse. La pensée de sa fille venait de lui faire autant de mal que le souvenir d'Henriette.

— « Toutes les deux!... » gémissait-il en s'enveloppant contre le froid de cette aube de décembre. « Est-ce un crime de les aimer toutes les deux? En serait-ce un si j'avais été marié avec Pauline, puis veuf, et si je me remariais avec Henriette? Non. Le crime n'est pas dans les conflits de ces deux sentiments. Il est ailleurs. Et ce conflit n'est qu'une expiation. Comme elle est dure! De plus coupables que moi sont pourtant sortis d'un mauvais passé! Et moi, voici que ce passé me poursuit, qu'il me ressaisit, qu'il m'assiège... N'en guérirai-je jamais? Non, jamais. Et à quoi bon tant souffrir, puisque je ne peux rien pour ma pauvre petite Adèle, rien, absolument rien. Mon Dieu! pourvu qu'il me soit permis du moins de pouvoir encore quelque chose pour Henriette!... »

Pour avoir la réponse à cette question qu'il se posait plus anxieusement tandis que le train courait loin de Palerme, et que ce matin voilé éclairait la mer mouvante, violette ou grise tour à tour, les montagnes nues et brunâtres, les vastes plaines peuplées de citronniers et d'oliviers, il lui eût fallu entrer, avec M^me Scilly, à cette même heure, dans la chambre d'Henriette. La lumière de ce jour mélancolique — un de ces jours où il y a comme de l'adieu dans l'air — s'harmonisait à la pâleur du visage souffrant de la jeune fille. Ses beaux yeux bleus brûlaient de ce feu d'une sombre fièvre, qui décelait mieux que cette pâleur la révolution morale à laquelle le pauvre être se trouvait en proie. La comtesse, qui s'était demandé toute la nuit quelle phrase assez tendre elle prononcerait pour faire parler sa douce malade, se sentit incapable, comme la veille, de provoquer cette confidence lorsqu'elle eut rencontré ces yeux. Le regard d'Henriette avait changé. Vingt-quatre heures plus tôt les saintes clartés de la plus entière ignorance rayonnaient dans ces prunelles. D'autres pensées s'en échappaient maintenant. La mère s'assit au chevet où reposait cette tête blonde sur laquelle sa sollicitude avait veillé des années, et elle n'osait seulement pas en scruter la souffrance ! Comme elle l'avait dit la veille à celui qu'elle espérait toujours continuer d'appeler son fils, elle se rendait compte que sa fille avait tout entendu, sans deviner ce que cette jeune, cette candide intelligence avait compris. Et comment ne pas hésiter devant des paroles à prononcer, si différentes de celles qui s'étaient depuis des années échangées entre elles deux? Elles étaient pourtant inévitables, ces paroles, car le caractère incomplet à la fois et définitif de la révélation infligée si soudainement à la jeune fille ne lui permettait pas de demeurer sur cette affolante et indistincte évidence. M^me Scilly ne s'était pas trompée, la pauvre enfant était bien incapable de venir surprendre par un espionnage clandestin les secrets même qui intéressaient le plus vivement sa passion pour son fiancé. Si elle s'était arrêtée, sans avancer, derrière le battant entr'ouvert de la porte du salon, c'est qu'elle avait entendu, à ce moment même, la voix de l'homme à qui l'engageait la plus sainte des promesses, prononcer ces terribles mots : « J'ai douté de l'enfant, j'ai cru que je n'étais pas son père... » et le reste avait suivi, ne lui permettant aucun doute sur le mensonge continu où cet homme l'avait fait vivre depuis ces dernières semaines. Mais ce qui l'avait comme foudroyée de cette horreur dont ses yeux continuaient d'exprimer la fièvre intense, ç'avait été ce brutal, cet affreux contact de son naïf esprit avec les réalités de la vie passionnelle qui demeurent une indéchiffrable énigme pour la fille la moins réservée, tant qu'elle est vierge, à plus forte raison pour une jeune personne gardée comme elle l'avait été. Seulement elle avait plus de vingt ans, et à cet âge, l'innocence la plus entière n'est pas une ignorance absolue. C'est là un phénomène de demi-lueur si délicat, si indéterminé, qu'il en est presque indéfinissable. Comment traduire en termes précis ce vague instinct du sexe, ce retentissement obscur éveillé dans le cerveau par tout un travail inconscient qui s'accomplit à travers cet organisme encore endormi et cependant complet? Comment doser par une analyse assez subtile chacun des éléments d'initiation que représente autour de la créature la plus enveloppée de modestie le mariage d'une amie intime, par exemple, chez laquelle elle continue d'aller en visite comme auparavant, dans la chambre de laquelle elle entre, avec qui elle cause en libre et pleine confiance, qu'elle voit devenir mère enfin? Tout cet ensemble de choses féminines se résume pour la jeune fille en un pressentiment qui va quelquefois jusqu'à l'épouvante. Cela fait dans ces âmes trop tendres, trop vibrantes, comme un frisson autour de l'idée de ces rapports mystérieux entre l'homme et la femme d'où naîtra une nouvelle existence, cet enfant qui éveille à l'avance le cœur de la mère dans le sein de la vierge. Quant aux égarements de l'amour hors du mariage, la plupart ne les soupçonnent même pas, ou si quelque hasard dangereux de conversation et de lecture leur a fait comprendre qu'une femme peut manquer à ses devoirs, ce sont bien plutôt des imprudences de coquetterie qu'elles imaginent, et non pas des aventures du genre de celle que Francis avait résumée en quelques phrases, trop lucides pour laisser place au doute, et cependant trop chargées de signification cachée pour que la pensée d'Henriette ne reculât pas d'épouvante. Ce qui ajoutait à cette épouvante, c'était le souvenir du cri de douleur par lequel sa mère avait répondu à la confession de Francis : « Si elle m'interroge, que lui répondrai-je ?... » Ce gémissement de M^me Scilly poursuivait la jeune fille. Elle en était à ce point où l'on ne peut physiquement supporter l'idée que ceux qui nous entourent nous mentent pour nous ménager. Et cependant, à qui s'adresser pour comprendre tout à fait cette horrible confidence qu'elle avait surprise, sinon à cette loyale et bonne mère qu'elle voyait, par cette matinée de brumes, assise silencieusement à côté de son lit ? Un tel silence était rempli de cette tendresse dont Henriette avait eu d'innombrables preuves. N'en était-ce pas une de plus que ce respect de sa douleur, que cette pitié caressante qui l'enveloppait sans vouloir toucher à aucun des points meurtris de son être ? Et voici que la comtesse vit avec une indicible émotion ces yeux bleus, dont la muette détresse l'effrayait tant, se tourner vers elle avec une expression qu'elle n'y avait plus retrouvée depuis la veille. Elle ne s'y méprit pas une minute : la subite rougeur revenue sur ce visage tourmenté annonçait que ce cœur comme noué de chagrin allait s'ouvrir. Que répondrait-elle? Dans ses méditations de la nuit et de ce commencement de matinée sa volonté s'était fixée sur le seul parti qui pût lui permettre d'influencer cette âme malade. Elle s'était décidée à répondre simplement et franchement à toutes les questions que lui poserait la jeune fille. Elle ne les aurait pas provoquées, car les réponses allaient beaucoup lui coûter. Mais c'était son devoir de ne pas s'y dérober si elle voulait secourir avec efficacité cette créature si cruellement ébranlée.

— « Maman, » avait commencé Henriette, « vous n'avez pas cru, n'est-ce pas, que j'aie manqué à la délicatesse?... Vous m'aviez laissée seule. J'ai eu peur de la conversation qui allait se tenir si près de moi, à cause de moi. J'ai voulu l'empêcher... Je suis allée jusqu'à la porte que j'ai ouverte sans frapper, comme toujours. Vous ne m'avez pas entendue, et alors il m'a été impossible d'avancer... Je tremblais tellement que je me suis appuyée contre le mur. Mes jambes étaient comme brisées... »

Elle avait de nouveau fermé les yeux, et sa bouche avait frémi au souvenir que cette scène évoquait en elle. La mère lui caressa ses blonds cheveux d'une main lente et douce, en lui disant:

— « Tu n'as pas besoin de te justifier. Je te connais trop bien pour avoir jamais pensé que tu avais cédé à un mouvement bas... Et puis, tu y aurais cédé, que je ne me sentirais guère la force de te gronder. Tu en aurais été déjà trop punie. Mon Dieu ! » ajouta-t-elle, « je savais que je t'aimais plus que tout au monde. Je ne savais pas combien, avant de t'avoir prise contre moi sur le seuil de cette chambre où tu venais d'être frappée... Tu vois, je ne t'ai rien demandé. J'ai respecté ta peine. Je la respecterai encore. Je ne veux que te soigner comme tu le désires. Souviens-toi seulement que je suis là... »

— « Chère mère, » répondit la jeune fille en prenant entre ses mains brûlantes la main de celle qui lui parlait ainsi. Puis, après un silence, d'une voix basse, comme honteuse et de nouveau avec la pourpre de l'émotion sur sa joue : « Chère mère, il a dit que cette petite Adèle était sa fille... »

— « Tu l'as entendu, » fit la comtesse qui voyait que la pauvre créature n'osait pas formuler la question qui lui brûlait le cœur. « C'est une chose affreuse qu'une femme puisse être mariée et devenir ainsi mère d'un enfant qui n'est pas l'enfant de son mari... Mais quand tu seras entrée dans le monde, tu verras que cette chose affreuse se rencontre trop souvent. Toi qui es si bonne chrétienne, rappelle-toi et aujourd'hui et dans l'avenir le mot que Notre-Seigneur a dit à la femme adultère : « Je ne vous condamne pas « non plus... »

— « Cependant, » reprit Henriette, « cette petite Adèle porte le nom d'un autre homme. Elle m'a parlé de lui, ce soir de Noël, quand elle m'a demandé si je croyais qu'elle le reconnaîtrait après la mort... Si cet homme vivait, il la croirait sa fille ?... »

— « Sans doute, » dit M<sup>me</sup> Scilly.

— « Et la mère saurait que cet homme n'est pas le père de cette enfant, et elle ne le lui dirait pas ? Elle laisserait cet homme embrasser cette petite fille devant elle ? Quand l'enfant fait sa prière du soir maintenant, elle doit lui dire de prier pour son père, comme vous me disiez à moi de prier pour le mien ?... Elle n'a pas peur de Dieu qui sait tout... Quelle horrible femme !... »

— « Elle en souffre sans doute beaucoup, » répondit la comtesse, « comme elle souffrirait beaucoup de voir le mari qu'elle a trahi embrasser cette petite fille. Tu vois bien qu'elle n'est pas vraiment mauvaise, puisqu'elle a mené, depuis qu'elle est veuve et libre, une vie qui semble avoir été irréprochable. Si tu savais combien de malheureuses s'engagent sur le chemin de l'amour défendu avec un aveuglement qui leur vient de leur milieu, des fausses maximes de la société, d'une absence de religion, d'un mauvais exemple, des duretés de leur mari aussi ?... Et puis, quand elles ouvrent les yeux sur les conséquences de leur faiblesse, elles sont perdues, et c'est trop tard... »

— « Elles ne peuvent pourtant pas s'aveugler au point de ne pas se rendre compte qu'il leur faudra mentir..., » répondit Henriette. « Et quand une femme aurait ces excuses que vous dites, est-ce qu'un homme les a ?... M^{me} Raffraye n'avait pas quitté son mari, n'est-ce pas ?... »

— « Non, » reprit la mère.

— « Et lui, » demanda la jeune fille à voix tout à fait basse, « est-ce qu'il connaissait ce mari ?... »

— « Il n'en a point parlé, » dit la mère, « mais c'est bien certain... »

— « Il allait chez lui ? Il lui donnait la main ? Il s'asseyait à sa table ?... »

— « Ne te torture pas à de pareilles imaginations, » reprit M^{me} Scilly, « tu sais qu'il a été très coupable, que cela te suffise. N'attache pas ton esprit à tous ces détails qui ne sauraient que te faire du mal en t'empêchant d'être charitable et d'être juste... »

— « Je ne peux pas, » s'écria la jeune fille avec un accent où se révélait la sombre ardeur de la passion la plus douloureuse. « Je ne peux pas. Je les vois trop... Je les vois se disant qu'ils s'aimaient... Je les vois... » Elle ferma les yeux avec un battement affolé de ses paupières. La seule image physique dont son innocence pût nourrir sa jalousie venait de s'offrir à sa pensée : celle de Francis embrassant Pauline, et elle répétait : « Il lui disait qu'il l'aimait, comme à moi. Et il savait qu'elle trahissait, qu'elle mentait. Comment peut-on aimer ce que l'on méprise ? Et il l'aimait cependant, il l'a dit. Ah ! je ne m'étonne plus s'il a été capable de me mentir comme il l'a fait pendant des jours, puisqu'il a été capable de ressentir des sentiments si bas, si honteux, si vils... »

— « Si douloureux aussi..., » interrompit la mère. « Ce mépris dans l'amour, dont tu parles, c'est le châtiment des passions criminelles, et un châtiment terrible. Tu l'as entendu aussi confesser que ce mépris l'avait amené à douter de cette femme et le doute sur cette femme l'a conduit à douter de l'enfant, de son enfant... Il s'est dit qu'ayant trahi son mari pour lui, elle devait le trahir lui-même. — Il n'a pas cru qu'il fût le père de cette fille qui porte sur son visage cette ressemblance si étonnante qu'elle t'a saisie, comme elle l'a saisi quand il l'a vue. Mais c'est un hasard qu'une telle ressemblance et si terrassante. C'est un hasard que cette rencontre après tant d'années. Pense à ces années et au poignard qu'il avait dans le cœur chaque fois qu'il se souvenait de cette petite fille et qu'il lui fallait se dire : je ne saurai jamais si elle est ma fille. Pense à ses remords quand il l'a su et ce qu'a été pour lui cette rencontre, quel supplice quand ç'aurait pu, quand ç'aurait dû être une telle joie. Souviens-toi de son trouble dans ce soir de Noël auquel tu viens de faire allusion... Ce n'est pas pour le défendre que je te rappelle tout cela, c'est pour te montrer que si ses fautes ont été grandes, l'expiation a été grande aussi et qu'il a droit à la pitié que je voudrais te voir lui donner comme je la lui ai donnée. C'est avoir payé pleinement sa dette, je te le jure, que d'avoir acquis l'évidence de sa paternité comme il l'a acquise... »

— « Ah! maman, » s'écria Henriette avec plus de douleur encore, « vous venez de toucher à la place la plus malade... Cela me désespère qu'il m'ait menti, cela me désespère qu'il ait pu aimer une femme indigne. Je lui pardonnerais et l'un et l'autre. J'admettrais qu'il a voulu m'épargner un chagrin. J'admettrais qu'il a subi dans sa jeunesse des entraînements que je ne comprends pas. Je suis une ignorante, je le sais. J'admettrais qu'en le jugeant avec trop de sévérité je suis injuste. Mais sur ce point je ne peux pas être injuste. Non. Je ne suis pas injuste. Il n'y a pas d'entraînement qui explique cette monstrueuse chose que pendant ces années il n'ait seulement jamais vu, jamais essayé de voir cette petite fille. Vous avez prononcé un mot terrible contre lui. Vous avez dit que le hasard l'a fait se rencontrer avec elle... Le hasard! Est-ce qu'il n'aurait pas dû épuiser toutes les chances de savoir la vérité plutôt que de courir ce risque épouvantable d'abandonner son enfant? Lui que je mettais si haut!

Lui que je croyais la délicatesse et la noblesse mêmes, devoir penser de lui qu'il a sur la conscience cette cruauté vis-à-vis d'un pauvre petit être !... Il y a des gens du peuple qui adoptent des enfants déposés dans la rue par des parents barbares, et lui, il n'a même pas cherché à vérifier des doutes qu'un regard aurait dissipés ! Il vous l'a déclaré lui-même que ce regard avait suffi. »

— « Il a encore cette excuse, » dit la mère, « que cette petite fille n'avait pas besoin de lui, que même il n'avait pas, qu'il n'a pas le droit de s'en occuper. La mère était là... »

— « Et si cette mère avait été mauvaise pour cette enfant ? Si elle avait été ruinée et toutes deux réduites à la misère ? Si elle était morte et la petite livrée à des étrangers cruels ? Si... »

— « Tu n'as pas le droit d'imaginer des hypothèses pareilles, » interrompit Mme Scilly. « Nous ignorons absolument ce qu'il aurait fait si cette enfant, au lieu d'être riche et gâtée, avait été pauvre et malheureuse... »

— « Ah ! » dit Henriette, « il ne l'aurait même pas su. »

Cette fois la comtesse ne répondit pas. Les jugements ainsi portés par sa fille avaient cette rigueur intransigeante contre laquelle il est très difficile de protester, même quand on la trouve excessive, par scrupule de toucher à cette fleur de moralité qui fait la force et la grâce en même temps des âmes vraiment droites. La mère savait ce qu'elle voulait savoir. Henriette avait bien tout entendu de la confession de son fiancé, tout entendu et tout compris dans la mesure où son ignorance de la vie physiologique le lui permettait, et la révolte de sa jeune loyauté la rendait implacable pour les compromis de sens moral que cette triste aventure supposait. L'amour seul, avec sa générosité irrésistible, pouvait triompher de cette indignation et seul guérir une conscience pure atteinte au plus vif, au plus profond de son rêve de noblesse et de loyauté. Mais en ce moment cet amour ne se faisait sentir à ce cœur blessé que par la souffrance. M$^{me}$ Scilly en eut la preuve lorsqu'elle voulut reprendre cet entretien après un silence, non plus afin de défendre Francis auprès de la jeune fille, mais pour la prévenir de la résolution qu'elle avait cru devoir adopter :

— « Ne remuons pas toute cette misère, » recommença-t-elle. « Laisse-moi seulement te mettre au courant de ce que j'ai fait... Le docteur Teresi avait ordonné de t'éviter la plus légère émotion. J'ai pensé qu'il valait mieux pour M. Nayrac et pour toi de ne pas vous rencontrer dans les conditions particulièrement étroites de notre vie d'hôtel, et je lui ai demandé de s'en aller... »

— « Il est parti..., » dit Henriette, et ses traits

traduisirent un surcroît d'émotion qui fut pour la mère une première espérance de ce pardon auquel sa sagesse avait souhaité aussitôt amener sa fille. Elle lui répondit en la calmant d'une nouvelle caresse :

— « Il n'est pas retourné à Paris, bien entendu. Il est à Catane, où il attend ce que tu décideras de vos relations à venir... Je lui ai dit que je te parlerais comme je t'ai parlé, et que tu resterais libre de rompre votre mariage si tu ne peux plus retrouver en toi les sentiments qui t'ont portée vers lui. Quoique ce soit une chose bien grave que de dénoncer des fiançailles aussi avancées que les tiennes, je te le répète à toi aussi, tu en restes libre, absolument libre... Je ne ferai que lui transmettre ta réponse, devant laquelle il s'incline d'avance sans protester, comme je m'inclinerai moi-même... Je te demande seulement que cette réponse ne soit pas immédiate. Quand il s'agit d'un parti à prendre qui pèsera sur toute l'existence, la réflexion n'est jamais trop mûrie. Tu réfléchiras... Aujourd'hui, » ajouta-t-elle en embrassant sa fille tendrement, « ne parlons plus de ce qui ne peut que nous peiner davantage en y revenant toujours... Tu es trop souffrante, je ne veux que te soigner, te dorloter, t'aimer comme si tu étais encore la petite fille qui travaillait sagement à sa table devant la fenêtre de la salle d'études. Te la rappelles-tu, et comme tu m'obéissais quand je te disais d'avoir du courage pour tes leçons? Et je te dis maintenant avec la même tendresse d'avoir un peu de courage pour ta santé. Ne m'obéiras-tu pas comme autrefois?... »

— « Je l'aurai, chère mère, ce courage, » répondit la jeune fille en mettant son front contre la bouche de sa mère et en l'y appuyant comme pour prolonger l'influence bienfaisante de ce baiser, « je vous obéirai en tout, mais vous ne pouvez cependant pas vouloir que je ne sois point désespérée de devoir penser ce que je pense de celui que j'ai tant aimé?... »

## XI

### LA VOIE DOULOUREUSE

MALGRÉ cette exhortation de vaillance que M^me Scilly avait adressée à Henriette, la pauvre femme ne fut pas beaucoup moins triste que sa fille durant l'après-midi et la journée qui suivirent. D'abord elle ne voyait aucun changement survenu dans cet étrange état nerveux de la malade qui n'avait, depuis le commencement de sa crise, ni mangé, ni dormi, ni pleuré. Il semblait que toutes les fonctions fussent suspendues dans cet organisme, comme frappé d'un coup trop fort par la soudaineté de la funeste révélation. M^me Scilly demeurait épouvantée devant le visible déconcertement du médecin, et elle appréhendait que cette secousse aussi cruelle qu'inattendue n'eût atteint la vie de son enfant dans sa source profonde. Elle savait, pour avoir eu tant de peine à reconquérir un peu d'énergie lors de sa plus grande épreuve, que le chagrin tue quelquefois, d'une manière aussi lente, aussi sûre que le plus meurtrier poison. Puis la date elle-même augmentait sa mélancolie, cette fin d'année qu'elle s'était attendue à passer dans le rayonnement d'un bonheur qui lui manquait autant que le soleil, — car la pluie s'était mise à tomber, une de ces pluies comme il en tombe dans ces contrées de l'extrême Midi, une cataracte d'eau démesurée et intarissable. — Quel accompagnement que cette monotone rumeur de déluge aux impressions qu'infligeait à la mère inquiète la correspondance du jour de l'an qui commençait d'arriver! C'étaient des lettres de leurs amies de Paris, toutes pleines de ces souhaits dont la simplicité n'est que banale lorsque nous nous trouvons les recevoir dans une situation d'esprit et de cœur ordinaire. Mais quand nous portons au dedans de nous une plaie cachée, ces vœux de félicité nous sont une ironie qui la fait si aisément saigner! Ces lettres parlaient à M<sup>me</sup> Scilly de la paix morale qu'assurait à sa convalescence la joie profonde des deux fiancés. Elles l'enviaient, ces lettres imprudentes, d'avoir pu donner à sa fille le cadre lumineux de ce tiède pays autour de ses saintes amours. Dans ces lettres comme dans les dépêches qui les accompagnaient, le mot de bonheur passait et repassait sans cesse. Le monde, que les misanthropes accusent d'être si complaisamment cruel, ne l'est jamais plus qu'aux heures où il ne soupçonne pas sa cruauté? La comtesse l'éprouva durant ces deux journées avec une telle force qu'elle voulut épargner cette émotion à sa fille en ne lui donnant rien à lire encore de ces billets ou des télégrammes. D'ailleurs Henriette ne les demanda pas. Il semblait que la sensation du temps fût abolie en elle, et le regard fixe qui continuait de brûler dans ses yeux ne voyait même pas un écrin au chiffre F N posé sur sa commode et qui enfermait le cadeau qu'elle avait voulu tenir tout préparé pour Francis. Quoique cet étrange oubli des dates fût en un certain sens un bienfait, il augmentait l'épouvante de la comtesse. Elle en était, au matin du 1er janvier, à se demander si elle devait ou non rappeler sa fille au sentiment de la réalité en lui souhaitant elle-même cette fête, ou bien la laisser dans cette sorte d'oubli absorbé de toutes choses, quand un incident facile à prévoir vint la décider à une nouvelle tentative en faveur du jeune homme. Elle reçut de lui, dès la première heure, une lettre qu'il avait dû envoyer de Catane par un messager spécial, car elle ne portait pas le timbre de la poste. Avec cette lettre toute remplie des plaintes que M^me Scilly avait pu pressentir, était une boîte longue et plate, sur laquelle il avait inscrit le nom et l'adresse de celle dont il ne savait même plus si elle était encore sa fiancée. La mère enleva le couvercle d'une main tremblante à la fois et curieuse. Un arome de fleurs emplit la chambre, et elle vit, couchée dans un lit de larges violettes, une de ces frêles statuettes de terre cuite, chef-d'œuvre de l'art antique, comme elle se rappela en avoir admiré quelques-unes en compagnie des deux jeunes gens au musée de Palerme. C'était l'image d'une femme drapée et qui penchait, avec une grâce délicate, presque souffrante, sa tête un peu petite et chargée d'une couronne. La ligne mince du svelte corps apparaissait à travers le voile. Un demi-sourire flottait autour de la joue et des fines lèvres. Des traces d'un coloris presque effacé nuançaient les plis du vêtement de leurs teintes douces, et cette forme exquise, qui révélait un songe de beauté caressé par des yeux fermés depuis plus de vingt siècles, semblait plus touchante encore, soutenue, enveloppée, bercée par les sombres et odorantes corolles de ces fleurs toutes jeunes. Il y avait dans cette simple manière d'offrir cet objet si rare un rappel si tendre des heures les plus pures d'une intimité déjà bien lointaine! M^me Scilly, qui n'avait eu pourtant de cette intimité que son réchauffant reflet, sentit profondément cette tendresse. Elle resta longtemps à relire la lettre tour à tour et à regarder la fragile statuette Sicilienne. Enfin elle dit à voix haute : « Il faut essayer... » Et prenant la boîte et son couvercle, elle vint les déposer sans rien dire dans la chambre et sur le lit d'Henriette. Cette dernière reconnut sur un de ces deux objets l'écriture de Francis. En même temps, elle aperçut la couleur claire de la terre cuite dans son linceul de fleurs, et le sourire de la fine tête un peu penchée lui arriva presque à la même seconde que le parfum des violettes. Le souvenir se fit trop présent des bonheurs qu'elle avait goûtés avec son fiancé dans cette douce Sicile. C'était leur symbole si discret, si humble, si pénétrant! Les épaisses et fraîches violettes lui parlaient de leurs promenades dans les jardins, du sortilège dont les avait enlacés la magie de cet hiver méridional, et la fragile statuette y mélangeait l'évocation de l'éveil qui s'était fait dans son intelligence de jeune fille, à rencontrer pour la première fois dans cette île, où Platon fut esclave, les reliques toujours vivantes de l'art le plus noble qui ait jamais paré d'idéal la vie humaine. Comme elle avait aimé cette nature, cet art, ces jardins fleuris de violettes pareilles à celles-ci, de roses, de mimosas, de narcisses, et ces salles de musée dans lesquelles s'amoncellent les bas-reliefs, les bronzes, les débris des temples, fragments sacrés où palpite toujours une âme de beauté! Oui, comme elle avait aimé ce pays de lumière! Comme elle l'avait aimé, parce qu'elle y aimait celui qu'elle s'était choisi pour compagnon de toute sa vie! Et maintenant c'en était fait de ce bonheur. Elle eut alors, devant l'évidence du contraste entre ce passé si récent et ses chagrins actuels, un tel accès de tristesse que les larmes lui vinrent pour la première fois depuis ces deux cruelles journées, et, à travers ces larmes, toujours elle voyait la gracieuse statuette lui sourire et toujours elle respirait l'arome des caressantes fleurs, jusqu'à ce qu'elle repoussa le funeste cadeau en gémissant :

— « Ah! cela fait trop mal! C'est trop souffrir!... »

— « Pleure, mon enfant, » répondait M<sup>me</sup> Scilly, « pleure et n'essaye pas de retenir tes larmes... Pleure sur toi, pleure sur lui, et tu le plaindras et tu lui pardonneras, et vous serez sauvés.... »

En disant ces mots, la mère avait presque un éclair de joie sur son visage. Elle sentait qu'avec ces larmes l'affolement s'en allait de ce cœur noué d'une si cruelle contraction intime. La vie revenait, comme elle revient après une chute de cinquante pieds, quand l'homme, d'abord étourdi, hébété, comme tué de la secousse, recommence à se remuer; le premier cri que lui arrache la douleur de son mouvement est aussi un cri de renaissance... A quoi comparer, en effet, sinon à une subite et mortelle descente au fond d'un abîme, ces heurts que la réalité inflige à l'âme, précipitée par une révélation soudaine de toute la hauteur de son idéal? Entre le Francis qu'avait imaginé, admiré, aimé Henriette et celui qu'une brutale confidence lui avait montré si faible, si coupable, si lâche, entre le monde de chimères où elle avait plané et la misère morale où elle se débattait maintenant, n'y avait-il pas toute la distance qui sépare l'illusion et l'expérience, l'enthousiasme et le dégoût, l'exaltation et le désenchantement, profondeur d'abîme aussi terrible que celles des plus monstrueux gouffres des Alpes? C'est notre histoire commune et notre grande épreuve à tous que ce passage, quand il nous faut quitter l'univers de visions sublimes où se complut notre élan premier pour descendre dans cet univers de conditions médiocres où nous devons agir. Mais d'ordinaire cette chute nous est ménagée par une série de menues déceptions successives, et ce n'est pas d'un rêve très élevé que nous tombons. Le sort n'avait pas voulu qu'il en fût ainsi pour Henriette, qu'aucune transition n'avait préparée à voir son horizon d'espérance disparaître tout entier d'un coup. Ce qu'elle pleurait en ce moment, la joue appuyée sur la main de sa mère, longuement, indéfiniment, c'était un de ces songes qui eussent fait sourire, même dans son honnête et simple milieu, ses plus innocentes compagnes de visite et de bals de l'année précédente, tant il enveloppait de naïveté. Mais s'il y a une naïveté enfantine et qui mérite ce sourire parce qu'elle suppose la présomption, il en est une autre qui mériterait de s'appeler autrement parce qu'elle est faite d'une modeste croyance à l'absolue bonne foi de ceux qui nous entourent. C'était ce songe que pleurait Henriette, celui d'un mariage avec un homme qui n'eût jamais aimé qu'elle, comme elle n'avait jamais aimé, comme elle n'aimerait jamais que lui; — le songe de lentes, de douces années, passées, jusqu'à la mort, auprès d'un ami qui n'eût pour elle de secret, ni dans le présent, ni dans le passé, comme elle-même n'avait et n'aurait aucun secret pour lui; — le songe d'un constant abandon à une conscience qui guiderait la sienne, à un esprit dont toutes les idées seraient aussi ses idées, dans les moindres pensées duquel elle trouverait sans cesse une raison de l'aimer davantage. Ce songe, elle avait cru le réaliser, elle l'avait réalisé, tant Francis s'était, sincèrement et par besoin de lui plaire, modelé tout entier sur les désirs de sa fiancée. L'appétit d'émotion sentimentale qui était le trait dominant de ce singulier caractère l'avait instinctivement plié aux manières d'être grâce auxquelles Henriette et lui éprouveraient les plus complètes, les plus profondes voluptés d'âme. Hélas! Plus il avait été accompli dans l'art de lui plaire, plus elle devait pleurer maintenant, plus elle devait apercevoir cette nature d'homme, qu'elle avait jugée si conforme à son rêve, sous un jour affreux de monstruosité morale. A toute la hideur que prenait pour ses yeux virginaux cette triste mais banale histoire d'un adultère et d'une rupture, une autre hideur se joignait, celle d'une comédie infâme jouée par celui qui, continuant son rôle d'hypocrite, imaginait cette délicate manière de se rappeler à elle en lui envoyant cette fine statuette parmi ces fleurs. Et à sa mère qui continuait de la bercer avec des paroles de pitié consolante elle répondait, manifestant par le seul cri de révolte qu'elle dût jamais proférer, le tragique ébranlement dont nous secoue notre première forte impression de l'iniquité de la vie :

— « Non. C'est trop souffrir, et je ne l'ai pas mérité... Si j'avais été une mauvaise fille, si j'avais voulu me fiancer malgré vous, maman, ou bien si je m'étais mariée pour une fortune, pour un titre, avec cette unique idée d'aller dans le monde et de m'amuser, alors j'aurais été punie, et c'était juste!... Mais le bon Dieu, qui sait tout, sait aussi que j'avais un si ferme propos de faire mon devoir. Il n'est donc pas le bon Dieu puisqu'il me frappe si durement?... »

— « Que je suis peinée de t'entendre parler ainsi, » interrompit la mère, « ou plutôt de te voir sentir d'une manière pareille! Et sais-tu si, tout au contraire, l'épreuve que tu traverses en ce moment n'est pas un bienfait? Oui, un bienfait... Suppose que vous eussiez rencontré cette femme et cette petite fille, Francis et toi, une fois mariés, et que tu eusses appris alors ce que tu as appris avant-hier? Ne te plaindrais-tu point de n'avoir pas eu cette triste révélation quand tu étais libre encore, avant de t'être engagée pour toujours?... »

— « Avant ou après, » dit la jeune fille, « en quoi l'injustice serait-elle moindre? Qu'ai-je fait pour mériter d'être atteinte dans ce que j'avais de plus cher au monde, dans cet amour qui était tout mon orgueil, toute ma joie de vivre, toute mon espérance?... »

— « Il l'était trop sans doute, ma pauvre enfant, » répondit la mère d'une voix profonde. « Que serais-je devenue, que serais-tu devenue toi-même, si j'avais eu le malheur, il y a quinze ans, de penser ce que tu penses aujourd'hui, lorsque j'étais au chevet du lit de mort de qui tu sais? Et lui aussi, il était tout mon orgueil, toute ma joie de vivre, toute mon espérance. Il était davantage encore puisque tu étais sa fille, et que j'avais besoin de son appui pour t'élever... J'ai triomphé du désespoir cependant, parce que je croyais, et quelle différence y a-t-il, en effet, entre croire et ne pas croire, entre avoir de la religion et n'en avoir pas, si cette religion ne nous sert de rien dans nos peines? Lorsque tu dis le matin et le soir : « Notre Père, » que signifient pour toi ces mots, si tu ne penses pas que celui à qui tu parles ainsi s'occupe de toi avec une sollicitude égale à celle qu'aurait ton père, s'il vivait? Quand tu dis : « Que votre volonté soit faite... » qu'est-ce que cela signifie encore, si tu te révoltes à la première épreuve, et si tu t'établis comme le juge de cette volonté divine? Quand tu lis dans l'Évangile que tous les cheveux de notre tête sont comptés, quel sens attaches-tu à cette phrase, si tu n'admets pas que rien n'arrive qui n'ait été permis, pesé, ordonné là-haut?... Je te disais de te laisser aller à pleurer tout à l'heure, et je te dis maintenant de te laisser aller à prier. Oui, prions ensemble pour que tu ne sentes plus jamais comme je viens de te voir sentir. Prions pour que tu comprennes de nouveau que la main de Dieu est dans tout cela... Elle est partout, et tu le sais bien. Prions pour qu'il te fasse la grâce de seulement t'en souvenir... »

En faisant ainsi appel aux sentiments religieux de sa fille, la comtesse manquait à un programme qu'elle s'était imposé depuis des années. La différence qui séparait leurs deux caractères ne s'était nulle part manifestée plus vivement que sur ce point si personnel et si intime. Chez M^me Scilly, le principe constant de la vie était la raison. Très sincèrement croyante et très pieuse, elle ne connaissait pas cette fièvre de tout l'être qui donne aux croyants qu'elle possède une soif et une faim de martyre. Pour elle, la religion était une règle, un soutien de son existence morale, une fortifiante et consolante espérance. Chez Henriette, qui tenait cette disposition de son père, de cet héroïque soldat, petit-fils lui-même d'un héros, le principe était l'enthousiasme. Elle appartenait à la race de ces âmes qui transportent toute leur sensibilité dans les idées auxquelles elles se donnent. Le mysticisme est la forme que la religion revêt presque nécessairement dans de telles âmes, car c'est en cela qu'il consiste par essence, dans le pouvoir d'aimer de tout notre cœur ce que nous croyons avec tout notre esprit. Quoique M^me Scilly n'eût pas démêlé aussi nettement cette diversité de structure mentale qui la séparait de sa fille, elle avait constaté chez cette dernière et vers la quinzième année des symptômes d'exaltation trop significatifs pour n'en avoir pas été un peu effrayée. A cette époque-là Henriette n'avait-elle pas caressé le projet de prendre le voile, avec une telle insistance que la comtesse s'était depuis lors efforcée sans cesse de modérer, ou plutôt d'assagir en elle cette trop brûlante ardeur de piété ? Ç'avait été une des raisons pour lesquelles elle s'était tant réjouie des fiançailles qui écartaient définitivement cette perspective toujours redoutée de l'entrée au couvent. Quelle mère, à moins d'appartenir à cette tribu sacrée où se recrutent les Monique, a jamais donné sa fille à Dieu, même quand elle croit absolument, sans la lui disputer par une invincible révolte de la tendresse humaine ? Mais comment la comtesse aurait-elle retrouvé ses craintes de jadis en entendant s'échapper de la poitrine étouffée de son enfant ce cri de doute, presque de blasphème, arraché par la douleur ? Elle n'avait donc pas hésité à toucher, pour la première fois, au ressort de l'émotion religieuse, si puissant dans cette nature. Elle ne comprit pas quel danger il y avait à diriger de ce côté, dans un pareil moment, les brûlantes énergies de cette âme romanesque, soudain bouleversée dans ce qui faisait depuis dix mois l'axe de son existence morale. Quand elle eut parlé, au contraire, elle se félicita tout bas de voir l'effet immédiat qu'avait produit sur ce cœur malade cet appel au seul sentiment qui pût lutter contre un tel chagrin d'amour blessé. Elle voulut augmenter cette impression en joignant l'acte aux paroles, et elle fit ce que sa fille faisait chaque soir auprès de son lit à elle, depuis des années. Elle s'agenouilla et elle dit à haute voix la sublime prière dont elle avait rappelé le début, puis la *Salutation angélique*, et cette litanie où il est demandé au Sauveur de nous soulager au nom de ses travaux et de ses langueurs, au nom de son agonie et de sa passion, au nom de sa croix et de son abandon, et elle-même, la mère, elle sentait s'insinuer dans les replis de son être tourmenté la grande paix reposante qu'elle souhaitait à sa fille, d'autant plus qu'au moment où elle se relevait de cette prière, celle-ci lui dit :

— « Que vous m'avez fait de bien, maman! Vous m'avez sauvée de moi-même... Je sens que vous avez eu raison de me remettre en face de celui qui ne trompe pas... »

— « Et moi, » s'écria la mère en l'embrassant, « j'ai retrouvé ma fille... »

La joie profonde que la comtesse traduisait par ce cri et par ce baiser ne devait pas durer longtemps. Dès l'après-midi de ce premier jour de l'an, commencé sur cette espérance d'un décisif apaisement, elle put distiguer dans l'arrière-fond du regard de la malade quelque chose d'impénétrable qui lui fit demander, avec un renouveau d'inquiétude :

— « Tu ne te sens pas plus mal? »

— « Non, maman, » répondit Henriette, et elle ajouta : « Au contraire, je n'ai jamais été aussi bien depuis des jours... »

Ces mots énigmatiques, bien loin de rassurer la comtesse, éveillèrent sa défiance au point qu'elle ne perdît pas de vue un seul des mouvements, une seule des expressions de physionomie de sa fille, ni pendant cette fin de journée, ni le lendemain qu'Henriette put passer hors de son lit. Quoique le docteur eût diagnostiqué une disparition définitive de fièvre, et quoique toutes les phrases de la jeune fille, comme toute sa personne, respirassent une espèce de sérénité, la mère continuait d'avoir peur devant cette flamme allumée dans l'arrière-fond de ces yeux, et devant cette sensation d'inexplicable contre laquelle elle se heurtait d'autant plus qu'ayant voulu reparler de Francis, le soir de ce second jour, elle n'avait obtenu que des paroles évasives :

— « Je vous en conjure, maman, ne touchons pas à ce sujet. Vous m'avez demandé de vous donner une réponse réfléchie. Quand ma résolution sera prise, je vous la dirai; mais d'en reparler maintenant, ce serait trop risquer de m'enlever ce calme que vous m'avez rendu... »

Mme Scilly n'osa pas dire que c'était précisément ce calme qui l'effrayait et l'étrange soudaineté d'une volte-face qu'elle n'avait ni espérée si complète, ni redoutée si mystérieuse. Une fois de plus son instinct maternel avait raison, en lui faisant pressentir dans cette âme passionnée une résolution contraire à ce pardon que tout lui faisait désirer. Elle avait appris le déménagement de M<sup>me</sup> Raffraye, et, d'autre part, une nouvelle lettre venue de Francis lui montrait dans le jeune homme une si profonde mélancolie, une si vraie tendresse pour Henriette. — Mais elle avait touché une corde dont les vibrations n'étaient pas aussi faciles à gouverner qu'elle l'avait supposé, et elle allait s'en apercevoir trop tard. Les paroles éloquentes qu'elle avait prononcées pour rappeler à la révoltée ce qui fait l'essence même et comme la moelle du dogme chrétien, à savoir la confiance en un Père céleste, avaient tout de suite déterminé chez la jeune fille ce mouvement de repentir si naturel aux cœurs qui croient absolument lorsque la passion les a, pour un instant, égarés hors de leur foi. Henriette avait donc appliqué toute sa force à prier avec sa mère, non pas seulement des lèvres, mais de tout son être. C'est avec une sensibilité ébranlée jusque dès sa plus intime profondeur qu'elle avait récité la suite de ses supplications à l'homme de douleurs, derrière lesquelles se cache cet autre dogme : le rachat des péchés du monde par l'holocauste de l'agneau, l'expiation des fautes et des crimes par le sang de l'innocente et volontaire hostie, le salut de l'impureté par le martyre de celui qui fut la pureté même. Tandis que la litanie se déroulait si mélancolique et si consolante, voici que l'aube d'une idée s'était levée sur cette âme meurtrie, qui allait grandir et l'illuminer tout entière. Il lui avait semblé tout d'un coup entrevoir une interprétation surnaturelle aux événements qui venaient de la torturer. De quoi s'était-elle plainte avec la colère d'une révolte impie, sinon d'être frappée quoique innocente et pour des fautes qu'elle n'avait pas commises? Que lui avait-on enseigné au contraire depuis qu'elle avait commencé de recevoir le bienfait de la doctrine chrétienne? Que notre premier devoir est de nous modeler sur la haute victime, sur l'exemplaire d'humanité divinisée dont le Crucifié a voulu être l'incarnation toujours imitable, et c'est à cet instant que cette lueur, dont sa mère s'épouvanta, avait commencé de s'allumer dans son cœur et au fond de ses yeux. Elle avait conçu la possibilité d'un projet, grâce auquel tout s'éclairerait des ténèbres où elle venait de se débattre si douloureusement, et la possibilité d'*expier* pour ce fiancé qu'elle jugeait si coupable, si criminel — et qu'elle aimait!

Expier! — De la minute où ce mot se fut prononcé dans la conscience d'Henriette, il fit comme point fixe devant sa pensée, et toutes ses idées se mirent à graviter autour de cette vague et flottante formule où se résumait une aspiration au sacrifice encore vague et flottante aussi, mais dont le développement s'accomplit en elle avec la rapide et irrésistible logique de tels sentiments. Dès l'abord et toute remuée encore du discours que lui avait tenu sa mère, la jeune fille traduisit ce mot par cet autre : se résigner. Oui, se résigner, souffrir ce qu'elle souffrait courageusement, et offrir cette souffrance à Dieu comme payement de la dette contractée par Francis! Durant les toutes premières heures qui suivirent sa conversation avec M$^{me}$ Scilly, elle s'appliqua à n'écarter aucune des images qui lui faisaient le plus saigner le cœur, et chaque fois que le va-et-vient de son esprit lui rappelait un des épisodes de ces derniers jours plus particulièrement douloureux, elle s'efforçait de se le représenter avec détails au lieu de l'éviter. Elle s'enfonçait, elle se retournait cette pointe dans l'âme, et elle pensait : « Dieu me voit. Il sait comme j'ai mal. Il voit comme j'accepte, comme je bénis ce mal pour que j'efface ce que doit ce malheureux!... » Mentalement, elle faisait alors une prière, et c'étaient les minutes où elle souriait à la comtesse, de ce sourire de martyre dont cette tendre mère s'épouvanta aussitôt. Elle obtint de la sorte une espèce de détente nerveuse, et elle put dormir, pendant la nuit, de ce sommeil réparateur qui lui était refusé depuis qu'elle avait entendu la terrible confession de son fiancé. Lorsqu'elle se réveilla pour retrouver dans un sursaut de souffrance le sentiment exact de sa situation, elle se redit le même mot qu'elle s'était murmuré à elle-même la veille en s'endormant : « Expier! Je dois expier pour lui!... » Mais soit que son cerveau reposé fût plus capable d'aller jusqu'au terme de ses idées, soit que la nécessité de donner bientôt à sa mère une réponse positive lui apparût plus clairement, elle ne se contenta point d'interpréter d'une manière aussi confuse cette formule de son sacrifice... Expier ? Elle voulait expier ? Suffisait-il pour cela de souffrir ? En se contraignant, comme elle avait fait la veille, de penser aux épisodes qui avaient déterminé la crise actuelle, son imagination se figura avec plus de netteté les personnes qui s'y trouvaient associées, cette M$^{me}$ Raffraye que Francis avait aimée et cette enfant qui était la leur. Elle vit cette femme avec la maigreur consumée de son visage, sa pâleur, la ligne émaciée de sa silhouette. Cette ancienne complice de son fiancé allait peut-être mourir, dans quelle solitude et dans quel désespoir ! Qui l'avait cependant réduite à cette extrémité de misère, sinon Francis, en la suppliciant comme il l'avait avoué lui-même, en l'abandonnant ensuite et refusant de croire qu'il était le père de la petite fille ? Et cette dernière, cette fragile et sensible créature, qui s'occuperait d'elle une fois orpheline ? A qui cependant incomberaient les responsabilités de son sort au cas où elle deviendrait entièrement malheureuse, sinon à Francis encore ? N'était-il pas son père ? Ne lui avait-il pas donné la vie dans des conditions qui l'engageaient vis-à-vis d'elle d'une manière d'autant plus étroite que la pauvre enfant était exposée à plus de dangers ? En regard de ces images de mélancolie, Henriette évoqua malgré elle une autre image, celle que serait son intérieur si elle pardonnait à son fiancé. Elle se vit mariée, auprès de lui. Elle sentit qu'elle ne goûterait certes plus l'idéal bonheur qu'elle s'était promis autrefois, mais ce serait du bonheur tout de même, puisqu'elle l'aurait à elle, et la présence de celui qu'on aime, si douloureuse soit-elle, emporte par elle seule une joie plus forte que les pires soucis. Expier ? Que parlait-elle d'une expiation possible du moment que ni elle, ni son fiancé ne réparaient rien du mal que le jeune homme avait causé ? — Le réparer ? Comment ? — Il n'existait au monde qu'un moyen, et Henriette n'eut qu'à l'entrevoir, ce moyen, pour que son cœur se rejetât tout entier en arrière et que sa volonté chancelât devant l'énormité du plus grand effort qui puisse être imposé à une âme de femme amoureuse.

— « Non, » gémissait-elle, « je ne peux pas. Vous ne me demandez pas cela, mon Dieu !... Vous n'auriez pas permis que je l'aimasse comme je l'aime, pour vouloir que je le donne à une autre !... »

Ce qu'elle repoussait, en effet, avec ce mouvement d'horreur, c'était cette vision soudain aperçue : Francis effaçant lui-même tout ce qu'il pouvait effacer des funestes conséquences de ses anciennes fautes, de son adultère et de son abandon, — Francis, son Francis, occupant auprès de la petite Adèle l'unique place qui l'autoriserait à dire à cette enfant : « Ma fille, » et à s'inquiéter d'elle vraiment comme un père, — Francis dévouant sa vie à panser les blessures qu'il avait infligées à Pauline Raffraye, avec le titre qu'il avait le droit de prendre maintenant qu'elle était libre. Cette vision d'un mariage entre cette femme qu'elle haïssait malgré elle, de toute la jalousie rétrospective d'un amour passionné, et cet homme qu'elle continuait de chérir malgré le mépris, était si intolérable qu'Henriette faillit retomber dans ce désespoir furieux contre lequel sa foi seule avait prévalu. La visite du médecin, qui la trouva cependant assez reposée pour lui permettre de se lever, vint interrompre cette méditation que la jeune fille devait reprendre, attirée précisément par l'excès de souffrance qu'une pareille image enveloppait. Le premier signe auquel se reconnaît la grande exaltation mystique est celui-là : cet appétit de se meurtrir, cette frénésie de mutiler en soi la nature, que le solitaire du moyen-âge exprimait dans cette parole de sanglante extase : « Tout est dans la croix, et tout consiste à mourir. » Quoique Henriette ne fût qu'une simple jeune fille et qu'elle traversât un drame moral que beaucoup d'autres ont traversé sans y sombrer, elle se trouvait dans une disposition pareille à celle qui a inspiré ce cri sublime à un moine affamé d'agonie. — « Comme je suis lâche et faible ! » se dit-elle tout à coup. « La question n'est pas de savoir si je serai ou non plus malheureuse encore que je ne le suis. J'ai été choisie pour être l'instrument du salut de Francis. Je le serai... » C'est dans cette hypothèse d'une prédestination providentielle que cette âme exaltée avait déjà transformé le conseil de simple et pieuse résignation donné par sa mère, et elle eut le courage de revenir en pensée à cet étrange, à ce douloureux projet contre lequel s'était une première fois insurgé tout son cœur. « Si je n'étais pas là, cependant, » songeait-elle, « si Francis avait rencontré M<sup>me</sup> Raffraye et la petite fille, il y a deux ans par exemple, n'emploierait-il pas lui-même tous ses efforts pour avoir le droit de s'occuper d'elle ? Ne serait-ce pas son devoir ? Entre ce devoir et lui, qu'y a-t-il maintenant ? Une promesse envers moi qu'il n'aurait jamais faite, que je n'aurais jamais acceptée si j'avais su ce que je sais aujourd'hui... » L'amour, qui ne se rend pas à des raisonnements, élevait alors sa voix. Elle se disait : « Si je me sacrifie pourtant, et si ce sacrifice est inutile ? Si je me décide à rompre nos fiançailles irréparablement, afin qu'il puisse se donner tout entier à cette femme et à cette petite fille retrouvées par un miracle, et si cette femme le repousse, comme elle l'a déjà repoussé ?... » Cette idée la remplit, malgré elle, d'une sorte de joie qui se transforma aussitôt en remords. C'est le second symptôme de la fièvre mystique, que ce scrupule épouvanté devant l'espoir. La moindre perspective de douceur nous apparaît comme une criminelle concession, quand notre âme veut, suivant cette autre parole de la plus enthousiaste des saintes, « souffrir ou mourir. » Henriette eût été soumise à la plus coupable des tentations, qu'elle n'aurait pas lutté contre cette tentation avec plus d'ardeur qu'elle n'en mit à combattre cet élan si naturel de son cœur, qui l'avait fait s'attarder un instant avec complaisance à l'idée d'un obstacle infranchissable dressé indépendamment d'elle entre Francis et Pauline Raffraye. « Non, » conclut-elle en employant, mais dans un sens bien différent, les termes mêmes qu'avait employés sa mère, « la main de Dieu est dans tout cela, et il n'est pas possible que le sacrifice qu'il m'aura si visiblement inspiré soit perdu... C'est à lui que je dois demander de me soutenir et d'achever l'œuvre d'expiation qu'il m'a tracée d'une manière trop nette pour que je recule... Que j'aie seulement la force de sortir afin d'aller me confesser et communier, et nous serons tous sauvés!... »

C'était encore une des expressions de M<sup>me</sup> Scilly, mais prise aussi dans une bien autre signification. Ce désir de s'approcher de la sainte table et la certitude d'y recevoir un secours surnaturel furent tellement intenses, que le matin du troisième jour le docteur Teresi trouva sa malade debout, habillée de manière à pouvoir sortir, et, quand elle lui demanda la permission d'aller à l'église, il la lui accorda à la plus grande surprise de la comtesse :

— « Elle reviendra guérie, » répondit-il aux objections de cette dernière lorsqu'ils furent seuls. « Elle s'est suggéré d'être malade. Elle va se suggérer d'être bien portante. Il ne faut jamais contrarier le système nerveux quand il se décide à se soigner lui-même... »

Pour le physiologiste, le drame moral où avaient failli sombrer la raison et la foi d'Henriette n'était que cela : un accident de névrose en train de passer ainsi qu'il était venu, par un phénomène d'hypnotisme subjectif, comme il eût dit certainement si la mère avait été capable de comprendre les singularités de la terminologie scientifique moderne. La faiblesse de telles hypothèses est qu'elles n'expliquent rien de ce qui constitue le fond même de la vie de l'âme. Comment certaines idées possèdent-elles une vertu d'ennoblissement et de consolation ? Pourquoi nous tournons-nous vers elles à de certains moments, et non à d'autres ? Quel est le principe de cet héroïsme intérieur qui fait les martyrs ? Que se passe-t-il dans la prière et qu'est-ce que cette grâce, que ce don de la paix profonde qui nous rend heureux dans le brisement des instincts fondamentaux de l'être humain? La science, de quelque nom qu'elle s'appelle, qui réduit l'existence morale à un mécanisme, en est encore à répondre à ces questions. Elle détermine des suites d'idées. Elle précise des conditions physiques. Puis elle se trouve obligée, en toute sincérité, de dire qu'elle ignore, devant des phénomènes qui ne tiennent cependant ni de la folie ni de la maladie, puisqu'ils s'accompagnent de l'équilibre entier de la raison, de l'absolue lucidité intellectuelle et quelquefois du complet rétablissement physique, comme ceux que produit dans les âmes croyantes la pratique de certains sacrements. Quand Henriette se trouva dans le coin de la chapelle du Dôme, où elle avait voulu communier, agenouillée, le front dans ses mains, avec cette impression d'une conscience lavée par l'absolution de ses moindres péchés, avec cette autre, plus forte, souveraine, de s'être nourrie de la chair et du sang de son Dieu, il se fit en elle comme un ruissellement de lumière. Le flot d'une infinie tendresse l'envahit, et dans cet état d'indicible ferveur, avec ce sentiment d'une présence en elle, étrangère à elle et unie à elle, qui la prenait toujours après la communion, elle fut comme ravie dans la joie d'une de ces demi-visions qui tiennent le milieu entre la pensée habituelle et l'extase! Ce fut dans le champ de son optique intérieure une apparition presque aussitôt évanouie, mais qui devait suffire à donner à cette âme la force de ne plus trembler... Elle vit la face ensanglantée du Sauveur, l'épaule sacrée qui pliait sous la croix et la marche vers le funeste calvaire. « Le Seigneur se retourna et regarda Pierre, » dit une des phrases les plus touchantes du saint livre, et il lui sembla qu'elle aussi, les yeux du divin maître se tournaient vers elle et qu'elle y lisait la *certitude*. Bien qu'ils ne fussent accompagnés d'aucune parole, ces regards parlaient distinctement. Ils lui disaient que le rachat de l'âme de son bien-aimé lui était accordé. Ils lui promettaient que ses larmes, que son amour, que son dévouement ne seraient pas prodigués en vain... La vision s'effaça. Mais la résolution de la jeune fille était prise, et prise avec une joie si profonde qu'elle trompa, pour une fois, la perspicacité de sa mère. Quand Henriette rentra de l'église, un tel rayonnement émanait d'elle que la comtesse l'embrassa en lui disant :

— « Que je suis heureuse, je vois que tu as pardonné!... »

— « Oui, maman, c'est vrai, j'ai pardonné. »

— « Alors, » insista la mère, « je peux écrire à qui tu sais qu'il revienne? »

— « Vous m'avez laissée la maîtresse de ma

décision, » dit la jeune fille sans répondre directement, « elle est prise en effet, et pour toujours. Mais ce n'est pas celle que vous venez de comprendre... J'ai pardonné à M. Nayrac, mais je ne serai jamais sa femme... »

— « C'est impossible que tu me parles de la sorte, » s'écria la mère, « tu l'aimes, je l'ai trop constaté. Il t'aime. Je l'ai constaté aussi. Il n'y a entre vous qu'une faute de son passé qui ne peut cependant pas détruire tout votre avenir... »

— « Je vous répète que je ne serai jamais sa femme, » dit Henriette, « aussi vrai que je ne garde rien sur le cœur contre lui. Vous voyez. Je vous parle sans exaltation, sans fièvre, sans révolte, sans rancune... Mais c'est une volonté irrévocable... »

La mère demeura une minute silencieuse. Elle comprenait bien qu'elle avait devant elle une de ces énergies avec lesquelles on ne discute pas. Elle en était étonnée à la fois et terrassée, comme il arrive quand on se heurte à des partis pris dont on sent la profondeur sans en comprendre le principe. Elle eut peur, si elle questionnait davantage sa fille, de l'entendre prononcer d'autres paroles, et elle dit :

— « Je t'ai laissée libre en effet, mais si je te demande d'attendre encore huit jours pour annoncer cette rupture à Francis?... »

— « Autant de jours que vous voudrez, maman, » répondit Henriette; « j'aurai seulement plus souffert, parce que j'avoue que de rester à Palerme au milieu de tant de souvenirs me sera cruel. Mais j'accepte tout de même. Je vous demanderai à mon tour deux choses, si vous voulez m'être bonne comme toujours... »

— « Lesquelles, ma pauvre enfant? » dit M<sup>me</sup> Scilly. « Tu sais si bien que pour te voir heureuse je donnerais jusqu'à la dernière goutte de mon sang... »

— « Eh bien, » reprit la jeune fille, « la première est que nous quittions la Sicile au terme de ces huit jours... »

— « Je le veux bien, » répondit la mère; « on m'avait donné à choisir entre Palerme et Alger. Nous prendrons le bateau qui va d'ici à Tunis. C'est un voyage très facile, maintenant que je suis remise, et je comprends trop bien que tu ne puisses plus te plaire ici, où moi-même je me sentirais mal à l'aise... Et l'autre demande?... »

— « Je voudrais, » dit Henriette, « joindre une lettre à celle que vous écrirez à M. Nayrac pour lui annoncer que je lui rends sa parole... »

— « Il en sera encore comme tu le désires, » répliqua la comtesse, « mais j'espère, malgré toi, que j'enverrai à Catane une tout autre lettre, et que nous serons trois à partir pour Alger... »

— « Je sais que non, » répondit la jeune fille; et, comme elle prenait la main de sa mère pour la baiser en signe de remerciement, cette dernière put voir qu'elle n'avait plus à son doigt le bleu saphir de sa bague de fiançailles.

## XII

**PARMI LES RUINES**

Huit jours! Huit fois vingt-quatre de ces heures comme il en passait depuis qu'il avait quitté Palerme dans l'agonie de la plus mortelle inquiétude, voilà ce qu'annonçait à Francis la lettre qu'il reçut de M<sup>me</sup> Scilly au lendemain de cette nouvelle explication échangée entre la mère et la fille. Mais cette incertitude, c'était encore de l'espérance, et le jeune homme était sincère en répondant comme il répondit : « Je vous remercie d'avoir plaidé ma cause avec tant d'amitié, que vous m'avez déjà gagné cette semaine. Je sais si bien quel avocat j'aurai en vous durant ces journées dont je vais essayer de supporter l'horrible anxiété. J'y réussirai. On a toujours plus de force qu'on ne croit pour être malheureux, surtout quand au terme de ce malheur il y a encore cette possibilité d'une telle consolation... » Tout son cœur tenait dans ces quelques phrases, avec le mélange de découragement et de vaillance, de résignation et de fièvre, qui lui aurait rendu insupportable tout autre cadre autour de sa peine que celui de l'étrange ville où les circonstances l'emprisonnaient. Il devait au contraire se rappeler plus tard, avec une certaine douceur, ses longues et solitaires promenades dans cette sauvage campagne des environs de Catane, qui se développe entre le pied du colossal volcan et le bord de la mer. Tant il est vrai que, même dans nos plus mortelles crises, nous demeurons sensibles au mystérieux accord ou au désaccord de la nature environnante avec notre état intérieur. Autant l'horizon de Palerme, si paisible, si riant, lui avait été un supplice au cours de ses luttes morales et durant ses obsédantes angoisses, autant cette farouche contrée Etnéenne s'harmonisait avec ses pensées de maintenant, et dans cette harmonie il goûtait, non pas un apaisement à cette fièvre d'attente dont il était consumé, mais cette sorte d'endormement que procure la solitude devant un paysage où nous retrouvons le symbole de notre désolation intime. Il quittait Catane en voiture et il jetait au cocher un nom quelconque, sûr de rencontrer une place où s'arrêter et rêver longtemps. Autour de lui, et sitôt la voiture hors de la ville, toutes choses racontaient le drame formidable des éruptions anciennes et récentes. C'étaient de noirs écueils, bavure de lave vomie par la montagne jusque dans la mer, contre lesquels brisait monotonement la lame bleue. C'étaient des vallées où des aloès et des cactus colossaux poussaient, dans un amas de sombres rochers, fleuve de feu aujourd'hui refroidi en une coulée de scories démesurées et chaotiques. C'étaient des ceps de vigne gros comme de jeunes chênes et plantés dans des carrés de cendre noire. Et toujours ce sable et la lave, cette lave et le sable alternaient, attestant le travail ininterrompu du *Mongibello,* comme dit le patois des Siciliens demeuré à demi arabe. Sur ce sol de désastres, agité sans cesse par le frisson du tremblement de terre, une végétation violente d'orangers, de citronniers et de châtaigniers grandissait de toutes parts, des jardins fleurissaient, des villas blanchissaient, comme pour révéler la lutte obstinée de la vie contre la formidable et monstrueuse bouche de feu que le jeune homme apercevait, dans les jours clairs, toute chargée de fumée par-dessus l'immaculée blancheur des neiges. Durant des lieues et des lieues il allait ainsi, dispersant son âme dans ces horizons toujours convulsés, où il lisait l'œuvre séculaire des grandes puissances irrésistibles de la nature, et, par une analogie à laquelle il s'abandonnait douloureusement, le tragique aspect de ce coin de terre lui représentait l'image gigantesque de ce qu'était en petit sa propre destinée. Comme sur ces jardins fleuris de roses, sur ces bosquets d'arbres chargés de fruits, sur ces villas claires, le fleuve de feu roule tout d'un coup, desséchant les plantes et les bois de sa brûlante haleine, noyant les maisons de sa masse liquide, étendant une nappe de lave stérile à la place où le travail humain rêvait de se faire un abri heureux et paisible, ainsi des abîmes d'un passé qu'il croyait à jamais éteint, un flot de sentiments destructeurs avait jailli, dévorant tout, dévastant l'oasis où il souhaitait de reposer sa fin de jeunesse; et les déserts de roches sauvages où il se plaisait à s'égarer n'étaient pas plus désolés que l'avenir qu'il entrevoyait, si le funeste sort achevait son travail de ruine. Il trouvait, dans la sensation de cette étrange et presque surnaturelle correspondance entre ce pays et ses désastres de cœur, une volupté amère qu'il se plaisait à redoubler en s'enfonçant dans une solitude plus farouche encore. Il abandonnait la voiture et il marchait jusqu'à quelque point d'où il pût apercevoir la montagne à la fois et la ligne de la mer, et là, couché sur un des blocs lancés autrefois par le volcan, ayant autour de lui ce panorama de destruction, il songeait, songeait indéfiniment.

Que de souvenirs l'assiégeaient dans ces minutes-là! Il les regardait avec cette espèce de dédoublement que les vastes horizons de nature favorisent d'une façon si particulière. Il lui semblait presque assister en pensée aux actions d'un autre, tant il percevait avec une lucidité et une acuité surprenantes le long enchaînement logique de ses actions et de ses passions. En même temps il éprouvait devant le tableau ainsi déroulé de ses jours une sorte de sentiment nouveau pour lui et qui marque en effet chez tous les hommes le point précis où la vie tourne, où nous commençons vraiment de voir la descente fatale, notre jeunesse finie, la vieillesse si voisine, et l'autre rivage. Il se rendait compte *qu'il avait vécu*, qu'il avait eu son lot, bon ou mauvais, au jeu étrange de l'existence, qu'il en avait connu ce qu'elle peut donner d'émotions amères ou douces, et surtout qu'il avait amassé sur sa tête assez de responsabilités pour suffire à ce qui lui restait d'années. Combien encore? Depuis les quelques mois qu'il aimait Henriette, il avait oublié, dans l'ivresse de son renouveau intérieur, les expériences passionnelles traversées autrefois. Son existence d'adultère et de libertin s'était évanouie pour laisser la place seulement au fiancé respectueux et ravi, à l'adorateur pieux d'une vierge pieuse. Il avait cru de bonne foi s'être désaltéré à une Jouvence libératrice. Quelle illusion et comment avait-il pu même la concevoir quand il était si vieux, si chargé du poids de ces souvenirs qui se faisaient si nets en ce moment, presque si palpables! Il réfléchissait alors aux événements qui l'avaient brusquement acculé à sa situation actuelle. Ce qu'il y avait en eux d'impossible à prévoir était précisément ce qui lui donnait la plus forte impression qu'une incompréhensible puissance les avait dirigés l'un après l'autre. Cette sensation subie, durant sa nuit de Monreale, d'une mystérieuse justice toujours à la veille de frapper les coupables bonheurs, le reprenait avec plus de force encore. En vain sa raison se révoltait-elle contre une semblable idée. On n'est pas impunément le fils d'une époque où c'est un lieu commun de la philosophie et de la science que la négation de toute cause providentielle dans les affaires du monde. Combien davantage dans les humbles et obscures destinées individuelles! Francis s'appliquait à se démontrer que des hasards seuls après d'autres hasards avaient gouverné la suite des circonstances contraires où il s'était débattu. C'était un hasard que la comtesse Scilly et M<sup>me</sup> Raffraye eussent été atteintes toutes les deux du même mal; un hasard que deux médecins, à cent lieues de distance, eussent choisi le même séjour d'hiver parmi vingt autres pour ces deux malades; un hasard que des indications de guide eussent réuni les deux femmes dans le même hôtel; un hasard que la ressemblance de la petite Adèle avec sa sœur Julie fût effrayante jusqu'à l'hallucination. C'était un hasard que les soupçons d'Henriette eussent été provoqués et confirmés comme ils l'avaient été par la rencontre dans le jardin avec la petite fille, puis par cette conversation entre la comtesse et lui surprise d'une manière si foudroyante. Il ne pouvait cependant pas supposer que chacune des mailles de ce réseau de faits eût été nouée par une volonté supérieure en train de veiller à une distribution de douleurs qui n'était même pas équitable, puisque son innocente fiancée n'avait commis, elle, aucune faute. Il raisonnait de la sorte, puis il retrouvait en lui, aussi invincible et aussi intacte, cette impression que ce mot de hasard lui servait seulement à déguiser son ignorance des causes véritables et secrètes dont le jeu avait gouverné ce détour subit de son existence. Une fois écarté le point particulier qui concernait Henriette, n'était-il pas contraint de reconnaître qu'il n'avait, lui, rien subi que de mérité ? Que signifie le mot de hasard quand, parmi l'innombrable série des événements possibles, ceux-là seulement se produisent qui se produiraient si un juge souverain était chargé de les répartir ? Qu'avaient-ils fait, ces hasards successifs, sinon de mettre face à face son présent et son passé, l'homme qu'il rêvait, qu'il souhaitait de devenir, et l'homme qu'il avait été? Il n'avait eu devant lui que ses propres actions, incarnées d'une part dans la femme dont il avait été l'amant et dans la fille d'autre part qui était née de leur liaison. Et cette femme n'avait pas poursuivi un plan de vengeance, cette fille ignorait qu'il fût son père. Elles avaient paru, et leur présence avait suffi pour que les actions d'autrefois, et dont il s'était cru à jamais dégagé, se dressassent aussi devant lui... C'est donc vrai que l'on ne refait pas sa vie? C'est donc vrai que notre passé nous poursuit sans cesse dans notre avenir? Est-on coupable cependant, lorsqu'on s'est tant condamné soi-même, tant débattu contre la souillure intérieure, oui, est-on coupable de désirer se rajeunir en rencontrant dans un être pur et simple, précisément ce que l'on n'a plus, ce que l'on n'aura jamais plus en soi? Quels sont les hommes qui arrivent au mariage, ayant vécu de manière à ne pas rougir devant leur fiancée si elle est ce qu'était Henriette, vraiment une fiancée, l'être à qui l'on peut dire du fond de son cœur : « C'est toi que je cherchais à travers mes égarements?... » Dans ces méditations d'une sincérité égale à celle qu'il aurait eue devant la mort, Francis se rendait compte qu'il n'avait pas le droit de se comparer à ces autres hommes. Les anomalies de ses fiançailles lui étaient aussi claires maintenant qu'elles lui avaient été cachées au moment même où il s'engageait avec la jeune fille. Sans doute il avait été bien sincère en s'attachant à Henriette, mais un peu de son passé se cachait dans la résolution qu'il avait prise de lier sa jeunesse finissante à cette jeunesse commençante. Il y avait eu dans la fièvre avec laquelle il s'était engagé à la jeune fille comme une fuite de ses trop vivants souvenirs. Il l'avait moins aimée, qu'il n'avait aimé à l'aimer. Ç'avait été, avec une fougue qui l'avait étourdi lui-même, une nouvelle, une dernière espérance du rêveur romanesque qu'il était au temps où il avait rencontré Pauline. Il restait bien le même rêveur, malgré ses trente-cinq ans. Ce qui l'avait précipité vers Henriette, c'était bien le même appétit d'émotion, le même désir passionné de sentir qui l'avait jadis précipité vers l'autre. Il avait marché vers le mariage, comme jadis vers l'adultère, poussé par cet amour de l'amour qui dans les deux circonstances avait aboli en lui tout scrupule. Il n'hésitait plus à se condamner, en reconnaissant qu'il n'avait jamais eu le droit de se fiancer sans avoir conquis la preuve définitive, d'abord qu'il n'avait plus dans son cœur même la place pour une rancune ou pour un remords à l'égard de Pauline, ensuite et surtout qu'il n'avait aucun devoir vis-à-vis de la petite Adèle. Ah! Comme il avait agi autrement! Son crime vis-à-vis d'Henriette était là, dans cette inconscience où il avait voulu se plonger. Il avait fait les ténèbres en lui sur les portions misérables de son cœur et qui l'auraient forcé à reconnaître qu'il n'était pas certain de son absolue indépendance. Hélas! Il n'était même pas certain de son indifférence. Il le comprenait maintenant, mais trop tard : certaines maladies morales condamnent ceux qui en sont les victimes à ne pas en infliger le contre-coup à d'autres êtres. Son âme sans discipline morale, dépourvue de volonté, flottante à toutes les impressions, avait perdu ce pouvoir de se dominer qui permet les contrats loyaux et irrévocables. Il en résultait que cette âme, pareille à certains organismes consumés, était incapable de refermer ses plaies comme ils sont incapables de refermer les leurs. Il l'avait trop constaté à la première épreuve : à la place où Pauline l'avait touché autrefois, la blessure saignait toujours. Aurait-il de même subi d'une manière si étrange cet éveil de sa paternité à la seule vue d'Adèle, si depuis des années il n'eût gardé à cette place aussi une autre blessure toujours saignante? L'incohérence de sa vie sentimentale lui causait alors, quand il descendait à cette profondeur dans sa conscience, un frisson d'épouvante. Il reportait ses yeux sur le vaste et formidable paysage pour s'oublier, et c'était pour se retrouver encore. Il regardait la mer de Calabre là-bas, dont la nappe bleue brillait au soleil. Des vaisseaux s'y détachaient, ouvrant leur voilure au vent qui souffle d'Afrique. Ils allaient, remués, battus par les vagues comme sa jeunesse l'avait été par les passions, et quand il avait voulu descendre du bateau qui avait tant roulé sur la haute mer, pour se construire une maison sur le rivage, il avait choisi une plage aussitôt secouée d'un tremblement de terre qui avait tout jeté à bas, et il était là, gisant parmi les décombres, avec l'attente d'une ruine plus définitive, s'il ne trouvait pas dans le pardon d'Henriette le seul recours qu'il pût espérer... Un recours, oui, mais non plus même une guérison! Lui rendrait-elle, sa pauvre fiancée, la paix du cœur vis-à-vis de la petite fille dont il se savait le père? Même la tête posée sur le cœur de sa femme, s'il l'épousait, oublierait-il le cri qu'il avait entendu s'échapper de la poitrine déchirée de Pauline, ce cri de l'être qui va mourir, qui ne ment pas, qui ne peut pas mentir, et qui proteste n'avoir pas mérité le coup dont on l'a frappé? Oublierait-il ce maigre, ce misérable corps, soulevé dans cette minute d'agonie et la preuve qu'il avait tenue de son œuvre de bourreau? Oublierait-il sa vie passée? S'oublierait-il?... O flamme cachée de l'âme de l'homme, la colonne de feu qui sourd des entrailles profondes du sol et qui répand la dévastation autour d'elle, produit plus d'épouvante que toi, qui ne ravages que le silence d'un cœur solitaire. Tes désastres taciturnes, et qui ne laissent pas après eux de décombres visibles, sont pourtant les plus tragiques, ceux qui protestent le plus contre cet horrible cauchemar d'un ciel vide où ne serait caché aucun Juge, aucun Consolateur!

Ils avaient déroulé leurs tristes heures, les huit jours annoncés par M%%me%% Scilly, à travers ces pensées, et sauf une lettre de cette dernière qui lui disait encore de s'armer d'espérance et de courage, Francis ne savait rien de Palerme ni des scènes où se jouait son avenir. Toutes les réflexions auxquelles il s'abandonnait dans sa solitude l'enveloppaient de cette vapeur de fatalisme dont certains hommes sont d'autant plus possédés qu'il s'agit pour eux d'intérêts plus essentiels. Mais sur quel champ aurait-il pu appliquer son énergie, maintenant que le drame de sa destinée était engagé comme il l'était? Quelles paroles aurait-il prononcées, plus touchantes que celles de cette indulgente et sainte mère de qui le pardon était pour Henriette le gage le plus sûr qu'il méritait d'être plaint? Il gardait dans cette intervention de la noble femme, dont il avait tant redouté l'implacable rigueur et qui lui avait montré cette compatissante charité, une confiance presque superstitieuse, et quoique le tremblement intime de tout son être se fît plus douloureux à mesure que la semaine avançait, il espérait en effet, dans la mesure où il lui était permis d'attendre un adoucissement du sort. Cependant, lorsque le matin du huitième jour eut passé sans qu'il eût reçu un télégramme de la comtesse lui disant de revenir par le train de l'après-midi, il commença de tomber dans une si cruelle appréhension, qu'il lui fut impossible de ne pas télégraphier lui-même pour implorer une réponse par la même voie. Que devint-il en ne trouvant dans cette réponse, qui lui arriva le soir, qu'une prière d'attendre une lettre partie de Palerme le jour même? M^me Scilly ne le rappelait pas immédiatement. Elle ne lui indiquait par aucun mot la solution définitive de ses efforts auprès d'Henriette. Avait-elle donc échoué? Ou bien la jeune fille avait-elle demandé un délai plus long? Quel mystère cachait ce silence? Certes, Francis croyait s'être blasé depuis six semaines sur l'odieuse sensation de l'incertitude. Il en avait tant souffert, mais jamais comme durant cette nuit qui sépara cette dépêche de la lettre qu'elle annonçait. Quand, au lendemain de cette nuit de fièvre, il tint l'enveloppe entre ses doigts, comme il tremblait en la déchirant! Il vit qu'elle contenait un billet très court de M^me Scilly, et une seconde enveloppe ouverte, sur laquelle n'était aucune adresse. Les premiers mots de la mère de sa fiancée le bouleversèrent au point qu'il dut s'asseoir, et ce fut avec des yeux brouillés de larmes qu'il lut les quelques phrases, décisives comme un arrêt de mort, dont l'écriture trahissait l'émotion avec laquelle la pauvre femme les avait tracées :

---

« *Je ne peux rien vous écrire aujourd'hui, mon cher Francis. Je suis désespérée. La lettre ci-jointe et que j'ai promis de vous envoyer vous dira dans quelles dispositions j'ai trouvé Henriette. Tout ce qu'une mère peut dire à une fille dont elle voudrait, au prix de son sang, changer la résolution, je le lui ai dit. Tout a échoué. Nous partons après-demain matin pour Tunis, puis Alger. Avant mon départ j'aurai la force de vous rapporter le détail de notre dernier entretien et les raisons qu'elle m'a données d'une rupture que je m'obstine à ne pouvoir accepter comme irrévocable, pas plus que je ne peux me ranger aux idées que lui inspire une exaltation religieuse dont je me reproche d'appréhender l'excès. Ce sont d'autres nouvelles que j'espérais vous envoyer, et la pensée de ce que vous éprouverez au moment où celles-ci vous arriveront me donne une émotion qui ne me permet aujourd'hui de vous dire qu'un mot, mais il est bien vrai : tout mon cœur de mère est avec vous.*

« Louise S. »

---

Le jeune homme resta longtemps à prendre et à reprendre ces lignes si brèves, mais dans lesquelles il sentait réellement la vérité d'une affection qui devait s'être heurtée à une volonté bien inflexible pour n'avoir pas triomphé. Qu'allait-il trouver dans l'autre lettre qu'il n'osait pas ouvrir, tant il redoutait l'impression qu'allait lui donner encore, même dans son chagrin, l'évidence de la métamorphose des sentiments d'Henriette à son égard? N'allait-elle pas lui être rendue comme perceptible par la manière seule dont sa fiancée l'appellerait? Il finit par se décider cependant, et voici les pages dont la lecture acheva d'éteindre la faible lueur d'espérance qui aurait pu encore subsister en lui après le billet de la comtesse.

« Palerme, 11 janvier.

« *Je viens de demander à mon crucifix le courage d'écrire ce que je dois écrire à celui dont j'ai rêvé de porter le nom, à celui que j'ai aimé comme je n'aimerai jamais plus, et je veux qu'il sache que séparée de lui par la plus irrévocable des résolutions, je ne cesserai pourtant pas de penser à lui comme à ce que j'ai de plus cher après ma mère. Je veux qu'il le* sache et qu'ayant été sa fiancée je ne serai plus celle de personne ici-bas. Je lui garderai jusqu'au tombeau la foi que je lui ai jurée, quoique d'une manière qui n'est pas celle du monde. Mais je peux dire de moi-même ce que disait de ses disciples le divin ami, le consolateur dont j'ai l'image devant moi : « Je ne suis plus du monde. » Si je n'avais à remplir mon devoir envers ma sainte et douce mère, je pourrais dire ces mots avec plus de réalité encore, sinon avec plus de vérité. C'est dans cet esprit que j'essayerai d'écrire ces pages, et je désirerais qu'elles fussent lues ainsi par la personne à qui elles seront remises dans quelques heures, avec ce sentiment particulier qui rend le vœu d'une morte plus respectable et plus solennel. Peut-être ai-je le droit de demander qu'il en soit de la sorte, car, si c'est la souffrance qui donne à la mort ce caractère sacré pour tous, je crois que j'ai souffert autant qu'une créature humaine peut souffrir. Du moins je n'avais ni connu, ni seulement imaginé une telle douleur.

« Quoiqu'une telle parole soit dure à entendre et bien dure à prononcer, il faut que j'y insiste, car je dois parler comme avec moi-même, comme je parle devant ma conscience. Oui, cette douleur a été affreuse, parce que j'ai été contrainte de reconnaître tout d'un coup et sans aucune préparation, que je vivais depuis des mois dans une chimère, et que je ne connaissais rien du passé de celui que j'aimais, je peux presque dire rien de son caractère. Il avait eu, durant des années, des émotions, des joies, des chagrins dont j'ignorais tout. Il gardait en lui le souvenir d'actions dont je jugeais un honnête homme si incapable, qu'encore à l'heure présente, il me faut toutes les tristes évidences dont je suis accablée pour être certaine que c'est bien vrai, que je n'ai pas été le jouet d'un affreux rêve. Je ne le juge pas. Je ne le condamne pas. J'ai compris, par les réponses de ma mère, que la jeunesse de la plupart des hommes cache des secrets pareils. Je n'ai pas cru qu'il fût pareil à la plupart des hommes. J'étais si fière de lui, si fière de sa noblesse d'âme, si persuadée que j'aurais pu tout savoir de sa vie, dans le passé comme dans le présent, heure par heure, minute par minute, — tout en savoir et trouver toujours, dans chacune de ces révélations, un motif de l'aimer, de l'estimer, de l'admirer davantage. Ah ! J'avais lu dans des livres auxquels j'aurais dû croire qu'il ne faut attendre des affections terrestres que tristesse et désolation, j'avais lu qu'il est insensé de mettre dans un autre que le Sauveur sa confiance et sa joie. Au lieu de m'appliquer ce conseil, je vous remerciais, mon Dieu, chaque jour, d'avoir rencontré uniquement dans mon existence de cœur des êtres en qui je pouvais avoir cette confiance, de qui je n'aurais jamais que de la joie. Mon cher bon Dieu ! Si c'était un aveuglement d'orgueil, que j'en ai été punie ! J'ai vu mentir celui que j'aimais, je l'ai vu me mentir ! Je l'ai entendu confesser devant moi des actes dont la honte me poursuit avec obsession. J'ai su qu'il me trahissait depuis des semaines sans avoir même cette générosité de l'aveu qui m'eût épargné l'horreur de cette découverte. Il feignait de vivre de notre simple et paisible vie, tandis qu'à côté et en silence il en vivait une autre. Chacun de ses sourires, chacune de ses paroles, chacun de ses regards pendant plus d'un mois fut une hypocrisie. Quand il n'y aurait rien que cela entre nous, que la mémoire de ce rôle qu'il a pu soutenir des jours et des jours, remettre ma main dans la sienne comme auparavant me serait impossible. Ce n'est pas de jalousie que je souffre, quoiqu'il soit trop cruel de penser que la même bouche a dit les mêmes phrases à une autre, qu'une autre a été aimée comme l'on s'est crue aimée, et que rien, rien ne saurait effacer cela. Ma peine la plus profonde n'est pas celle-là. Elle est de ne plus estimer celui que je n'ai pas cessé d'aimer.

« Si je me suis laissée aller à me plaindre de cette peine dans ces pages destinées à la personne qui l'a causée, ce n'est pas que je me révolte. J'ai accepté ma croix. C'est par la certitude que seule cette personne peut adoucir cette peine en se conduisant de manière que je pense à elle, sinon comme je pensais auparavant, du moins autrement que je ne pense aujourd'hui. Non, je ne me révolte pas contre ma souffrance, et je crois même que je la bénirais s'il doit en sortir un bien pour trois âmes, toutes trois en péril, celles de deux coupables et une autre qui est innocente. Quoique en reprenant ma liberté vis-à-vis de celui à qui j'étais engagée je lui aie rendu la sienne, quoiqu'il ait le droit de ne pas tenir compte de ce dernier soupir que j'aurai poussé vers lui, je sais cependant que tout n'a pas été mensonge dans la tendresse qu'il disait me porter, et je suis sûre qu'il ne le méprisera pas, ce dernier et profond soupir... Il y a pour lui une route à prendre qui n'est plus la même que la mienne, mais où je le suivrais, qu'il le sache bien, de tout mon cœur, de toutes mes prières. S'il a pu croire, lorsqu'il a voulu me donner sa vie, que cette vie lui appartenait, il ne peut plus le croire aujourd'hui. Il existe une pauvre et fragile enfant, qui aurait le droit, si elle aussi savait tout, de réclamer son appui. Il existe un malheureux être dont il a été le bourreau. Il ne convient pas que j'en dise davantage, mais si j'apprenais un jour que celui qui fut mon fiancé a réparé ce qu'il pouvait encore réparer de cet horrible passé, je le répète, je bénirais le coup qui, en nous séparant, l'aurait rendu à un absolu, à un inévitable devoir. J'ai trop de confiance dans la parole : « Tout ce que vous demanderez à mon père en mon nom vous sera donné » pour n'être pas sûre qu'il en sera ainsi, et que deux âmes qui se sont fait tant de mal seront sauvées par le sentiment de leur commune responsabilité envers une autre qui est leur épreuve et qui peut être leur rachat. Oui, j'ai prié pour qu'il en fût ainsi, malgré des obstacles qui semblaient infranchissables. Le seul qui dépendît de moi est désormais levé, puisque notre mariage est définitivement rompu. Les autres le seront, je n'en veux pas douter, et ce jour-là je ne regretterai pas mes larmes. J'en ai pourtant pleuré beaucoup et de bien amères. Mais l'on donne sa vie pour sauver la vie de celui qu'on aime. Ne peut-on donner ses larmes avec une joie pareille, pour sauver ce qui est plus précieux que la vie qui passe si vite? Et c'est à ce salut que j'ai voulu que ma douleur servît. Voilà pourquoi j'ai cru qu'il me fallait écrire mes pensées et mes sentiments dans toute leur vérité. Je remercie Dieu d'en avoir eu la force. »

« Henriette Scilly. »

Cette lettre naïve où la pauvre enfant avait mis tout ce qu'elle pouvait mettre de son cœur, ressemblait si peu à ce que Francis attendait, qu'il dut s'y reprendre à deux fois pour se convaincre, lui aussi, qu'il n'était pas le jouet d'un songe. Mais non. C'était bien l'écriture d'Henriette, c'étaient bien ses façons de parler un peu gauches et embarrassées quand elle avait une idée à exprimer qui lui coûtait un effort. C'était sa façon de sentir surtout, cette délicatesse souffrante qui la rendait si froissable aux moindres nuances. — Elle n'avait employé la troisième personne que pour éviter au jeune homme ce changement d'appellation qu'il avait tant appréhendé. — C'était sa ferveur religieuse, exaltée par la souffrance jusqu'à cette folie de la croix, qui, mêlée chez elle à son amour brisé, l'avait conduite à cette conception follement romanesque, à cette idée d'un mariage entre celui qu'elle aimait et son ancienne maîtresse. Elle avait raison, que de larmes elle avait dû verser pour réaliser seulement l'imagination d'un pareil projet! Quelle tendresse aussi dans cet aveu de sa passion qu'elle laissait échapper de nouveau à l'instant même où elle renonçait pour toujours aux bonheurs que cette passion lui avait donnés et pouvait lui donner encore!... Pour toujours?... A la pensée que ces pages où se révélait le charme souverain de cette âme innocente et sublime étaient aussi des pages d'adieu, Francis fut envahi d'un accès de révolte désespérée comme nous en avons tous connu devant la mort. Une de ces indomptables frénésies s'empara de lui, qui précipitent un homme sur un bateau, sur un wagon, sur un cheval. Il faut qu'il aille, qu'il dévore l'espace et le temps, qu'il arrive auprès d'une certaine personne avant une certaine heure. On marcherait pieds nus et sur des charbons brûlants, dans ces moments-là, pour ne pas manquer cette occasion d'étreindre une main, de jeter ces mots : « Ne t'en va pas, ne me laisse pas!... » Cri stérile le plus souvent et qui n'empêche pas l'inévitable séparation! Mais on veut l'avoir poussé. Francis regarda sa montre. Il était près de midi. Le train qui va de Messine à Palerme et qui s'arrête à Catane, passait dans deux heures. Il serait au *Continental* à dix. Les dames Scilly partaient le lendemain matin. C'était encore de quoi livrer une dernière bataille... Qu'il les trouva longues ces deux heures, et lentes les roues du wagon quand il eut pris place dans cet express Sicilien! Il eût voulu le train rapide comme le passage des oiseaux qu'il regardait voler dans le ciel par la fenêtre ouverte du compartiment où il se rongeait. Et surtout, quand la nuit une fois tombée, il n'eut plus même le déroulement monotone du paysage pour distraire sa pensée, que de funestes pressentiments le tourmentèrent, jusqu'à s'imaginer que la fatalité s'acharnant contre lui, le train déraillerait avant qu'il fût arrivé, que la voie serait interrompue! Cette espèce d'hallucination d'impatience devint si folle qu'il voulut voir un présage de réussite dans le fait seul de se retrouver sans accident sur le quai de la gare de Palerme. Enfin il était dans la même ville qu'Henriette, il allait la voir.

Il y a dans ces insensés voyages entrepris de la sorte, avec l'égarement d'une passion qui ne peut plus supporter l'absence, une minute toujours affreuse. C'est celle qui succède immédiatement à l'arrivée, alors qu'éperdus d'impatience, dévorés d'une ardeur qui touche au délire, nous nous heurtons à quelqu'un de ces petits obstacles matériels qui mettent encore une dernière et nouvelle distance entre nous et la personne vers laquelle l'amour nous précipita de cette course affolée. Pour Francis, l'énervement de ces derniers petits obstacles fut d'autant plus cruel que des subalternes s'y trouvaient mêlés. Ce fut d'abord le concierge du *Continental*, dont la surprise mal dissimulée fit comme une piqûre de plus dans la grande plaie saignante du cœur du jeune homme. Le drame de sa vie ne pouvait cependant avoir échappé tout entier aux serviteurs de cet hôtel, c'est-à-dire d'une maison ouverte de toutes parts aux curiosités et aux commentaires. Nayrac le savait d'avance et il en souffrit. Et davantage de se retrouver devant le vieux Vincent qu'il fit appeler aussitôt pour le prier de remettre à la comtesse un billet hâtivement griffonné. Durant ses longues et tendres fiançailles, il avait goûté une douceur intime à la familiarité de vieux domestique avec laquelle le traitait l'ancien soldat. La contrainte et l'étonnement qu'il lut sur cette physionomie du fidèle valet de chambre renouvelèrent son horrible sensation des choses les plus vivantes et les plus délicates de son cœur jetées en pâture à des racontars d'office. Et puis quel contraste entre ses habitudes d'autrefois, quand il entrait dans le salon de M^me Scilly comme si c'eût été le sien propre, et cette obligation aujourd'hui de s'y présenter comme un étranger! Il avait regagné sa chambre pour attendre la réponse à son billet. Tandis que la servante d'étage préparait son lit et que le garçon allumait le feu, il se rappela comment, au matin de sa première arrivée, quand il venait de Paris rejoindre sa fiancée, il avait trouvé cette chambre parée de fleurs, si gaie, si coquette dans la lumière bleue du matin. Qu'elle était triste à regarder maintenant à la lueur des bougies, dans le désordre de cette rentrée improvisée! Et pourquoi Vincent tardait-il tant à revenir? Enfin le brave homme retourna pour l'avertir que la comtesse l'attendait. Que n'eût pas donné Francis pour savoir si Henriette était là?... Il ne pouvait pas même poser cette question! Mais déjà la porte de l'antichambre s'ouvrait devant lui, puis celle du salon. Cette grande pièce vide lui serra le cœur de la même façon que tout à l'heure sa chambre, mais plus douloureusement encore. Une seule lampe en éclairait la nudité, affreuse à voir à cause de son luxe criard, maintenant qu'on en avait retiré la masse des petits objets féminins qui lui donnaient une physionomie vivante. Tout avait disparu : les étoffes qui voilaient de leurs nuances passées l'éclat battant neuf du meuble rouge, les portraits qui rendaient personnel le moindre coin de table ou de console, les bibelots qui rappelaient dans ce salon de hasard l'autre salon, celui du vrai *home*, les livres qui aidaient à charmer la longueur des veillées, les bouquets dont le rangement révélait seul le gracieux génie d'Henriette. Au milieu de ce qui était pour Francis un véritable désert, la comtesse se tenait debout, mais seule, et le visage bouleversé d'inquiétude :

— « Ah! mon pauvre enfant, » dit-elle en s'avançant vers le jeune homme, « vous n'avez donc pas reçu nos lettres?... »

— « C'est parce que je les ai reçues que je suis venu, » répondit-il. « Je veux parler à M<sup>lle</sup> Scilly une fois encore. Je ne peux pas me séparer d'elle ainsi, et elle ne peut pas non plus ne pas penser qu'un accusé a pourtant le droit de se défendre... Je vous en supplie, faites qu'elle m'écoute, quand ce ne serait que cinq minutes, ici, devant vous... Ensuite, je vous en donne ma parole, quoi qu'elle ait décidé, je n'essayerai plus de la fléchir, mais par pitié, cette fois encore, cette dernière fois... »

— « Hélas! » répondit la mère en secouant la tête, « je viens d'essayer, moi, tout à l'heure, quand j'ai reçu votre petit mot... Vous ne savez pas contre quelle implacable résolution je me suis de nouveau brisée. Elle m'a déclaré qu'elle ne sortirait plus de sa chambre que pour aller au bateau. Je ne peux pourtant pas, moi non plus, la contraindre à vous parler, et vous êtes trop honnête homme pour vouloir l'aborder en public et malgré elle... Écoutez, Francis, » continua-t-elle, « si j'ai vraiment été bonne pour vous comme vous me le disiez encore dans votre dernière lettre, si vous avez pour moi les sentiments de reconnaissance dont vous m'assuriez, c'est moi qui vous en supplie, laissez-nous partir sans tenter un effort pour la revoir, qui n'aboutirait qu'au plus inutile des scandales. Et j'ajoute au plus dangereux... Elle a été si souffrante! Elle est encore si nerveuse! — Ah! Ne me la tuez pas, et pour rien, car je vous le jure, et j'ai le droit de vous demander de me croire, elle mourrait avant d'être revenue sur une volonté que le temps seul a quelque chance d'amollir... »

— « Mais, du moins, » reprit le jeune homme, « m'autorisez-vous à lui écrire?... Puis-je obtenir que vous lui remettiez une lettre avant qu'elle s'en aille?... »

— « J'y ai pensé, croyez-le, » dit la mère, « et je lui ai demandé ce qu'elle ferait si elle recevait une lettre de vous. — « Je la brûlerais sans la « lire, » a-t-elle répondu... »

— « Mon Dieu, » gémit-il en se laissant tomber sur une des chaises de ce salon où il avait été si heureux, « que devenir alors? Depuis ces douze jours j'ai cruellement souffert, mais je vivais d'espérance. Je n'acceptais pas cette idée que tout serait rompu entre nous, sans un mot, rien qu'un mot, un seul... »

— « Il faut espérer encore, » dit la mère, « espérer et avoir confiance en moi... »

## XIII

### L'AUTRE RIVAGE DE LA TERRE PROMISE

Il y avait déjà cinq semaines qu'au lendemain de cet entretien la *Regina Margherita,* un des paquebots de la Compagnie Sicilienne qui fait le service entre Naples et Palerme puis Tunis, avait pris la mer, — une mer toute grise, à peine frissonnante, froide et comme morte, — emportant à son bord la comtesse Scilly et sa fille. Il y avait cinq semaines que Francis avait regardé, debout sur le môle, ce bateau passer, puis s'éloigner de ce mouvement uniforme et lent, comme les jours, comme les heures, et aussi cruellement irrévocable. Dieu! Voir ce que l'on aime s'en aller ainsi, et sans lui avoir répété combien on l'aime, sans un serrement de main, sans une parole! Car Henriette avait tenu sa résolution, et c'était à cette silhouette d'un navire en marche, de plus en plus diminuée jusqu'à n'être qu'un point mouvant entre le vaste abîme des flots et l'immense abîme du ciel, c'était à ce flocon de fumée éparpillé dans le muet espace que le jeune homme avait dû dire un adieu désespéré qui était un adieu aussi à ses fiançailles bénies, à ce qu'il appelait sa Terre Promise, à ce paradis une fois aperçu!... Et, après ces cinq semaines, il se retrouvait accoudé à ce même parapet de la même jetée, regardant un même paquebot sortir du même port, de ce même mouvement uniforme et monotone... C'était le soir, le soir d'un jour splendide de février, qui commençait d'assombrir tout le lumineux paysage, et dans cette fin d'après-midi la rumeur des lames brisées contre la pierre du môle se faisait plus retentissante et plus morne, tandis que sur l'eau violette, d'un violet intense presque noir, le bateau s'en allait, comme l'autre, éparpillant sa fumée dans le même taciturne espace. Mais à l'horizon l'or et la pourpre du soleil couchant déployaient la magnificence d'une féerie, — et quoique le regard dont le jeune homme accompagnait le paquebot révélât une émotion bien profonde, il y avait aussi dans le fond de ses prunelles comme un reflet de cette lointaine lumière de l'horizon, un mirage d'espérance dans une infinie mélancolie, — un peu de douceur dans ce frisson de la nuit où il allait être plongé avec la nature entière quand le jour serait tout à fait tombé et cette silhouette du bateau en marche tout à fait disparue...

Francis le regardait s'en aller, ce bateau, s'en aller toujours, comme il avait regardé l'autre, et il écoutait se plaindre les lames dont le sanglot s'accordait si bien au sanglot qui s'exhalait de ses pensées à lui devant ce nouveau départ, plus tragique encore que l'autre. Car, à bord de ce svelte vapeur qui détachait ainsi son fin gréement par le soir de ce glorieux jour de l'hiver achevé, il y avait sa fille, sa jolie et chère Adèle qu'il avait vue se tenir longtemps sur le pont, vêtue de noir, entre trois femmes dont deux étaient les fidèles servantes de M$^{me}$ Raffraye. Mais la troisième n'était pas M$^{me}$ Raffraye, et il avait vu aussi, avant le départ, les hommes qui chargeaient le bateau hisser sur ce pont et descendre dans la cale un colis de forme sinistre que ne remarquait pas la petite fille retenue à cette minute dans une autre partie du bâtiment... C'était le cercueil de cette pauvre femme dont il avait été l'amant si malheureux, si coupable, par laquelle il avait tant souffert et qu'il avait tant fait souffrir, de cette femme qu'il avait condamnée avec une cruauté si implacable pendant des années et qu'il avait retrouvée juste à temps pour l'entendre crier, du bord de la tombe, vers un peu de justice... Hélas! Que pouvait-il parvenir de cette justice maintenant à la morte, pour toujours immobile, silencieuse et sourde entre les planches de ce cercueil? Les lames enveloppaient le bateau qui l'emportait maintenant, de la même plainte douce et profonde que Francis écoutait gémir sous ses pieds. Mais cette plainte n'arrivait pas à la voyageuse qui retournait dormir son sommeil éternel dans le cimetière du pays natal, — pas plus que ne lui arriverait la voix de sa fille quand sa fille l'appellerait, — pas plus que le soupir de celui qui avait été son bourreau, et qui, le front dans sa main, le cœur plein de remords, lui demandait à travers l'espace ce pardon qu'il lui avait tant refusé quand il la croyait perfide. Ah! Pourquoi l'avait-il retrouvée si tard? Il avait, lui, à cette suprême rencontre, perdu son bonheur, et elle, qu'avait-il pu lui donner sinon un empoisonnement de ses derniers jours en lui renouvelant dans leur terrible scène tout le martyre d'autrefois? Certes, elle était morte vengée, puisqu'elle avait pu savoir que le mariage de son ancien amant était rompu d'une rupture irréparable. Mais était-ce de quoi effacer ces neuf ans passés à se dévorer le cœur dans la solitude de sa retraite? Était-ce de quoi compenser tant de douleurs, ces douleurs qui avaient peu à peu consumé sa vie au point de faire d'elle ce frémissant fantôme que Francis avait tenu entre ses bras, dont il croyait sentir encore le contact, en ce moment même où il lui disait de par delà des flots, toujours et toujours plus nombreux, cet impuissant adieu d'un inutile repentir?...

Le bateau s'était éloigné encore; mais, au lieu de tourner comme avait fait l'autre, une fois arrivé en pleine mer, pour se diriger du côté de Trapani et de l'Afrique, il allait tout droit vers l'Italie et vers Naples, de plus en plus enveloppé par la pourpre du soleil couchant qui emplissait maintenant la moitié de l'immense horizon. Le contraste entre cette splendeur immortelle et la funèbre image de ce cercueil de femme emporté ainsi sur les lames sombres ne noyait pas le cœur du jeune homme de la tristesse qu'il avait éprouvée cinq semaines auparavant... Non pas qu'il eût cessé de sentir la double et saignante blessure de ses fiançailles brisées et de son remords, mais une évolution s'était faite en lui qui lui permettait de se redresser en ce moment et de regarder en face cet horizon comme il regardait sa destinée. Cinq semaines plus tôt, quand il se tenait debout à cette même place, devant le paquebot qui lui enlevait Henriette, les plus violentes révoltes de l'amour mutilé grondaient en lui. Il méditait d'agir, de poursuivre sa fiancée, de lui écrire. Il espérait, malgré l'évidence. Aujourd'hui il avait compris, il avait accepté comme une expiation de sa terrible injustice cet abandon de l'être si vrai, si tendre, si jeune, dont la lettre dernière était devenue son unique lecture depuis cette heure de séparation, — et il avait senti peu à peu une contagion de sacrifice émaner pour lui de ces pages sur lesquelles les purs yeux bleus de la jeune fille avaient tant pleuré... Il se souvenait. Après avoir vu la *Regina Margherita* disparaître derrière la pointe rouge du mont Pellegrino, il était rentré au *Continental* où il avait donné l'ordre que tout fût prêt pour son départ à lui-même, décidé qu'il était à ne pas rester une journée de plus dans ce cadre de sa joie détruite. Il avait fait porter ses bagages dans un autre hôtel. Puis il avait voulu, avant de quitter Palerme, revoir du moins sa fille une dernière fois. Il était allé à la recherche de cette villa Cyané dont on lui avait donné le nom à la poste. Il avait eu tôt fait de la découvrir, cachée parmi les arbres dans le fond du Jardin Anglais, et il avait guetté dans une des allées de ce jardin, une heure, deux heures, trois heures, jusqu'à ce qu'il eût aperçu l'enfant. Elle sortait de la maison, tenant de la main droite sa grande poupée et donnant la gauche à sa bonne. Il s'était dissimulé dans une petite allée transversale, d'où il avait pu, à travers un rideau de minces et murmurants bambous, suivre le commencement de leur promenade. A la démarche absorbée de l'enfant qui n'avait pas sa vivacité de mouvements habituelle, au souci empreint sur le visage de la vieille Annette, il s'était dit : « La mère est-elle plus mal ?... » A cette question il avait senti son cœur se serrer et cette même angoisse éprouvée durant la fatale soirée de l'arbre de Noël s'emparer de lui. L'idée que sa charmante et fragile Adèle allait peut-être perdre ici, à tant de lieues de son pays, la seule protection dont fût entourée son enfance, lui avait fait trop de mal, et il lui avait été impossible de partir le soir comme il l'avait résolu. Il était rentré dans son nouvel hôtel, et il avait relu la lettre de rupture de sa fiancée. Il lui avait semblé entendre la voix de celle dont il avait perdu l'estime, revoir de nouveau ses yeux, et il avait pris la résolution de rester, pour être là en cas de malheur, comme elle lui eût certainement ordonné de le faire.

Et il était resté, et les journées avaient succédé aux journées, plus étranges encore que celles de Catane. Il n'était plus soutenu comme alors par l'attente d'un rappel auprès de cette fiancée perdue. Les lettres qu'il continuait de recevoir de M$^{me}$ Scilly achevaient de l'éclairer sur la profondeur de la résolution d'Henriette. Il comprenait qu'il se trouvait en présence d'un véritable vœu, c'est-à-dire de ce qu'il y a de plus invincible, de plus inébranlable dans une âme religieuse, et s'il ne se résignait pas à cette certitude d'une absolue séparation, il commençait d'interpréter cette épreuve dans le sens de cette lettre singulière dont il savait par cœur les moindres phrases. Lui aussi, quoiqu'il ne se haussât point jusqu'à la clarté purifiante du dogme chrétien, il commençait de mêler un sentiment d'une mystérieuse indication providentielle à ce frisson de fatalité qui l'avait saisi dès la minute où il avait aperçu le nom de Pauline Raffraye sur la liste des étrangers dans le vestibule de l'hôtel, au sortir de cette promenade traversée d'un trop funeste pressentiment. L'idée si fortement exprimée dans la lettre d'Henriette qu'il se devait d'abord et par-dessus tout à la pauvre petite fille, envahissait peu à peu sa conscience. L'étroite allée du Jardin Anglais, parmi les bambous, les mimosas et les rosiers, d'où il pouvait surveiller la porte de la villa Cyané sans être vu, était devenue maintenant le terme de toutes ses promenades. Il y allait dès le matin et il attendait, le cœur battant, que cette porte, — une grille de fer revêtue à l'intérieur de volets mobiles en bois peint, — tournât sur ses gonds et que son Adèle parût. C'était chaque fois une nouvelle émotion à se demander : « Sa mère sera-t-elle avec elle ?... » Il en avait peur. Car de revoir Pauline maintenant lui serait si dur !... Il le désirait. Car ce serait le signe qu'il y avait un moment de répit dans la terrible maladie, et puis son imagination, exaltée dans la solitude, constamment nourrie de la lettre d'Henriette, enveloppée par une atmosphère obsédante de remords et de mysticité, allait jusqu'à concevoir les songes les plus follement, les plus surhumainement romanesques. Oui, malgré les paroles échangées dans leur dernière entrevue, malgré tant d'inexprimables rancunes et d'inguérissables blessures, il concevait la possibilité que son ancienne maîtresse lui pardonnât, qu'elle consentît à l'épouser avant de mourir, pour lui laisser légalement leur fille, et il pourrait aller auprès d'Henriette avec l'enfant, purifié par cette acceptation de l'épreuve, libre enfin de s'abandonner aux tendresses qu'il sentait toujours vivantes en lui. Ah!... Rêves de démence, alors qu'il ne lui était même pas permis de se montrer sur le passage de son enfant, de peur que Pauline ne sût cette rencontre et ne lui interdît jusqu'à cette pauvre caresse du regard, cette joie dernière, cette pâture chétive et passionnée de sa paternité...

Le bateau s'éloignait toujours... La plaintive mer s'assombrissait davantage, et Francis revivait en pensée les deux toutes dernières semaines. Il se revoyait rencontrant un jour devant la porte de la villa Cyané le professeur Teresi, appelé en consultation par son collègue, le médecin ordinaire de Pauline. Quel effort il lui avait fallu pour aborder cet homme qui s'était trouvé mêlé d'une manière si étroite aux dernières scènes du drame de ses fiançailles rompues! Il avait triomphé pourtant de cette répugnance, et ç'avait été pour apprendre que le dénouement fatal approchait et que M<sup>me</sup> Raffraye n'avait plus que quelques jours, quelques heures peut-être à vivre. Allait-elle mourir ainsi sans lui avoir pardonné? Que deviendraient ses rapports avec son enfant, avec cette fille que Pauline savait du moins être à lui? S'il pouvait lui parler une fois encore, la supplier, lui jurer qu'il donnerait toute sa vie à l'orpheline?... Mais comment être admis auprès d'une mourante quand il n'était même pas reçu à faire les visites de la plus banale politesse dans cette villa autour de laquelle il tournait maintenant, au risque d'être aperçu, des heures entières?... Il avait hasardé alors la seule tentative qui lui fût permise. A un moment, ayant vu sortir la vieille Annette, celle des deux femmes de chambre qui accompagnait Adèle lorsque la petite fille l'avait surpris au chevet du lit de M<sup>me</sup> Raffraye, il l'avait abordée pour lui demander des nouvelles de la malade. La brave créature lui avait répondu avec des larmes, si bouleversée par l'agonie de sa maîtresse qu'elle ne lui avait même pas, de son côté, fait de questions sur M^me et M^lle Scilly... Quelle angoisse il avait éprouvée ensuite à se dire : « Pauline saura que j'ai causé avec cette domestique, et elle lui défendra de se laisser aborder désormais!... » Mais non. Il avait rencontré Annette de nouveau avec Adèle, il leur avait parlé à toutes deux cette fois et l'enfant l'avait reconnu et la vieille femme de chambre avait répondu à ses demandes. De quelle émotion il avait été remué en touchant, par un geste de complaisance qui était pour lui un geste d'amour, les cheveux bouclés et soyeux de l'enfant ! Il avait voulu reconnaître une promesse de pardon dans le fait que la défense qu'il appréhendait n'eût pas eu lieu. Et c'était vrai qu'un changement s'était accompli à son égard dans le cœur de cette femme à la veille d'aller elle-même demander le pardon d'un autre Juge. Il en eut presque tout de suite une preuve, qui devait fixer dorénavant la direction de sa vie et lui donner ce renouveau d'une espérance qui faisait qu'accoudé sur le parapet du môle et regardant le bateau disparaître, il n'avait pas le cœur tout à fait brisé.

Il n'était plus, ce bateau, qu'un point dans l'espace. Mais en esprit Francis y était présent. Il voyait sa fille étendue sur la couchette de la grande cabine qu'il avait eu le droit de choisir pour elle. Pour la première fois, il lui avait rendu un de ces humbles services qu'il n'eût même pas osé concevoir comme possibles par ce matin d'il y a cinq semaines où il avait tant senti sa solitude... Et cela s'était fait bien simplement, bien tristement aussi! Quelques jours après avoir causé avec la vieille Annette et à la petite fille, il avait su l'arrivée à Palerme de cette tante d'Adèle qui habitait Besançon. Il s'était demandé avec une angoisse où se résumaient toutes les autres : « Qui est-elle? » Il l'avait vue passer dans le Jardin Anglais avec l'enfant, et il n'avait pu, tant son trouble était profond, juger de son caractère par sa physionomie. M$^{me}$ de Raynal, — tel était le nom de cette sœur aînée de M$^{me}$ Raffraye, — n'avait ni la sveltesse délicate, ni la beauté fine de la maîtresse torturée par Francis, mais un de ces visages unis, paisibles, presque vulgaires, qui dénoncent les lentes et longues habitudes d'une existence sans tempêtes. Derrière leurs rides honnêtes les pires étroitesses d'esprit peuvent se cacher, comme les plus rares magnificences du cœur, comme aussi une bonhomie innocente et simple. Heureusement pour l'avenir de la pauvre petite Adèle et heureusement aussi pour le jeune homme, ce dernier cas était celui de cette femme auprès de laquelle il avait osé essayer une suprême tentative aussitôt qu'il avait su la catastrophe, — la mort de Pauline arrivée enfin, après cette agonie affreuse de quinze interminables jours. Il était allé, durant cette dernière période, ne voyant plus sortir la petite fille, sonner plusieurs fois à la porte de la villa Cyané pour demander des nouvelles. Ces visites, qu'autorisait aux yeux des domestiques le service autrefois rendu à la malade dans son évanouissement, rendaient légitime la démarche qu'il fit au lendemain du tragique événement. Il eût tant voulu à cette seconde, et maintenant que Pauline était morte, se précipiter vers sa maison, s'agenouiller au pied du lit où elle reposait, lui demander le pardon auquel tant de souffrances ainsi acceptées lui donnaient droit et emmener son enfant, la voler, la reprendre plutôt, — au lieu qu'il avait dû se contenter d'écrire à la sœur de la morte un billet de banale politesse, où il se mettait, en qualité de compatriote, à sa disposition pour l'assister dans les préparatifs compliqués où elle allait se trouver engagée dans ce coin perdu d'Italie. Que devint-il lorsque la réponse lui arriva qui commençait par ces mots : « Je savais, monsieur, par ma chère morte, que vous étiez le frère de cette pauvre Julie Archambault que j'ai trop peu connue... » Quelles larmes il avait versées en lisant cette phrase si simple, mais qui lui apportait le pardon de celle qui n'était plus! Car le billet, comme il était naturel, se terminait par une prière de venir à la villa Cyané. Il allait pouvoir se rapprocher de sa fille ici d'abord, et plus tard encore, — et Pauline mourante l'avait permis...

C'était cette espérance de ne jamais plus perdre de vue tout à fait l'orpheline qui le soutenait par ce soir d'une nouvelle séparation. Dans le désarroi de ce départ et de ce deuil confondus, il avait pu être assez utile à la sœur de Pauline pour acquérir un droit à sa reconnaissance. C'était M<sup>me</sup> de Raynal elle-même qui avait manifesté le désir qu'il s'arrêtât quelque jour à Besançon afin que leurs relations n'en restassent pas là, elle-même qui lui avait demandé de surveiller l'expédition des bagages que, dans sa fuite précipitée, elle laissait derrière elle. Il lui avait été permis au dernier moment de mettre sur la joue pâlie de sa fille un baiser dont l'émotion ne l'avait pas trahi, et il apercevait au problème douloureux dont il était le criminel martyr, cette solution suprême : l'unique objet de sa vie maintenant allait être de se rapprocher de plus en plus de la famille à qui se trouvait confiée Adèle. Il saurait s'en faire accepter lentement, discrètement, comme il convenait pour qu'aucun soupçon ne retombât jamais sur la mémoire de la morte. Il arriverait à déplacer son centre d'existence, puisqu'il était libre. Il s'installerait dans le voisinage de sa fille sous le couvert de quelque achat de campagne. Elle grandirait et il serait, lui, dans l'ombre, toujours prêt à la protéger d'une de ces protections cachées qui ne demandent rien que la joie d'être utiles... Ce ne serait pas le bonheur d'une famille avouée, — ce bonheur qu'il avait rêvé près d'Henriette. Ce ne serait pas le noble orgueil de la paternité ni ses délices permises. C'était encore plus qu'il n'avait mérité... Et voici qu'en regardant le navire qui s'enfonçait plus loin, toujours plus loin, il lui sembla qu'à la ligne extrême de l'horizon coloré des derniers feux du soleil couchant, un rivage de lumière apparaissait, — comme une falaise d'or et de pourpre vers laquelle marchait ce bateau, et c'était le symbole du nouveau rivage, de cette autre Terre Promise vers laquelle il allait marcher lui-même. L'héroïque sacrifice de la pure Henriette n'avait pas été perdu. L'homme de désir et d'émotion égoïste, celui qui ne vivait que pour sentir, fût-ce au prix de la misère des autres, achevait de mourir en lui, et, pressant sur ses lèvres la lettre reçue à Catane, qui lui avait été un talisman de rédemption, il murmura un merci du fond du cœur, avec piété, à cette créature de noblesse qui lui avait montré la voie. Il y avait dans ce baiser une espérance qu'elle consentirait peut-être un jour à l'aider de sa présence. Il y avait la certitude que si elle restait séparée de lui par son vœu, elle lui rendrait du moins l'estime dont il se sentait digne, aujourd'hui qu'il était devenu l'homme de responsabilité et de conscience, qui ne vivrait plus que pour réparer les douleurs qu'il avait causées.

Beaulieu, près Tours, Septembre 1891. — Rome, Avril 1892.

Table

# TABLE

Préface . . . . . . . . . . . . . . I

I. En plein Rêve . . . . . . . . . . . I
II. Une ancienne Maîtresse . . . . . . . . 33
III. Troubles croissants . . . . . . . . . 81
IV. La petite Adèle . . . . . . . . . . 115
V. Dans la nuit . . . . . . . . . . . 146
VI. Autour d'un arbre de Noël . . . . . . . 181
VII. Pauline Raffraye . . . . . . . . . . 209
VIII. Les Divinations d'une jeune fille . . . . . 251
IX. Les Divinations d'une jeune fille *(Suite)* . . 286

| | | |
|---|---|---|
| X. | Une Conscience pure . . . . . . . . | 316 |
| XI. | La Voie douloureuse . . . . . . . . | 344 |
| XII. | Parmi les ruines . . . . . . . . . | 373 |
| XIII. | L'autre rivage de la Terre Promise . . | 400 |

*Achevé d'imprimer*

le douze octobre mil huit cent quatre-vingt-douze

PAR

ALPHONSE LEMERRE

25, RUE DES GRANDS-AUGUSTINS, 25

*A PARIS*

www.ingramcontent.com/pod-product-compliance
Lightning Source LLC
Chambersburg PA
CBHW071108230426
43666CB00009B/1874